U0785819

江海年鉴

2016

江门市江海区地方志编纂委员会　编

方志出版社
Publishing House of Local Records

图书在版编目（C I P）数据

江海年鉴. 2016 / 江门市江海区地方志编纂委员会
编. -- 北京 ：方志出版社，2017.12
ISBN 978-7-5144-2894-0

Ⅰ. ①江… Ⅱ. ①江… Ⅲ. ①区（城市）-江门-
2016-年鉴 Ⅳ. ①Z526.54

中国版本图书馆CIP数据核字(2017)第321398号

江海年鉴（2016）

编　　者： 江门市江海区地方志编纂委员会
责任编辑： 黄　彦

出 版 人： 冀祥德
出 版 者： 方志出版社
地址　北京市朝阳区潘家园东里 9 号（国家方志馆 4 层）
邮编　100021
网址　http://www.fzph.org
发　　行： 方志出版社图书经销中心
电话（010）67110500
经　　销： 各地新华书店
印　　刷： 江门市江海区艺朗彩色印艺有限公司

开　　本： 889*1194　　1/16
印　　张： 14.3
字　　数： 370千
版　　次： 2017 年 12 月第 1 版　2017 年 12 月第 1 次印刷
印　　数： 001～600册

ISBN 978-7-5144-2894-0　　定价：260.00 元

· 版权所有　翻印必究 ·

江门市江海区地方志编纂委员会

主　任： 汤惠红

副主任： 李　丹

成　员： 李惟海　黄锡芳　陈智勇　陈文斌　马锦德　何国祥　林壮强　杨勤浩
陈润明　李晃祥　李伟煜　许维贞　赵英梅　林永豪　王子豪　刘　光
许　可　谢党恩　黎　翔　杨望贤　陈悦辉　杨丽萍　邓红荔　马岸宇
梁卫华　唐　春　侯春峰　黄伟强　吴杰雄　邢玉生　邓群标　黄伟雄

《江海年鉴·2016》编辑部

主　编： 李　丹

副主编： 陈文斌　杨丽萍

成　员： 余球添　黎家宁　陈铭行

编辑说明

一、《江海年鉴》以马克思列宁主义、毛泽东思想、邓小平理论、“三个代表”重要思想、科学发展观、习近平新时代中国特色社会主义思想为指导，坚持辩证唯物主义和历史唯物主义的立场、观点和方法，存真求实，全面客观反映高新区、江海区的政治、经济、文化及社会各项事业的发展和基本情况，为社会各界了解和研究江海区提供基本资料。

二、《江海年鉴·2016》记述时限从2015年1月1日至2015年12月31日。采用分类编辑法，结构分为篇目、类目、分目、条目4个层次。全书条目标题统一使用黑体字加【】标示。篇目设有特载、专题、大事记、概况、党政机关、人民团体、法治·军事、经济管理与监督、城乡建设、教育·文化·卫生、社会事务、街道、附录。

三、内文涉及国民经济和社会发展的统计数据，入书时以江门高新区、江海区发展改革和统计局公开发布的数据为准。统计数据采用法定计量单位。条目中的数字由于统计口径和时限范围，或与统计部门数据不一致的地方，使用时应参照《江门市江海区统计年鉴》所示数据。有关数据中比照上年同期增加或减少，统一以增长或减少表示，不另使用“同比”字样。

四、本年鉴资料、图片由江海区各街道、区直各单位和区内有关单位部门提供，特别注明者除外。

2015年12月22日，广东“侨梦苑”华侨华人创新产业聚集区揭牌仪式在江门高新区创业创新广场举行

2015年10月23日，江门国家高新区（江海区）引资引智创业创新推介会暨重大项目启动仪式在江门高新区综合服务中心广场举行

2015年8月3日，江海区汇通小贷公司在广东金融高新区股权交易中心挂牌

2015年5月21日，广东省科技金融综合服务中心江门高新区分中心挂牌

城市建设

2015年8月10日，举行江南街道成立大会暨挂牌仪式，原江南、滘头、滘北3个街道正式合并

2015年8月10日，“南岸印迹”工业遗址保护与开发建设启动仪式在釜山公园举行

2015年10月23日，江门国家高新区规划展示厅正式投入使用

2015年12月11日，分布式光伏发电项目

2015年12月11日，江中珠游艇项目

2015年12月29日，改造后的金瓯路

2015年7月9日，改造后的新民体育公园

2015年7月29日，改造后的新南文化广场

2015年6月26日，高新区、江海区慈善公益晚会在江门一中举行，筹得善款1120.5万元

2015年6月29日，“国大药房”粤剧之夜品牌活动在江南文化广场举行揭幕仪式

2015年9月26日，第二届江海区书法擂台赛在礼乐人民会堂举办

2015年11月21日，第三届中国侨都（江门）健走马拉松大赛高新区（江海区）赛场在白水带旅游风景区举行

2015年2月17日，江门高新区综合服务中心挂牌运作

2015年2月5日，外海聚贤坊和乡情展览馆对外开放

2015年9月16日，江门信息大道 · 高新区（江海区）光网示范区县建设项目签约仪式

2015年9月1日，江海区开始实施“五证合一”营业执照登记制度

2015年6月26日，江海区首届叉车司机技能竞赛

2015年1月19日，礼乐街道的黑皮甘蔗获丰收

2015年4月20日，第一届“养老·助残”公益创投活动在礼乐丰盛农村幸福院举办

2015年6月29日，“共筑高新梦”江门高新区青年志愿服务日慈善活动在外海街道五大祠举行

目 录

特 载

专 题

大事记

概 况

党政机关

◆ 中共江门高新区工作委员会·中共江海区委员会

□ 党委工作

□ 纪检监察

□ 组织工作

人民团体

法治·军事

◆ 食品药品监督管理

◆ 工商行政管理

◆ 国有资产管理

◆ 财政

◆ 税务

□ 国税

教育·文化·卫生

附 录

特载

TE ZAI

政府工作报告

——2016年1月26日在江门市江海区第九届人民代表大会第六次会议上

江门高新区常务副主任、江海区区长　周惠红

各位代表：

我代表江门高新区管委会、江海区人民政府向大会作工作报告，请予审议，并请政协委员和列席人员提出意见。

“十二五”时期及2015年工作回顾

“十二五”时期，江门高新区成功升格为国家级高新区，并与江海区相应党政部门合署办公。五年来，在市委、市政府和区党委的正确领导下，在区人大、政协的监督支持下，我们同心同德，主动把握经济发展新常态，确立并坚定不移落实“提升科技创新能力、加速经济发展、加快城市化进程”三大主要发展任务，全力深化改革、提质增效、打牢基础，顺利完成“十二五”规划预期目标任务。

一、经济持续快速发展，综合实力整体提升

通过全区上下的共同努力，预计2015年实现地区生产总值143亿元，增长9%，“十二五”期间（下同）年均增长10.2%；人均生产总值达到5.48万元，增长8%，年均增长8.5%；规模以上工业增加值达到78亿元，增长12%，年均增长14.3%；外贸进出口总额达到30.4亿美元，增长16.8%，年均增长11.63%；地方公共财政预算收入达到10.32亿元，增长14.5%，年均增长21.3%；固定资产投资达到91.94亿元，增长23.28%，年均增长17.8%；社会消费品零售总额达到38.02亿元，增长12.2%，年均增长14.9%。三次产业结构继续优化，初步形成“战略性新兴产业+先进制造业+现代服务业”的产业结构体系。

产业协同提质升级初见成效。落实“珠西行动”。电子信息、机电、汽车零部件、精细化工等先进制造业提质发展，2015年先进制造业增加值、高技术制造业增加值占全区的比重分别达52%和27%，分别比全市平均水平高14和18个百分点。战略性新兴产业加快集聚。LED产业基本形成上下游完整产业链，全产业链产值达70亿元，建成了华南地区唯一的“国家半导体光电产品检测重点实验室”，LED博览交易中心首期基本建成。微生态健康产业基地首期正式投产，生物健康产业初具规模，产业产值超30亿元。

电子商务平台实现零的突破。大力推动江门首个国家电子商务示范园区建设，新建的4家电商平台发展迅猛，阿里巴巴·江门产业带、1688进口货源·江门站、中国网库“江门电商谷”单品平台均已上线，跨境电商快件分拣清关中心现有分拣线14条，成为全国单体规模最大的跨境电商快件清关中心，2015年纳入地方外贸出口业绩9.2亿美元，居全国第二。

扩能增效成效明显。低效载体有效盘活。2015年共盘活闲置工业用地386亩和空置厂房

22.3万平方米，引进了世界500强德尔福汽车线束、智能云科、地尔汉宇工业机器人等先进制造项目。德力光电全面投产，信义玻璃、崇达电路等重点增资扩产项目建设进度加快。企业效能不断优化提升。通过政府引导和推动，五年来每年均超进度完成技改计划，3家企业实现本地化核算。产值超亿元企业75家，超10亿元的6家，9家世界500强公司投资设厂，均稳步增长。

二、科技金融不断融合，创新驱动跨越发展

创新驱动平台实现历史性突破。2015年成功创建珠三角（江门）国家自主创新示范区[1]、全国小微企业创业创新示范城市核心区[2]、国家创新型特色园区[3]和中国江门“侨梦苑”华侨华人创新产业聚集区[4]四个国家级平台，“双创双引”[5]的国字号平台建设卓有成效。创新孵化载体建设有力。建成和在建的孵化器、加速器23万平方米，筹建30万平方米，科技创新创业园一、二期完工，火炬大厦正式启用。江门高新区科技企业孵化器被列入国家级孵化器培育范围。引入全国一流的孵化运营管理团队清华科技园启迪之星，建立全新的科技创新服务模式。大力实施引资引智计划。新聘任了9名博士为特聘专家，成立了特聘专家工作站。各类工程研发（技术）中心达46家，博士后科研基地、创新实践基地5家，科研能力不断增强。

自主创新能力上新台阶。出台并实施科技创新能力战略提升5年行动纲要，目前辖区共有科技型企业129家，其中高新技术企业48家，居全市之首。创新创优成果丰硕。每万人发明专利拥有量14.08件，预计R&D经费占GDP比重2.6%，均居全市第一。在近年的全市科技杯创新创业大赛中共有5家企业获得扶持资金，包揽了2013年江门市首届科技创新创业大赛一、二等奖及2014年金银铜奖。知识产权保护力度加大。通过国家知识产权强县工程试点县（区）的验收，培育了19家知识产权优势示范企业。

科技金融互融有新进展。全省第二个高新区科技金融综合服务中心揭牌运营，3个股权交易中心在我区设立分中心，30多家企业在交易中心挂牌（注册）。上市企业队伍不断壮大。新增3家A股上市、2家“新三板”挂牌企业，并成功推动1家企业在天交所挂牌，为全市首家。建成全省首个园区企业信用评价体系并推广全市。336家中小企业参与信用评级，协助201家已评级企业增加贷款23.75亿元，减轻利息负担4610万元。金融街建设成效显著。全区银行网点扩展到42家，新成立了3家科技支行、3家小额贷款公司、1家科技小贷公司、1家融资担保公司。积极实施“政银保”[6]。全市首个推出知识产权质押贷款，14家企业从科技支行成功办理约1亿元科技贷款，有效降低企业融资成本超300万元。

三、产城融合建设提速，人居环境明显改善

基础配套设施日益完善。作为全省首个成功发行城投债的高新区，共发行两期17.5亿元用于园区基础建设。五年累计投资53亿元，全面实施交通大会战，新增道路里程26.86公里。江门高新港全面动工，东华大桥、礼乐大桥、胜利大桥及金瓯路改造、胜利南路、南山路（五邑路—彩虹路）等城市交通干道建成通车。群众出行难有效解决。先后优化调整和新增公交线路15条，目前区内公交线路增至34条，营运车辆达186台。污水处理设施建设加快。高新区首个工业污水厂投入运营，江海区生活污水处理厂二期截污工程及礼乐片区污水管网二期工程基本完成，全区管网覆盖率达61%，城镇生活污水处理率达91%。城市防洪排涝体系逐步完善。按照50年一遇标准，完成了13公里西江大堤外海堤段和34公里礼东、礼西围内堤的加固，拆除重建19座水闸和4座电排站，新建龙溪湖，有效解决排涝和水循环问题。

城市面貌日新月异。“一个核心区、两个副中心”城市格局基本成型。核心区已成为全区商贸中心。府东小区建设全面完成，府西小区启动开发，全区首个综合演艺平台江门演艺中心即将开演。2015年春燕纺织、兰花味精、康城广场3个位于核心区的商住“三旧”改造项目均已开售。其中，春燕纺织将改造成全区首个城市综合体——江门东汇城。外海、礼乐两个副中心初步成型。新建了海伦湾、海逸酒店等多个宜居小区及星级酒店，江中珠游艇会试业运营，利生车城年销售额首超10亿元，五邑路沿线汽贸布局加快完善。

新农村建设加速发展。完成全部36条村庄整治规划编制，已实施29条村庄整治，覆盖率为80.6%，新增宜居村庄（社区）34个。大力发展村集体经济，2015年村级集体经济收入1.41亿元，其中19条村集体经济收入超100万元。农村“三资”管理全面规范，农村集体资产管理交易平台全部建成并投入使用。出台农村历史留用地解决方案，已兑现历史留用地860亩。全征地农民养老保障全面实施，我区纳入全征地农村经济集体组织16个，认定全征地农民18334人。

宜居环境日益优化。单位生产总值能耗预计下降至0.9671吨标准煤/万元，超额完成“十二五”节能任务。完成田园休闲绿道网整体规划及睦州水道堤岸、龙光塔至茶庵寺、礼乐主灌河东岸等绿道建设，新增绿道30.1公里。实施白水带龙头公园、江海绿化广场改造工程，完成16个社区公园绿化升级，人均公园绿地面积增至17.4平方米。完成16个农贸市场升级改造，推行家禽“集中屠宰、冷链配送、生鲜上市”，礼乐中心市场创建为省“诚信示范市场”。大力推进创文“五个常态化”[7]建设，配合市成功创建并蝉联“全国文明城市”。

四、民生福祉持续改善，社会事业协调发展

五年来，用于改善民生的财政支出达22.46亿元，比“十一五”增长178%，占地方公共财政预算支出46.74%。

保障水平稳步提高。居民人均可支配收入达31059元，年均增长11.8%。加强就业再就业工作，累计净增就业岗位27013个，城镇登记失业率控制在3.2%以内。连续11年增加企业退休人员基本养老金，已达到人均1887.8元/月。实施大病保险制度，城乡居民和城镇职工基本医疗保险最高支付限额分别提高至30万元和60万元。城乡居民低保及五保供养、重残护理补贴等保障标准逐年提高，均居全市前列。率先建立医疗救助和医疗保险同步结算平台，对农村五保供养对象和城镇“三无”人员[8]实行门诊或住院费用全额资助。5年完成保障性住房1095套，城市低收入家庭人均居住面积增至15平方米。投入资金952万元，完成对口帮扶开平、台山6条贫困村的240个项目，扶贫“双到”工作三年考核均为优秀。全面实施城镇精准扶贫，40%家庭一年成功脱贫。

大民政工作亮点纷呈。完成3个“邑家园”[9]创建试点，全省唯一集养老、助残、专业社工服务于一体的江海区社会福利综合服务中心揭牌运营，建成5个街道级居家养老中心、19个农村幸福院，率先构建区、街、村（居）三级“10分钟养老生活圈”。创新开办残疾人创业扶持“4H”站[10]，残疾人就业实训基地正式运营。大力培育社会组织，目前全区共有社会组织165家，每万人拥有社会组织10.3家，占比全市第一。作为全省第二批试点，在全市率先建立适度普惠型儿童福利制度。

文教体卫加快发展。五年累计投入超1.5亿元，新建改建了外海中心小学、礼乐二中、滘头小学等11所学校教学楼、体育馆、宿舍楼，免费义务教育范围扩大到全部就读学生，成功创建省推进教育现代化先进区和全国义务教育发展基本均衡区。整合全区资源，与江门一中共建的体育馆、图书馆正式启用，区文化馆成功创建国家一级文化馆，街道全部达标省一级文化站，全民健身广场达9个，文体小广场62个，提前一年实现文体设施乡村全覆盖。举行了首届陈少白文学艺术奖评选活动，率先开展活化传统戏曲艺术工程，启动了“南岸印迹”[11]工业遗迹保护开发，举办两届礼乐葡萄旅游节，打造区域文化品牌。积极开展平价医疗服务，有效应对禽流感、登革热等疫情防控。创建全国计划生育基层群众自治示范县（区），人口计生工作保持先进水平。

社会治理不断完善。深入开展和谐劳动关系示范区工程，全区已建工会企业455家，企业职工劳动合同签订率达93.2%。推进社会矛盾化解年工作，多个历史遗留信访问题得到解决，信访工作连续四年获市一等奖。平安江海十大工程深入推进，新增2个“全国综合减灾示范社区”。社会治安大局持续稳定，人民群众安全感和满意度不断提升。有效开展食品药品监管工作，连续五年无较大安全生产事故发生。完成第三次全国经济普查，首部地方综合年鉴《江海年鉴》正式出版。国防动员和民兵预备役建设成绩显著，连续14年被评为“征兵工作全优单位”。审计、物价、外侨、对台、档案、保密、人防、双拥、民族宗教、妇女等各项工作都取得新成绩。

五、改革实现重大突破，体制机制不断完善

“大部制”改革全面完成。2011年江海区33个党政部门缩减为20个。2012年承接了国土、规划、环保、社保等市直部门下放。2013年完成高新区、江海区13个相应党政内设机构合署办公，形成了大经济、大规划、大建设、大监管、大社会事务等大部门格局，完成市与区的事权、财权改革。2014年成立了食药监局，全面铺开商事登记制度改革。承接了市赋予高新区的第一批市级管理权限并实现江海区域全覆盖。2015年原江南、滘头、滘北三个街道整合成新江南街道，完成工商分局体制调整。经过五年的改革调整，行政资源进一步优化，行政效能进一步提升。

体制机制改革不断深化。全市率先出台投资准入负面清单，统一公布和全面实施“1+3”清单[12]9685项，率先设立便企服务平台高新区综合服务中心，率先推行法人类行政审批“一窗通办”改革，3个街道“邑门式”便民行政服务中心正式启用，62个村（居）公共服务站全覆盖，在全市率先试点村（社区）行政事务准入管理制度，15分钟行政服务覆盖圈成型。完善财政管理体制，开设高新区国库，完成区街道财政管理体制调整，制定了全区统一的政府采购、投资建设项目管理、购买服务及公务活动管理制度，优化了预算绩效管理工作机制。创新人才引进机制，建立高级雇员制度。考核管理更精准，对区直部门、街道、工业园公司实行三合一分类考核，首次引入“民评官”机制。

加强政府自身建设。成立区重大决策专家咨询论证委员会，出台区重大行政决策程序规定，科学规范行政。自觉接受人大、政协监督，五年共办理人大代表议案建议、政协委员提案和各类意见超800件。坚持依法行政，全面铺开一村（社区）一法律顾问工作，率先成立区政府法律顾问室，全省首创普法“四站”[13]，为群众提供新的普法平台，成功创建全国依法治区先进区。加快透明政府建设，顺利完成全国第一次政府网站普查，区、部门、街道、村（居）微博、微信平台逐步全覆盖。认真开展党的群众路线教育实践活动和“三严三实”[14]教育，落实中央八项规定，加强“三公”费用监管，完成党政机关、参公事业单位的公车改革和办公用房清理。加强廉政建设和反腐工作，严肃查处违纪违法案件，惩防腐败体系不断完善。

同时，我区自身发展还面临不少困难和挑战：区域经济总量较小，科技实力不够强，高新区综合考核排名中等偏后；土地资源短缺与低效利用并存，制约项目落地的短板没有根本性改变；基础建设和城市管理滞后，交通、环境、医疗、教育等民生建设与百姓的期盼仍有差距；干部改革创新、担当作为、争先进位的精神仍有待增强等。对于这些问题，我们要高度重视，采取有力措施加以解决。

各位代表，“十二五”时期，我们以创新和实干精神，抓住了新机遇、实现了新发展。成绩的取得，是市委、市政府和区党委正确领导的结果，是人大、政协加强监督、全力支持的结果，是全区人民凝心聚力、攻坚克难的结果，是社会各界和衷共济、奋力拼搏的结果。在此，我代表高新区管委会、江海区政府，向广大干部群众，向所有关心支持我区经济社会发展的同志们、朋友们、港澳台同胞和海外乡亲表示衷心的感谢！

“十三五”时期的目标任务

按照市委、市政府打造“三门”[15]建设“三心”[16]的发展部署和区党委全会关于“十三五”规划的建议，立足高新区创新集聚带动发展要求，“十三五”时期的发展目标是：高擎“珠西创城、侨都硅谷”[17]大旗，重点建设“一中心两公园三轴线”[18]，实现“一个同步、五个突破”[19]。到2018年全区小康指数达97%以上，地区生产总值和居民人均可支配收入比2010年翻一番，与省、市同步建成小康社会；力争到2020年，实现总收入翻一番，突破1000亿元，成为全市首个“千亿园区”，跻身全国高新区60强，进入珠三角国家高新区第二梯队，引领带动全市“1+6”园区整体提升发展。要实现上述目标，我们必须更加重视自主创新引领，更加重视高新产业集聚，更加重视改革开放，更加重视民生共享，实现新发展。

一、以“科创中心”和“科研双创引领轴”建设为核心，构筑“珠西创城、侨都硅谷”新格局

落实“珠西创城、侨都硅谷”发展规划，加快推进“双创双引”工程。一是建设国家自主创新示范区。实施“创新提升、创业孵化、全球链接、环境再造”四大工程，到2020年R&D经费占GDP比重达4%。实施企业研发机构倍增行动、“五邑人才计划”[20]和人才安居工程，力争到2020年全区大型骨干企业研发机构全覆盖，“千人计划”[21]人才、省创新科研团队实现零的突破。强化科技企业培育发展，至2020年高新技术企业翻一番。实施重大科技平台对接计划，鼓励社会资本投资建设科技载体，提升现有载体服务能力，到2020年孵化器、加速器面积达100万平方米。二是建设小微“双创”基地。加快建设10个重点基地，完善9大公共服务平台[22]，到2017年小微企业技术合同成交额比2014年增长300%，拥有授权专利数增长100%；到2017年，小微企业净增数、营业收入均比2014年增长55%；到2017年，小微企业新增就业人数累计增长30%。三是建设“侨梦苑”。加快核心区3中心、4平台[23]建设，大力聚集侨智侨力侨资，使江门“侨梦苑”成为新一代华侨华人归国创业创新的首选地。

二、以新兴产业和“高新产业集聚轴”发展为核心，打造创新型产业集群

一是创建一流的创新型特色园区。突出以LED绿色光源、生物医药、智能交通为主的战略性新兴产业发展导向，推动汽车零部件、电子信息、光机电一体化、北斗卫星应用等先进制造业优化发展，加快现代物流、总部经济等现代服务业跨越发展，力争到2020年新增1个百亿产业集群。二是落实先进（装备）制造业“珠西行动”。实施“五大行动计划”[24]，每年至少引进10亿元以上的大项目1个，培育5家亿元企业、1家10亿元企业。到2020年，力争先进（装备）制造业产值超460亿元。三是强化实体经济的支撑。实施环境再造工程，加快科技型中小企业的信用评级工作，吸引众筹、创投等机构完善科技金融综合服务，设立创业投资引导基金，搭建科技中介网络，健全企业改制上市“绿色通道”。重点建设雏鹰科技园[25]、临港产业园和电子商务园，搭建集金融、科技、总部、产业于一体的综合平台。

三、以“两公园”和“产城融合示范轴”建设为核心，开创产业、城市与人和谐共存的产城新局面

加快一个核心区、外海礼乐两个副中心、南岸印迹、白水带森林公园和礼乐湿地公园六个组团发展，营造宜居宜业的高品质环境。一是继续构建外联内通的交通网络。对外加快完善双港口[26]、双轨道[27]、双高速[28]，对内加快三快线[29]建设，促进三区一市同城共融。结合市区公交一体化规划，加快公交线路区域全覆盖。二是继续优化宜居环境。积极实施“三旧”改造、低效园区及厂房的升级改造，进行产业再布局，重点加强教育、医疗、商业等服务配套。全面推进“南岸印迹”百年工业遗迹保护开发，启动工业历史博物馆及工业遗产长廊建设。三是继续加强生态文明建设。大力发展循环经济，全面实施清洁生产。至2020年底完成白水带龙头公园整合提升，建成1个田园风光特色公园，实现村居公园全覆盖。推动生态系统与城市化有机结合，加快北调蓄湖建设，加强水环境综合治理，建立生态化城市排水体系，建设“海绵城市”[30]。四是继续加强社会民生保障。推进基本公共服务均等化，深入实施“大民政”建设，进一步抓好精准扶贫、精准脱贫工作，着力提升底线民生保障水平。加快就业、教育、医疗卫生、文化体育、食品药品安全管理等社会民生事业发展，推进平安江海建设，维护社会安全稳定。

四、以实施统筹对接和改革先行为核心，书写开放经济新篇章

一是全面深化对外交流合作。依托深茂铁路、深中通道等交通大动脉，主动承接深圳科技、先进制造业、生产性服务业的转移和辐射；加强与先进园区的对接合作，落实中关村先行先试政策，大力吸纳国际性人才、技术、资本；抓住港珠澳大桥即将建成通车历史机遇，主动对接广东自贸区，积极参与珠江西岸“六市一区”经济圈共融；深化港澳台、欧美等发达国家地区经贸投资合作，高标准建设中美、中比、中意合作园，依托“侨梦苑”推动江门高新区知名度和竞争力显著提升。二是全面深化经济体制改革。鼓励非公有制经济依法进入更多领域，支持民营骨干企业建设产业基地。完善政府投资非经营项目代建制，在基础设施和公用事业等领域重点推广PPP模式[31]。加强社会信用体系、市场监管体系建设，健全市场退出机制，规范涉企行政事业性收费，营造优质高效的投资环境。三是全面深化行政管理体制改革。突出国家高新区的主导作用，探索去行政化改革，优化政府机构设置、职能配置、工作流程。建立权责清单“动态管理、适时调整”长效机制，严格绩效管理，简化跨部门审批事项办理，推动政府工作重心由事前审批向制定标准和“宽准入、严监管、强服务”转变。

2016年的工作安排

2016年是实施“十三五”规划的开局之年，今年高新区管委会、江海区政府工作基本思路是：认真贯彻落实党的十八大、十八届五中全会、省委十一届六次全会、市委十一届六次全会和江门高新区党工委2016年工作会议暨江海区委第八届六次全体会议精神，按照市委打造“三门”、建设“三心”和“五个主动对接”部署，坚持创新加快发展与加快创新发展相统一，牢牢把握“四个打造”[32]，落实三大主要发展任务，加速创业创新资源聚集，推动产城融合协调发展，增进民生福祉，为打造“珠西创城、侨都硅谷”和实施“十三五”开好局、起好步。

2016年全区经济社会发展的主要预期目标是：地区生产总值增长9%，规模以上工业增加值增长10%，固定资产投资增长17%，地方财政一般预算收入增长9%，社会消费品零售总额增长10%，外贸进出口总额增长1%，单位生产总值能耗下降和主要污染物减排控制在市下达指标范围内。围绕上述目标要求，必须全力做好五方面工作：

一、重创新强内涵

坚持国家级高新区重抓“高”和“新”的定位，构建“产业+创新平台+研发机构+孵化器+科技金融平台”五大科技创新体系。

——启动科创中心的规划建设。高规格建设高新创智城，年内完成一期基建工程量70%以上。加快江门科教城的规划，落实新型产学研机构布局，支持国内高校围绕光电技术、智能制造、生物医药、新材料、物联网、工业设计等领域在我区布局专业院校，抓紧与五邑大学、江门幼师等院校的对接，以职业教育促进产业发展。加强与深圳、佛山的对接合作，推动北斗时空科技（广东省）战略研究院和深圳智能机器人检测产业园落户。落实知识产权资助办法，促进专利数量和质量双提升。

——加快小微“双创”建设。把小微“双创”和“侨梦苑”核心区建设作为提高区域竞争力、增强发展活力的重要切入点，用好国家、省、市小微“双创”扶持政策，出台高新区特色的小微“双创”优惠政策，激发企业创业创新热情。年内完成孵化器、加速器20万平方米。重点完成珠西云谷10万平方米小微双创基地、科恒开放式创新空间小微企业基地建设，引入100个创业团队进驻。建设区众筹平台、互联网金融综合服务平台、众创工场平台和电子电器检验检测平台，推动小微企业科技进步、转型发展，年内新增高新技术企业7家。

——加强高级人才引进培育。建立人才优先投入保障机制，设立人才发展专项资金，继续完善人才引进政策及配套实施细则。创新引科引资引智联动推进的机制和方式，加强与海创智库、“千人计划”专家联谊会等科技人才服务机构以及中科院等科研院所对接，加大对高层次创业人才和团队的引进、培养和使用力度。深化与9名新聘博士的对接，尽快促进合作项目落地和成果转化。推动校企深度合作，发挥行业协会作用，推广“企业培训中心”试点，大力培养企业急需的高素质技能型人才。

——强化科技金融产业融合服务支撑。鼓励商业银行在我区设立地级市分行或核心支行。建立科技企业信用信息数据库，强化信用评级结果的应用。深化财政资金投入方式改革，推进政府购买服务、以奖代补、竞争性分配、股权投资等创新性资金安排，设立启迪之星天使投资基金，扩充“政银保”项目规模，让更多中小微企业共享科技金融改革红利。加大扶持企业上市的力度，促进企业改制进入多层次资本市场。做好上市企业的后续管理服务，发挥上市企业的“放大器”作用，打造总部经济模式。

二、兴产业优品质

紧盯实体经济和工业投资发展，落实年度投资80亿元的80个重点项目建设，加快以供给侧改革[33]为重点的产业结构改革。

——大力发展战略性新兴产业。坚持不懈抓LED绿色光源产业发展。主攻LED中高端封装、照明应用等环节，力促现代照明和新方盛项目建成投产，确保LED博览交易中心首期运营，打造高新江海绿色光源地理标志产业集群。牵头打造大健康产业集群。启动43、47号地健康产业科研中心建设，依托礼乐生物健康产业集聚发展区，重点发展生物医药、高端医疗器械、健康食品等行业，加快德力西集团健康项目、德威登革热疫苗项目落地。

——重点发展先进制造业。加快智能制造装备业发展。推进北斗卫星应用技术产业基地及智能交通协同项目建设，得实计算机四期主体工程完工，崇达电路二期、地尔汉宇机器人、优美科长信扩产项目和德尔福线束项目建成投产。以技术改造为核心促进存量企业提质。充分利用我区4个电商平台，以“智能制造”、“机器换人”等新手段与“互联网+”结合，推动企业提升装备水平，支持企业兼并重组，扶持高成长型中小企业做大做强。

——加快发展现代服务业。发展特色物流。加快江门高新港首期工程建设，全力建设江门农副产品冷链配送中心，力争供港标准食品交易中心项目发展2000家供应商注册进驻交易。临港产业园配套服务设施进场施工，推动海关、检验检疫、货运、港务等口岸系统与物流配送系统建设，打造区域智能物流服务中心。发展信息业。筹建以智慧园区为试点的数据支撑平台，加快光纤覆盖及“铜转光”改造，年内率先建成全市首个“光网示范区县”。发展2.5产业。加快人才公寓、新概念办公区及生活配套建设，科技创新服务中心配套区完成35%投资。

——全力推进增量提质。加强产业链招商。结合主打产业和新业态发展，瞄准先进装备制造业发达地区和世界500强、跨国企业、央企（省企）、行业领先企业、科技龙头企业，开展“敲门”招商、中介招商、以商引商，力争大项目引进有大突破。加强低效产业载体的升级改造。继续推进园区扩能增效“七个一”专项行动[34]，加大对批而未供、供而未用及低效土地整理力度，加强闲置厂房的清理盘活，强化旧村级工业区改造提升，推广集中开发、共同开发、返租开发等形式，发挥农村集体留用地的作用，为招商引资提供集约经营载体。年内引进亿元以上项目不少于3个。

三、精配套美环境

——继续落实交通建设大会战。充分利用农发行等金融机构200亿元授信，以PPP模式推动我区基础设施建设。推动南山路、会港大道、五邑路的快速化建设，加快广中江高速、礼睦路（扩建）、一行路等项目建设，落实好园区内8条道路的升级改造。推进公共自行车系统等公共交通基础设施建设，完成区域步行径建设，打造城市慢行网络。

——*打好环境治理攻坚战*。落实潭江流域“河长制”，严格水源管理和保护，投资1500万元开展南冲电排站建设，启动麻园河等重点河涌综合整治工程。落实大气污染防治行动，推进工业锅炉综合治理工作，加快“黄标车”淘汰步伐，切实降低主要污染物排放总量和浓度。强化城市精细化管理，坚持创文工作常态化，出台整治违法建筑工作方案及实施细则，进一步改善市容市貌。

——*加强绿色生态建设*。大力发展循环经济，依法淘汰整改后不达标的落后产能，年内完成3家企业清洁生产审核工作。深入推进低碳发展，加快天然气管道项目建设，扩大天然气供应范围。加快实施产业园区热电联供，推广太阳能屋顶光伏电站。持续开展公园城市和森林城市建设，重点推进白水带龙头公园与釜山公园的衔接改造，完成10条景观路绿化改造，建设村居公园28个。充分利用万亩农田，打造礼乐湿地公园，发展生态农业。

四、惠民生促和谐

——*完善社会保障体系*。继续加大财政对民生的投入，办好10项民生实事。继续加强保障性住房建设，新增保障性住房152套。加大促进就业力度，重点帮扶失业残疾人等就业困难群体，促进应届高校毕业生就业创业，年度城镇登记失业率控制在3.2%以内。继续实施“大民政”建设，推进“邑家园”逐步全覆盖，完善以居家为基础、以社区为依托、以机构为支撑，覆盖城乡的多元化养老服务体系。继续推行“点餐式”残疾人居家托养服务项目，为残疾人提供“职业指导、技能培训、就业支援、创业扶持”四位一体的服务。落实精准扶贫措施，实现城乡贫困人群帮扶全覆盖。

——*发展社会各项事业*。科学布局教育资源，积极发展学前教育，促进义务教育均衡、优质发展，大力实施高中特色教育，鼓励民办教育。启动华侨中学建设，新建天鹅湾小学，加快礼乐中心小学、麻园中学新教学楼建设。完成区文化馆新址改造搬迁，抓好文化惠民工程，结合“南岸印迹”建设，发展新型文化业态。继续深化医药体制改革，实施医疗卫生强基创优行动计划，加强重大疾病防控，完成区人民医院创“二甲”工作，推进中西医结合医院提质升级。提升计生服务水平，落实“全面二孩”政策。

——*加强社会综合治理*。创新社区管理方式，探索社区网格化、养老网格化和公共信息服务平台有机结合，完成2个新的社区网格化试点。加强劳动人事争议调解体系建设，创新劳动执法模式，构建和谐劳动关系。强化矛盾纠纷排查化解，维护社会稳定。加大公共安全领域投入，加快推进我区现代社会治安防控体系建设。抓好重点领域事故隐患排查整治，坚决遏制较大以上事故发生，提高基层应急救援和保障能力。继续落实安全生产“一岗双责”，抓好“三防”、消防、森林防火、食品药品安全、“两建”[35]、打假、打私、打传、查无等工作。进一步做好统计、物价、外侨、对台、档案、方志、人防、国防、双拥、民族宗教、妇女儿童等工作。

五、抓改革提效能

——*坚持依法行政*。严格依照法定权限和程序行使权力、履行职责，建设法治政府。自觉接受人大工作监督、法律监督和政协民主监督，坚决执行人大及其常委会的决议决定，支持政协委员参政议政，切实做好建议提案办理工作，认真听取各民主党派、无党派人士和人民团体的意见，广泛接受群众、媒体和社会监督。强化法治思维，推进司法公开，启动“七五”普法，引导群众自觉守法、遇事找法、解决问题靠法，维护社会公平正义。

——深化审批制度改革。完善“1+3”清单动态监管和审批服务标准化，出台第二批负面清单，做好电子营业执照试点工作，推动高新区综合服务中心建成涉企综合服务中心省级示范点。积极完善区、街道、村（社区）三级服务平台，提高全区行政审批事项网上全流程办理率。简化跨部门审批事项办理，深化“邑门式”服务，完善“一窗式受理、一站式审批”，提高行政效能。

——加快转变政府职能。探索项目库管理模式，实施中期财政规划，建立跨年度预算平衡机制，严控“三公”经费支出。严格落实中央八项规定和“三严三实”要求，落实领导干部直接联系制度，加大效能监察和审计监督力度，开展“不作为、乱作为、慢作为”专项治理行动，不断增强干部队伍的改革意识、责任意识和廉洁从政意识，坚持立说立行，切实增强政府公信力和执行力。

各位代表，蓝图已经绘就，发展全凭实干，“珠西创城、侨都硅谷”的建设需要我们更有激情、更有担当、更有作为！让我们在市委市政府和区党委的领导下，站在新起点，抢抓新机遇，打造新优势，创造新业绩，为各项目标任务的完成努力奋斗！

附件：

1. 江门高新区（江海区）“十二五”及2015年主要经济指标完成情况表

2. 《政府工作报告》有关用语说明

附件1

江门高新区（江海区）“十二五”及2015年主要经济指标完成情况表

指标	“十二五”规划目标	“十二五”规划完成情况	2015年数值	2015年增长率
地区生产总值	年均增长9.5%	预期年均增长10.2%	预期完成143亿元	预期增长9%
人均生产总值	年均增长8%	预期年均增长8.5%	预期完成5.48万元	预期增长8%
地方公共财政预算收入	年均增长14%	年均增长21.3%	10.32亿元	增长14.5%
规模以上工业增加值	年均增长14%	预期年均增长14.3%	预期完成78亿元	预期增长12%
固定资产投资	年均增长16%	预期年均增长17.8%	预期完成91.94亿元	预期增长23.28%

续表:

指标	“十二五”规划目标	“十二五”规划完成情况	2015年数值	2015年增长率
社会消费品零售总额	年均增长14%	预期年均增长14.9%	预期完成38.02亿元	预期增长12.2%
进出口总额	年均增长8%	预期年均增长11.63%	预期完成30.4亿美元	预期增长16.8%
居民人均可支配收入	30000元	预期年均增长11.8%	预期31059元	

附件2

《政府工作报告》有关用语说明

1. 珠三角国家自主创新示范区：2015年9月29日，国务院正式批复广州、珠海、佛山、惠州仲恺、东莞松山湖、中山火炬、江门、肇庆等8个珠三角国家高新区建设国家自主创新示范区。省委、省政府将这个示范区定位为国际一流的创业创新中心，打造我国参与全球创新竞争与合作的重要平台，引领珠三角链接全球创新资源，为实施国家自主创新战略探索新模式。

2. 全国小微企业创业创新示范城市核心区：中央财政通过中小企业发展专项资金给予示范城市奖励支持，由示范城市统筹使用。示范城市重点强化对创业创新基地（众创空间、小企业创业基地、微型企业孵化园、科技孵化器、商贸企业集聚区等）服务能力的支持，并以创业创新基地为载体，采取多种有效方式促进中小企业特别是小微企业发展。2015年7月，江门市在全国小微企业创业创新基地城市示范评审中获得第一名，成为全国15个示范城市之一，其中高新区（江海区）为江门市小微双创基地核心区。

3. 创新型特色园区：是指在园区定位、产业选择、发展模式和发展路径上特色鲜明的国家高新区。和世界一流园区、创新型科技园区相比，创新型特色园区更加强调“特色”，建设和发展有四大重点内容：一是大力发展和培育特色产业，通过优先发展特色产业强化资源的聚焦，提升产业竞争力；二是加强科技创新对特色产业的支撑作用；三是围绕特色产业探索创新发展机制和模式；四是促进和引领区域经济发展。

4. 中国江门“侨梦苑”华侨华人创新产业聚集区：由国侨办推动，旨在调动和引导华侨华人，特别是侨商和专业人士能在祖（籍）国这片沃土和热土上能够找到创新创业的舞台，同圆共享中国梦。“侨梦苑”将打造成为侨商产业聚集区和海归人才、海外高端人才聚集区，既服务于国家创新驱动发展战略，也体现了祖（籍）国对华侨华人的关心和扶助。2015年12月22日，国侨办裘援平主任到高新区（江海区）为中国江门“侨梦苑”华侨华人创新产业聚集区揭牌。

5. “双创双引”：引资引智、创业创新。

6. “政银保”：是一种以政府财政投入的

基金做担保、银行为符合贷款条件的担保对象提供贷款、保险公司对上述贷款本金提供保证保险的中小企业、农业贷款模式。

7．创文“五个常态化”：集贸市场评比、卫生环境明查暗访、一线督查督办、文明共建和实绩考核常态化。

8．“三无”人员：指无生活来源、无劳动能力、无法定抚养义务人的公民。

9．“邑家园”：以公共服务、志愿服务、便民利民服务为主要内容，以“社工+义工”为运作模式，把各部门相关服务功能进行整合，在城乡社区和工业园区内建设的社会服务综合平台，为群众实现“服务就在家门口”。

10．残疾人创业扶持“4H”站：通过政府购买服务的方式，委托社会组织承办，专门为我区残疾人提供就业的服务站点。“4H”站集职业评估、技能培训、就业支援、创业支持“四位一体”，搭建“政府—社会组织—企业—残疾人”之间有效的沟通桥梁，建立符合残疾人实际的，集自主创业、居家就业、社会就业、机构就业的残疾人创业就业新体系。该项目宣传了我区残疾人服务工作——“帮助（help）希望（hope）家庭（home）和谐（harmony）”新理念。

11．“南岸印迹”：主要指我区11处工业遗存的保护和开发及江门河沿岸的整合升级改造。规划范围为：新礼大桥至外海大桥段，江门河和西江岸线以南至五邑路以北范围，总面积约2120公顷，岸线总长约16公里。重点通过工业时光隧道、乐活厂韵、江门汇三大主题策划，打造江门“百年工业时光隧道”。

12．“1+3”清单：权责清单，负面清单、审批清单、监管清单。

13．普法“四站”：“校园普法空间站”“假期普法加油站”“村居普法休闲站”“企业普法欢乐站”。“校园普法空间站”是利用学校广播站，每周两天开展由师生自行取材并制作的普法广播，架起空中普法桥梁。“假期普法加油站”是利用社区教育学习站，在周六日及寒暑假期间为外来工子女、留守儿童及辖区青少年定期开展送法活动，打造“学校放假，社区开学”平台。“村居普法休闲站”是在送戏下乡前播放法治宣传短片，在外海、礼乐两个电视站黄金时间插播法治公益广告，并把该站涵义延伸至法治文化小区、法治文化公园、法治文化广场建设，在群众休闲散步时也能学习简单易懂的法律知识。“企业普法欢乐站”是以法治游园会形式为主，配以相关的普法活动，让务工人员在游戏中轻松愉快地学习法律。

14．“三严三实”：严以修身、严以用权、严以律己，谋事要实、创业要实、做人要实。

15．“三门”：新一轮改革发展的“开放之门”，粤西进入珠三角的“方便之门”，珠三角通向粤西、广西乃至大西南的“辐射之门”。

16．“三心”：珠江西岸新的经济中心、创新中心和城市中心。

17．“珠西创城、侨都硅谷”：“珠西”意指发展格局，要立足珠三角西岸；“创城”明确本质内涵，是创新、创业、创意、创造、创富之地，要打造企业研发和产业创新中心；“侨都”彰显区域特色，要充分依托“中国第一侨乡”的优势；“硅谷”体现核心功能，是经济区功能域，要发展高新技术产业、战略性新兴产业。

18．“一中心两公园三轴线”：“一中心”即科创中心核心组团，“两公园”即白水带森林公园和礼乐湿地公园，“三轴线”即南山路—科研双创引领轴、会港大道—高新产业集聚轴和五邑路—产城融合示范轴。

19．“一个同步、五个突破”：“一个同步”即2018年与省、市同步全面建成小康社会，“五个突破”即争先进位取得突破、创新驱动取得突破、产业提质取得突破、产城融合取得突破、民生共享取得突破。

20．“五邑人才计划”：围绕支柱产业和新兴产业领域，重点依托区内龙头企业，大力引进掌握产业核心关键技术的高水平创新人才、高层次技能人才，大力推进柔性引才。

21．“千人计划”：指海外高层次人才引进计划。

22．小微“双创”10个重点基地，9大公共服务平台：“10个重点基地”即南岸印迹小微企业创意基地、江门高新区LED产业基地、广东省中小型电机产业基地、江门北斗卫星应用小微企业创业创新基地、江门供港标准食品交易中心小微企业创业创新基地、江门临港物流园小微企业创业创新基地、科恒开放式创新空间、康城城轨商圈小微企业创业创新基地、珠西云谷小微企业创业创新基地、江门健康食品小微企业创业创新基地；“9大公共服务平台”即高新区综合服务中心、江海区中小企业服务中心、高新区小微企业科技成果转化服务平台、高新区创业服务平台、高新区小微企业创业创新人力资源服务平台、小微企业创业创新金融服务平台、小微企业创业创新数据支撑平台、江门高新区新能源应用服务平台、江门LED设计创新公共服务平台。

23．“侨梦苑”核心区3个中心、4个平台：“3个中心”即“侨之家”综合服务中心、创业创新配套服务中心和江门市跨境电子商务快件分拣清关中心；“4个平台”即火炬创业创新大厦、高新创智城、电子商务园和中小企业创业创新集聚区。

24．“五大行动计划”：龙头企业培育行动、企业改造升级行动、产业平台扩能增效行动、重大项目突破行动、产城融合振兴行动。

25．雏鹰科技园：是江门市乃至珠西地区小微企业特别是科技型小微企业的创新孵化核心区。创新孵化突出“高”和“新”特点，主要为科技型小微企业创业创新提供众创空间、公共技术、科技孵化加速、项目支持等服务，推动小微企业科技进步和转型发展。

26．双港口：江门高新港、港澳客运港。

27．双轨道：广珠城轨江门支线、深茂高速铁路。

28．双高速：深罗高速（中江高速）、江珠高速+广中江高速。

29．三快线：南山路快线、会港大道快线、五邑路快线。

30．“海绵城市”：指城市在适应环境变化和应对雨水带来的自然灾害具有良好的弹性。

31．PPP模式：英文（Public-Private-Partnership）的缩写，指政府与私人组织之间为了合作建设城市基础设施项目，或是为了提供某种公共物品和服务，以特许权协议为基础，通过签署合同来明确双方的权利和义务，建立起“利益共享、风险共担、全程合作”的共同体关系。

32．“四个打造”：以打造“珠西创城、侨都硅谷”为目标，以打造科创中心为重点，以打造生态公园为抓手，以打造三轴线为支撑。

33．供给侧改革：从供给、生产端入手，通过解放生产力，提高竞争力，促进经济发展。

34．扩能增效“七个一”专项行动：清理

一批土地（项目）、规划“一张蓝图”、配建一套标准设施、推行“一条龙”服务、建设一批重点项目、打造一支专业队伍、实施一套分类考核办法。

35．“两建”：建设社会信用体系、建设市场监管体系。

专题

ZHUAN TI

全区深入开展党的群众路线教育实践活动

根据中央和省委、市委的统一部署，江门高新区江海区党的群众路线教育实践活动从2014年2月开始，同年9月基本完成。参与活动范围主要包括党委、人大、政府、政协领导班子及党员领导干部；法院、检察院、党委各部委办、直属单位、人民团体、企事业单位领导班子和党员干部；各街道领导班子及党员领导干部；各街道机关及其直属单位，村、社区、非公有制经济组织和社会组织等基层党组织和党员。

这次活动以反对“四风”为重点，集中解决各级领导机关、领导班子和领导干部“四风”方面存在的突出问题，包括 “四风”突出问题、关系群众切身利益问题、联系服务群众“最后一公里”问题。通过学习教育，听取意见；查摆问题，开展批评；整改落实，建章立制。

在市委第四督导组的具体指导帮助下，按照“照镜子、正衣冠、洗洗澡、治治病”的总要求，围绕为民务实清廉的主题，以区、街道、区直机关领导班子和领导干部为重点，完成学习教育听取意见、查摆问题开展批评、整改落实建章立制三个环节的工作任务，达到预期目标。

全区421个基层党组织参加教育实践活动，参与覆盖面100%。结合实际，出台《江门高新区党工委委员、江海区委常委及委员、不是区委委员的党员副处级以上领导干部群众路线教育实践活动联系点方案》《江门高新区党工委委员、江海区委常委同志参加党的群众路线教育实践活动方案》，由区四套班子党员领导干部直接联系指导下级单位开展活动，各级各部门也相应建立党员领导干部联系指导下级的工作制度，做到“四个一”，即至少帮助基层解决一个经济社会发展中的实际问题；至少解决一个群众关注的热点、难点问题；至少为联系挂钩点办一件好事实事；至少关心帮扶一户弱势群体。以市委编发的《江门市党的群众路线教育实践活动学习手册》《江门市党的群众路线教育实践活动学习读本》《反对“四风”问题案例选编》等材料为蓝本，组织党员干部集体学习。组织党员干部观看专题片《基石》《焦裕禄》等 8 部影片，组织副科以上干部到周恩来总理视察新会纪念馆、焦裕禄图片实物展参观学习，不少基层党员和群众也自发前往参观。在礼乐街道礼贤小学举办为期1个月的“双星耀中国——雷锋、焦裕禄事迹宣讲活动”。组织区委理论中心组集中学习7次，举办学习专题报告会6期；各单位开展集中讨论学习、调研体验式学习、小型分散学习等活动，举办专题辅导学习会116场、专题学习讨论活动128次。

活动期间共收集意见1320条，其中区四套领导班子264条、区直部门346条、街道及其他710条，梳理形成“党员干部作风问题和群众切身利益问题”清单。收到的1320条群众意见中，涉及“四风”问题18条、群众切身利益问题35条。

各级党组织按照工作要求开展谈心谈话活动，区四套班子26名党员干部参加谈心、谈话120次；区党政领导班子党员干部与各自分管的区直单位主要负责同志谈心、谈话170次。

通过组织召开群众意见专题“会诊”会，对问题清单进行分析，研究立改立行的具体措施。三期清单中的 53 个问题完成整改 18条、基本完成 6条、需要长期坚持整改10条，余下的 19 条按照时间节点有序推进并取得阶段性成果。针对中央部署的11项专项整治任务和

“会所中的歪风”“裸官”等10个问题，省委确定的 15 项、市委确定的 11项专项整治重点，制订整改方案、专项整治方案和制度建设计划。领导干部个人制订整改清单。其中确定提升科技创新能力、便民出行（建设七大工程，分别是胜利南路延长线、金溪方涵、雪峰寺前道路、连海北路、富民路东段、麻园路、金瓯路）列为区级立行立改2项专项整治工程。涉及麻园片区上万人的出行问题，计划投入1500万元，实现麻园路水泥路的硬底化。突出科技与金融结合主线，计划5年内建成100万平方米的孵化器和加速器，培育高科技企业，包括筹备前海股权交易中心江门运营中心业务启动仪式活动，做好政策宣传发动；储备新时代、君盛、嘉诺化工等10多家拟挂牌企业，嘉诺化工、博林照明、海菱家居三家企业在前海股权交易中心挂牌；举办江门资本市场沙龙---广东金融高新区股权交易中心信用评级板江门高新区推介专场，邀请区内20多家高新企业以及科技支行、广发证券、小贷、担保等金融机构的代表共同参与；到广州股权交易中心调研，商洽筹建广州股权交易中心江门分中心相关工作。

按照中央、省、市要求，逐步构建以村（社区）党组织为核心，村（居）委会、辖区单位、外来人口代表等共同参与的管理体系，探索建立起街道领导干部直接联系群众制度，进一步建立完善区、街道、村三级服务平台。加强软弱涣散基层党组织的专项整治工作，对14个软弱涣散基层党组织进行整治，对9个基层党组织的班子进行调整，处理违纪党员干部19名。活动与工作实现“两不误、两促进”，按计划稳步推进“一个核心区、两个副中心”建设。科技金融结合建成科技加速器、孵化器7.1万平方米，其中在建12万平方米、筹建30万平方米；聚科照明在“新三板”挂牌，成为江门市第一家挂牌“新三板”的LED企业。江海区礼乐社会福利综合服务中心项目和礼乐街道威西颐养居等4个村级养老助残服务项目与社会组织签约并提供养老床位155个、残疾人康复托养床位60个。全区获评“广东省推进教育现代化先进区和义务教育发展基本均衡区”称号。

教育实践活动以后，继续抓好教育实践活动的各项后续工作，包括确保整改工作和建章立制落实到位， 按照整改方案要求整改落实。重点对中央21个专项整治项目、省 15 个专项整治项目、市 11 个专项行动、党委确定的3期问题清单以及各单位承诺整改的问题进行整改。对于“四风”问题，要求各级党组织在年内完成整改。对群众利益诉求问题的整改年内10月前完成。按照制度建设计划，进一步制定完善一批制度。重点对照中央、省委、市委陆续或即将出台的制度，对全区经过清理继续有效的相关制度进行修改完善，并针对作风方面的突出问题特别是一些新情况、新问题，建立务实管用的制度，形成系统完备、相互配套的制度体系，并以制度形式把加强作风建设、密切联系服务群众的做法和经验固定转化为常规工作坚持下去，形成“挂图作战”工作模式。区、街和区直各单位的建章立制工作2015年6月前基本完成。此外，适时对各单位整改工作进行“回头看”，区委派出督查组分期分批全面开展实地督查，对各单位提出针对性要求，对工作相对薄弱的单位及时提醒和指正，督查结果形成专题报告上报区委。对问题影响面大、群众意见尖锐的问题，开展明查暗访活动并收集群众对整改工作的意见建议，责成有关部门做好相关工作。

大事记

DA SHI JI

2015年江海区大事记

1月

1月7日，由江海区科协、区经科局、区教育局联合举办的江海区第9届师生创新大赛结束。大赛设置科技创新成果、科技实践活动、科幻绘画、辅导教师作品4个比赛项目，全区25所中小学校5000多名师生参与，120多件作品脱颖而出。大赛组委会推荐的20多个优秀作品获得江门市第30届青少年科技创新大赛3个一等奖和7个二等奖，其中武东小学的实践活动“低碳生活，绿色文明”被推荐参加全省展评活动。

1月8日，在银泉小学举行江门市平安创建工作示范点揭牌仪式。市、区有关负责人和全区各中小学校长、银泉小学教职工代表参加。银泉小学主要突出“和”“乐”特色教育，构建和谐平安校园，在安全管理、学生安全健康教育、心理健康辅导和特色校园文化建设等方面取得一定的社会效果。

1月10日，市政府颁发通报，江海区有5个项目获得2014年度江门市科学技术奖，其中量子高科(中国)生物股份有限公司高活力果糖基转移酶菌种选育及其生产工艺优化研究获一等奖（全市5个名额），聚科照明公司针对大功率LED光源散热工艺技术改良研发与产业化、江门市科恒实业股份有限公司COB模组用LED荧光粉研制、江门市长优实业有限公司高效制备和包覆球形氢氧化镍反应设备、江门新时代胶粘科技有限公司与北京理工大学合作完成的原位插层改性制备高性能PET柔性扁平线缆（FFC）热封膜4个项目获二等奖。

1月21日，礼乐街道文苑社区分为文苑社区和中福社区，中福社区举行揭牌仪式。

1月30日，广东省科技厅官网公布2014年度广东省科学技术奖获奖名单，江海区的量子高科（中国）生物股份有限公司固定化酶法生产高纯度粉状低聚果糖研究与开发项目和江门市长优实业有限公司电动汽车专用镍氢动力电池正极材料研发与产业化及报废电池回用项目均获得三等奖，奖金各1万元。其中固定化酶法生产高纯度粉状低聚果糖研究与开发项目获得2014年广东省科技进步三等奖。

2月

2月5日，外海街道举行2014年高考奖教奖学颁奖大会和第19届纪念陈达奖学金颁发会、礼乐街道举行“乐晟”优秀高考学生奖学金颁发仪式，290名学子获得奖学金110.42万元，其中外海街道110人获得高考奖教奖学金84万元、109人获得陈达奖学金2.62万元；礼乐街道71人获得“乐晟教育基金”奖23.8万元。

2月5日，在外海街道五大祠举行聚贤坊及乡情展览馆揭幕仪式，市、区有关领导和五邑大学负责人以及有关嘉宾出席。以上2项文化惠民工程投资110多万元，2年建成并对外免费开放，成为展现外海风土人文历史、青年一代爱国爱乡的教育基地。外海乡情展览馆位于外海街道五大祠之一的桃溪陈公祠，面积720平方米，分3个展示厅，以文字、图片、实物和民间传奇等资料展现外海的历史、人文发展状况和先辈奋斗的优良传统；外海聚贤坊比邻乡情展览馆，位于外海街道五大祠之一的筠轩陈公祠，占地776.5平方米，其内刻录明、清代100多位学子考取举人和进士的芳名录，收集举人、进士石碑48块。

2月9日，综合网上投票、现场投票和专家评议结果，评选出“2014年高新区及江海区十大亮点工程”，包括江门高新区公共码头破土动工、火炬大厦封顶、首次电视直播礼乐龙舟赛、江海康城广场项目启动、地尔汉宇在深交所上市、高新区生活垃圾压缩中转站完成主体工程、江门演艺中心封顶、礼乐片区污水管网一期工程全面铺开、江海区首家“省一级幼儿园”挂牌和江南街道定期举办“公益墟日”活动。

2月28日，江海区政府印发《关于统筹推进我区城乡扶贫工作的实施方案》。方案把各街道的城镇低收入家庭纳入扶贫开发工作范围，建立统筹城乡的贫困户帮扶机制，其中农村低保标准提高至每月550元。完成对辖区城镇低收入有劳动能力的178户和部分低保临界线贫困家庭的核实、公示与确认工作，与全市同步启动城镇扶贫工作，重点在就业、助学、助医（残）和创业等方面进行开发式帮扶。

3月

3月6日，江门市工商行政管理局江海分局举行体制调整交接仪式，标志着实行16年的省级以下垂直管理体制调整为地方政府分级管理。体制调整移交工作任务包括划转机构编制、移交人员和档案、划转工作经费和移交国有资产等。

3月16日，滘头慈善会召开第一次会员大会，审议通过《江门市江海区滘头慈善会章程》《江门市江海区滘头慈善会资金管理使用办法》，选举产生第一届理（监）事会，滘头商会会长赵长成当选为滘头慈善会第一届会长。

3月26日，举办高新区（江海区）2015年香港新春招商会。这是高新区、江海区合署办公以来在香港举办最大规模的一次招商活动，包括拜访建滔集团、信义集团等香港企业，听取企业意见并帮助企业解决问题；与中国电力国际有限公司、广东新安怀电子商务有限公司等企业签约，展现招商成果，参与活动有企业代表、乡贤200名。

3月，江门市江海区金达玻璃文化有限公司获得2014年广东省文化产业发展专项资金100万元，用于该企业文化特色玻璃工艺美术品项目补贴，这是江门市唯一一家获此殊荣的企业。

4月

4月15日，市政府印发《江门港总体规划》，提出江门港划分为广海湾、恩平、新会3个沿海港区和主城、开平、鹤山、台山4个内河港区，各港区规划包括数量不等的作业区，其中主城港区包括外海作业区和江海作业区。江海作业区后方为江门高新区，意味着合署办公以后的高新区、江海区成为江门港主城港区今后发展的主战场。

4月22日，江门高新区管委会下属企业江门市高新技术工业园有限公司作为发行人的2015年江门市高新技术工业园有限公司债券成功发行，发行总额8亿元。

4月23日，外海街道第23届中小学生即席书画比赛在外海中心小学举行，街道各中小学60多名书法绘画爱好者参加。比赛分为小学、初中、高中书法组和绘画组等6个组别，其中要求书法组围绕社会主义核心价值观基本内容进行创作、绘画组完成自绘画和临摹画作品各1幅。经过特邀专家评选，评出一等奖8名、二等奖15名、三等奖38名。

4月30日，江海中环广场二期南区4层裙楼封顶。一季度项目累计完成投资4500万元，占年度计划投资额（1.5亿元）的30%。江海中环广场二期占地面积47.76亩，建设用地面积27.61亩，建筑总面积12万平方米，项目投资4.8亿元，累计完成72%。工程建设要求建成集饮食、休闲、购物、办公等多功能用途的商业中心，通过天桥与一路之隔的原中环广场构成商业综合体。

5月

5月12日，《高新区（江海区）突发公共卫生事件应急预案》印发实施。根据突发公共卫生事件的性质、涉及范围、危害程度，划分为特别重大（Ⅰ级）、重大（Ⅱ级）、较大（Ⅲ级）和一般（Ⅳ级）4个等级，依次用红色、橙色、黄色和蓝色进行预警。

5月14—18日，在深圳举行的第11届中国（深圳）国际文化产业博览交易会上，高新区（江海区）参展企业为江门市海菱家居饰品有限公司和江门市艺光科技开发有限公司。海菱家居成立于2002年，集科研、生产、营销为一体，主营灯饰、家居饰品，构建以“家居”为核心业务的企业经营模式；艺光科技成立于2001年，是一家集“LED照明、LED光电广告制品、LED消防应急照明灯具”研发与制造为一体的多元化国家高新企业。两家企业围绕“灯”主题展出各自最富文化创意的拳头产品。

5月18日，江门高新区（江海区）法学会成立大会暨第一次会员代表大会召开，会议选举产生第一届理事会理事（46名）、常务理事（21名）和秘书长、副会长、常务副会长、会长，高新区党工委副书记、江海区委副书记、政法委书记颜强当选为第一届会长。市人大常委会副主任、市法学会会长黎兆元和区领导颜强、陈焕溪、冼坚业以及区法学会108名会员参加。

5月18日，外海街道彩虹社区公共服务站揭牌使用，该站协助政府职能部门开展优抚安置、社会救助、社会事务、医疗卫生、公共就业、社会保障、计划生育、扶贫济困、志愿助残和文教体育等基本公共服务，为群众提供方便、快捷服务。

5月28日，高新区（江海区）举行全区新闻发言人、通讯员、网络舆情监督评论员培训班，邀请江门电视台全媒体中心编辑部主任王志昂讲课。

5月28日，市关工委、市老年学学会、区妇联、区慈善会、区关工委、区女企业经营管理者分会联合举办2015年江海区“六一”助学慰问进校园活动。活动组织筹集善款3万元，对礼贤小学的50名贫困学生、留守流动儿童和外来工子弟进行助学慰问。

6月

6月16—17日，江门市第7届中小学音乐教师基本功比赛在江门市培英高中举行，全市34名专业音乐教师参加。比赛分声乐、键盘、自弹自唱与合唱指挥、器乐（或舞蹈）4个环节进行。礼乐中心小学吴健美、银泉小学李晓仪分别获小学组一、二等奖，外海中学蔡冰纯获中学组一等奖，其中吴健美在小学组总分排名第二、李晓仪获得钢琴演奏第一名。

6月17日，江海区政府印发《高新区（江海区）活禽经营限制区划定方案》。方案根据全区人口分布及人感染禽流感疫情的预测情况，把江南、滘头、滘北等3个街道划定为活禽经营限制区。是年10月12日起，限制区内实施家禽“集中屠宰、冷链配送、生鲜上市”，所有批发、零售市场，商场超市以及餐饮服务单位等各类经营场所不得存在活禽交易行为，不得在现场宰杀活禽。限制区域包括江门河（蓬江河）南岸—流沙河（滘头工业园）北岸—滘头明星村—永康路—银泉小学—白水带山脉—格林春天豪庭—南山路，受影响面积11.2平方公里，受影响人口7.6万人。该区域经营活禽肉菜市场5个，包括中沙市场、江南市场、银沙市场、滘头市场和滘北市场，档口25户，从业人员52人，活禽日均销量395只。

6月17—20日，在东莞市厚街镇举行的2015中国加工贸易产品博览会上，全区两家企业参展，分别为地尔肠道健康科技有限公司和广东威铝铝业股份有限公司。

6月19日，因家庭煤气泄露引发爆炸、火灾而深度烧伤的全慧子完成第二次植皮手术。两次手术覆盖面积占全身面积的30%。江海区红十字会发动、协调社会各界为全慧子互助献血量2600毫升，给予5000元临时救助金，并募集善款21073.2元，其中5970元送到全慧子家。

6月26日，以“共筑高新梦”为主题的高新区、（江海区）慈善公益晚会在江门一中举行，市领导钟军、梁许赞参加。在慈善公益活动月中，高新区（江海区）筹集善款1120.5万元。

6月26日，江海区正式启动全国计划生育基层群众自治示范县项目。区计划生育协会会长吴刚与5个街道签订责任书并颁发2014年度国家、省级人口和计划生育基层群众自治示范村居奖牌和荣誉证书。江海区是2015年全国30个示范县（市）试点之一。示范县采用民主参与、民主决策、民主管理的运作模式，以计生基层群众的“小自治”促进整个村居民的“大自治”，调动群众共同参与治理城乡社区公共事务，以破解人口计生管理难题。是年，为保障示范县项目活动开展，投入资金国家15万元、省10万元、市10万元，区本级投入配套资金15万元，共50万元。至此，全区创建全国示范村（居）3个、广东省示范村（居）15个。

6月27日，由江海区政府主办，礼乐街道和江海区经济科技局承办，江门市巨峰葡萄协会协办的2015年礼乐葡萄旅游节在礼睦路奇石农庄开幕，活动至8月7日结束，为期40天。承办方于4月下旬联系企事业单位工会组织推介员工采摘活动线路和联系亲子活动机构组织亲子游活动，5月上旬组织开展葡萄美景丽人摄影展以及礼乐美食美景征文、绘画、摄影比赛、展出等活动。

6月29日，江海区政府印发《关于成立江门市江海区住房城乡建设和水务局（江门市江海区城市综合管理局）的公告》。整合原江海区住房和城乡建设局、江海区城市综合管理局以及原江海区农林和水务局水务方面的行政处罚及相关的监督检查、行政强制职能，交由江海区住房城乡建设和水务局（江海区城市综合管理局）承担。公告同时明确8项具体职能和执法人员持证上岗执法等问题。

6月29日，高新区（江海区）在江南文化广场举行“国大药房”粤剧之夜品牌活动揭幕仪式，粤剧之夜品牌活动主题为“粤韵芳华、邑邑生辉”，演出团体以市粤剧团为主，高新区（江海区）内的曲艺社团参与演出。

6月30日，江南街道新中社区新南文化公园（新南小广场）升级改造工程竣工，完成安装相关文体设施和验收并对外开放使用，可满足周边2000多名居民的休闲运动需求。新南文化公园改造工程投资150万元，改造面积6600平方米，其中改造硬地铺装面积5300平方米，兴建篮球广场、乒乓球台以及各类健身器材、增设法治廉政文化宣传和卫生与计生宣传等综合性设施。

7月

7月1日，高新区垃圾压缩站建成并调试运营。压缩站的建成，标志全区生活垃圾以东（高新压缩站）西（礼乐乐华压缩站）两翼为支撑的垃圾压缩中转运输模式正式形成。高新区垃圾中转站位于高新区42号地江海污水处理厂西南侧，项目规划用地面积1.29万平方米，项目投资1400万元，建设包括物资储藏室、压缩站房、控制室、办公楼、员工宿舍和值班室，配套垃圾压缩机、水电设施、进场道路和环境保护设施等，为高新区首个大型垃圾处理站场，日转运垃圾能力200吨—600吨。

7月1日，江海区假期普法加油站礼乐分站挂牌成立。这是继2014年全区首个假期普法加油站江南街道新中社区站点创建以后的首个分站，为在放学以后、节假日和寒暑假期间的留守儿童、外来工子女、当地居民子女在义教点提供服务。假期普法加油站是江海区“六五”普法工作的特色品牌之一。2014年，在区普法办、区司法局和有关单位的配合下，创建包括假期普法加油站、校园普法空间站、村居普法休闲站在内的普法站点。

7月10日，江门高新技术产业开发区管理委员会与清华科技园启迪之星（北京）科技企业孵化器有限公司在北京举办签约仪式，双方就推动江门高新区创业创新，构建“大众创业、万众创新”发展的运营管理环境和孵化服务体系达成协议。江门高新区与启迪之星的合作是“双创”示范城市核心A区中的核心项目，也是启迪之星全国战略发展的重要布局，以“孵化器+科技金融+创新基地”为核心，探索建立科技创新服务模式，致力建设“江门市小微企业创业创新基地核心区A区”，实现产业结构转型升级。

7月10日，2015年礼乐街道LBA篮球赛、广东省第2届万村居篮球赛江门市江海区礼乐街道赛区暨江门市第4届“中国体育彩票杯”千村居篮球比赛在礼乐人民文化广场举行。本次参赛球队16支，比赛分常规赛、明星赛和季后赛共80多场，历时3个月。

7月17日，经江门高新区管委会、江海区政府批准，江门高新区综合服务中心正式对外服务。中心地址为金瓯路288号。原驻市行政服务中心窗口部分办事服务项目转入该中心办理。

7月20日，至此，全区成立志愿管家队伍19支。志愿管家为创文的重点工作之一，要求社区（城中村）利用社区居民、原楼栋长、片长、联络小组长、社区义修队伍等，组成一支不少于10人的志愿管家队伍。外海街道有志愿管家120人；礼乐街道文苑、文昌沙、墟镇社区开展工作；江南街道建立完善的志愿管家制度，并划拨专项经费在社区开设志愿管家工作站；滘头街道在5个社区同步开展志愿管家工作；滘北街道北湾、富横社区各有志愿管家10人。

7月26日，江门市白沙戏剧社成立大会在江海区文化馆召开，市文联主席尹继红、市戏剧家协会余阳丽、市粤剧团团长冼仲汉莅会。大会选举区作协主席邓荣宗为社长，区文联曾小洁、邱菁萍为顾问。

7月27日，高新区（江海区）党政办印发《江门高新技术产业开发区市场安全监督管理局（江门市江海区市场安全监督管理局）机构编制方案》，原江门市工商行政管理局江海分局职责划入高新区市场安监局（江海区市场安监局）。江海区食药监局由与江海区市场安监局合署办公调整为单独设置，原江海工商分局承担的流通环节食品安全监管职责和原高新区市场安监局（江海区市场安监局）承担的食品药品综合监管职责划入江海区食药监局。

7月29日，根据区办公室印发的《江门市高新区技术工业园有限公司运营管理方案》，高新区工业园公司调整运营管理模式，行政职能与经营职能逐步分离，试行一年。

8月

8月4日，江门市巾帼职业培训学校与江海区社会事务局签订《劳动技能晋升培训协议》，成为江海区首家签约的技能培训机构。

8月10日，广东珠西“南岸印迹”工业遗址保护与开发建设启动仪式在釜山公园举行，标志着以江南街道为核心的“南岸印迹”工业遗产保护开发建设工作全面启动。通过文脉印迹、遗产活化、水陆结合的方式，利用厂房改造成为各类型博物馆，并以商业地产方式开发，打造包括休闲游戏与办公功能区的工业主题度假区。

8月10日，江海区举行街道合并大会暨江南街道挂牌仪式，宣布滘头、滘北街道并入江南街道，组建江南街道。调整以后的江南街道面积13.62平方公里，常住人口77964人，管辖社区居委会13个、经联社2个和经济合作社14个。

8月10日，至此，全区共有62个文体广场，人均体育场地面积1.4平方米，基本形成“10分钟体育圈”。62个文体广场中，占地面积超过5000平方米的全名健身广场（拥有篮球场、羽毛球场、乒乓球、健身路径、文体舞台各两个等设施）9个、超过1000平方米的文体小广场（拥有篮球场、乒乓球或羽毛球场、健身路径、文体舞台等设施）53个，基本达到全区全覆盖目标要求。

8月11日，根据市编办复函和区机构编制委员会会议精神，设立江门高新技术产业开发区政务管理办公室（加挂江门高新技术产业开发区综合服务中心、江门市江海区行政服务中心牌子），为江门高新技术产业开发区党政办公室的正科级直属行政机构。

8月11日，根据市编办复函，经高新区党工委同意，在江门高新技术产业开发区经济和科技促进局招商科加挂江门高新技术产业开发区招商局牌子。

8月18日，江海区中路小学中东校区恢复为公办私立学校，校名中东小学。

8月25日，江海区出台《江门市江海区江南街道办事处主要职责、机构设置和人员编制规定》，明确合并形成的江南街道的职能、机构和编制。

8月28日，根据《江门市机构编制委员会关于印发江门市江海区人民政府职能转变和机构改革方案的通知》（江机编〔2014〕16号）和区办公室《关于印发江门高新技术产业开发区市场安全监督管理局（江门市江海区市场安全监督管理局）机构编制方案的通知》（江高办发〔2015〕8号）要求，江门市江海区市场安全监督管理局综合行使安全生产、职业健康、工商行政管理、文体旅游市场、农业市场监管等领域的法律、法规和方针政策。江海区食药监局由与江海区市场安监局合署办公调整为单独设置。原江门市工商行政管理局江海分局职责划入江海区市场安监局，不再保留江门市工商行政管理局江海分局；江海区市场安监局承担的食品药品综合监管职责，划入江海区食品药品监督管理局。

8月30日，礼乐街道文昌沙长者服务中心举行揭牌仪式，江门造纸厂新村75名长者和20名表演者参与。服务中心采取全新管理模式由当地居民自治管理，并成立由长者组成的首支“乐翔共爱”义工队。

8月30日，江门原雅书院加快施工进度，争取9月开学。江门原雅书院为3月由江海区教育局批准筹建的一所涵盖小学和初中教育的民办寄宿学校，位于礼乐街道礼睦路原丰泽园地块，首期占地面积79亩，建筑面积1.5万平方米，总投资6000万元。教学设备设施按照省级示范校标准建设，并规划建设一批功能场室。原雅书院将建成园林式校园，40栋独体建筑改造为中国传统书院式课室。实行25人一个班的小班教学。

8月30日，根据全市统一实行网上报到登记备案，全区共有报到毕业生982人；发放应届高校毕业生118人到中小微企业就业一次性补贴23.6万元，企业吸纳应届高校毕业生101人的社保补贴30万元。全区建立见习基地23家，年内提供见习岗位62个并对自主创业大学生提供创业补贴、租金补贴，协调解决工商登记、税费减免等问题，共发放高校毕业生20人自主创业补贴10万元，13人创业租金补贴3.9万元。

8月30日—9月12日，“纪念家乡的抗日护港烈士陈冠时题诗题词联展览”在新会区景堂图书馆举行。

9月

9月2日，外海中心小学马苏雁被中共广东省委教育工作委员会、省教育厅、省人力资源和社会保障厅、省总工会授予“南粤优秀教师”称号。

9月11日，高新区（江海区）2015年度入伍新兵欢送大会在区政府举行，新兵集中乘车赴广东武警、广西陆军、新疆空军等单位服役。

9月21日，江门高新区资产管理委员会成立，代表高新区管委会及出资人行使国有资产的监管职能。

9月25日，2015年“南粤幸福活动周”启动仪式暨党群共建“三服务”文化惠民粤剧之夜在江南文化广场举行。活动周由区社工委、区委组织部、区委宣传部主办，区社会事务局、区总工会、团区委、区妇联、区残联协办，区文化馆、江门市粤剧团承办，以“和谐、创新、健康、幸福”为主题，涵盖“幸福大礼包”“幸福手拉手”“幸福我来秀”“幸福我健身”“幸福大家谈”五大项目，包括粤剧表演、龙狮武术、趣味运动会、义诊活动、便民服务日、帮扶困难群体、健康知识讲座、道德模范宣讲等多种形式活动90场。

9月28日，为加强国有资产管理，健全资产管理架构，成立江门高新区资产管理委员会，代表高新区管委会及出资人行使国有资产的监管职能。高新区党工委书记、管委会主任，江海区委书记梁许赞兼任高新区资产管理委员会主任，高新区管委会常务副主任、江海区区长周惠红和高新区管委会副主任，江海区常务副区长、区财政局局长庞正华兼任副主任。

9月，外海街道麻一佑启小学莫斯汝被评为第二届江门市基础教育系统“十大杰出教师”。

10月

10月16日至11月15日，江海区开展2015年全国1%人口抽样调查工作，全区160多名调查员、指导员分批入户调查。抽样调查的标准时点为11月1日零时，10月16日至10月30日摸底调查，11月1日至11月15日入户登记。全区分为62个调查小区。调查对象为调查小区内的全部人口（不包括港澳台居民和外国人），调查内容为人口和住户的基本情况，主要包括居住地、姓名、性别、年龄、民族、受教育程度、行业、职业、迁移流动、社会保障、婚姻、生育、死亡和住房情况等。

10月23日，江门市在江门万达广场嘉华酒店举办“珠西策源地·江门再出发” 2015年江门市引资引智创业创新推介会；高新区（江海区）在江门高新区综合服务中心大楼前举办“2015年江门高新区（江海区）投资推介会暨重大项目启动仪式”和动工仪式，市、区有关负责人和北京大学、上海交通大学、同济大学等10所高校的专家和博士后，以及部分企业代表等500多人参加。高新区（江海区）分别与中国农业发展银行、广东省粤科金融集团有限公司、广东威铝铝业股份有限公司等投资客商现场签订城乡发展一体化金融合作项目、粤科集团项目、智能云科—威铝铝业智能云制造基地项目等21个项目协议，投资总额290.68亿元。现场举行全国小微企业创业创新基地核心A区、中美工业园和江门国家高新区电子商务产业园的揭牌仪式，江门高新区创业创新配套服务中心、珠西云谷小微企业创业创新基地和高新创智城动工仪式，以及江门高新区火炬大厦启用仪式。

10月26日，江门高新区特聘专家工作站揭牌。工作站聘请北京大学、上海交通大学、同济大学、武汉大学、西安交通大学、吉林大学、中国科学院、中国社会科学院等单位9名专家。

10月28日，江海生活污水处理厂配套截污管网工程（二期）计划投资8457万元，建设截污管网22.72公里，污水提升泵排灌站1座。累计完成投资7557万元；年计划完成投资900万元，完成投资870万元。第二标段完成顶管、拖管工程；龙溪排灌站完成主体部分建设并进行设备安装；连海路污水管网截污工程完成沉井、拖管工程并验收。礼乐片区截污管网工程计划投资6151万元，建设截污管9.3公里，服务区域包括礼乐(1.66平方公里)和文昌沙片区(0.78平方公里)，总汇水面积2.44平方公里。年计划完成投资600万元，完成投资550万元。第二标段的江礼路、乐祥路顶管工程完成。

10月30日，高新区（江海区）在江南文化广场举行文明春风进基层“体彩杯”高新区（江海区）人人跳舞蹈展演，各街道、区总工会、区教育局和群众业余文艺团体的14支队伍参赛。

10月30日，由江海区文化馆选送的原创粤曲表演唱《老年乐》和话剧小品《抉择》经过市文广新局、省文化厅的评议入选广东第8届群众戏剧曲艺花会，并于11月24日赴广州参加比赛。群众戏剧曲艺花会是广东省文化厅主办的群众文化赛事，每3年举办一届。

10月，外海街道中东村举办第二届“联和杯”五人龙舟赛，来自顺德、中山、江门等地40支五人龙舟队伍参加角逐。中山市小榄镇联和集团龙舟队荣膺公开组和村内组的冠、亚军。

11月

11月4—5日，广东省爱卫办主任许立凡带领专家组考核评估高新区（江海区）城区病媒生物防治工作。专家组分别对中心城区、华兴小学、江南文化广场、中环广场、中环二期建筑工地和城轨江门站等进行现场检查，对全区病媒生物防治工作给予肯定。高新区（江海区）对农贸市场进行全面升级改造，建立起长效卫生管理机制，粪便、垃圾实现100%无害化处理，新装、改装“四防”（防老鼠、防蟑螂、防蚊虫、防臭外溢）装置1万多个，城区老鼠、蚊子和苍蝇的密度均达到国家规定标准B级，蟑螂密度达到国家规定标准C级。

11月19日，江门高新区管委会、江海区政府与中国电信江门江海区分公司举行第三期高新区（江海区）光网示范区（县）项目建设进度报告会。9月16日《高新区（江海区）“光网示范区县”建设项目合作协议》签订以来，江门高新区（江海区）启动“三层穿透”的合作模式推进社区光网覆盖进程，项目建设方中国电信江门江海分公司累计投资3700万元，工程建设新增覆盖户数11000户，可使用光纤用户数14.3万户，完成6个达标社区的建设，光网渗透率均达70%以上；5个社区光纤占比提升10%。

11月28日，江海区启动主题为“品味江门百年厂韵、体验南岸文脉新风”的11处江海区工业遗迹寻访之旅活动。江海区11处工业遗迹包括1处一级工业遗产江门造纸厂、1处三级工业遗产江门船舶修造厂和9处主要工业遗存。活动寻访团由区文广体育局组织，成员由区作家协会、区摄影协会和区文艺工作者组成。寻访团通过街道、工会及民间团体组织，寻访老干部、老工人和老街坊并走访工业遗迹。

11月30日，连海路中段（金瓯路—连港路）完成下穿中江高速桥底路段的路面、科苑路和云沁路平交口交通改道以及路基路面施工并通车。路段全长3915米，投资1.16亿元，为全区“十纵六横”城市路网的第一纵中段。连海路南北走向，北接规划中的连海大桥（直通顺德区），南连南环路（直通新会区），与江海五路（直通古镇镇）交会；连海路（金瓯路—连港路）北起金瓯路，南接规划三路，沿线依次与规划一路、高新东路、下穿中江高速公路等相交，路基宽度60米，双向四车道，远期拓宽为双向八车道。

12月

12月15日，在惠州市举办的广东省农民体育乡镇田径特色项目比赛结束，江海区礼乐街道运动员代表江门市代表队参加全部7个项目并获道德风尚奖。

12月16日，广东（江门）“侨梦苑”——“三中心”之一（另两中心是创业创新配套服务中心和江门市跨境电子商务快件分拣清关中心）和重要载体的“侨之家”综合服务中心对外开放。“侨之家”位于高新区综合服务中心5楼，设置功能室11个，分别是“华侨之窗”展示厅、会见室、江门侨青交流营（江门海归创客空间）、人才技术服务中心（华侨华人海归人才服务室、人才交流管理办公室）、江海区海外联谊会（江海区政协澳门联络组、江海区政协香港联络组）、世界江门青年大会（侨青创业创新服务中心）、侨都艺术交流中心（侨刊侨讯室）、侨务法律咨询服务室、会议室和江港青年商贸咨询服务中心，到江门市创业的华人华侨和江门侨资企业可在此享受投资协调、项目申报、职业介绍、人才技术和就业等服务。

12月22日，举办广东“侨梦苑”华侨华人创新产业聚集区（中国·江门）揭牌仪式。由国务院侨务办公室重点支持的国家级华侨华人创新产业聚集区“侨梦苑”落户江门高新区。国务院侨务办公室主任裘援平、副主任谭天星，省政府副秘书长姚恒尹，省侨务办领导以及市、区有关负责人参加活动。江门“侨梦苑”立足江门高新区、广东大广海湾经济区两大启动平台，为华侨华人构建“侨之家”综合服务中心、创业创新配套服务中心、市跨境电子商务快件分拣清关中心和火炬创业创新大厦、高新创智城、电子商务园、中小企业创业创新集聚区、银洲湖临港产业基地、崖门滨海旅游集聚区，使江门市成为华侨华人归国创业创新的首选地、华侨华人的创业创新之都。11个落户“侨梦苑”的侨商投资项目参加签约仪式。

12月24日，被列入市重点建设项目的外海街道直冲工业园区一期建设完成主体工程并封顶，建筑面积1.8万平方米，工业园区位于高新区5号地，由直冲村100亩村集体自留用地规划报建，工程内容包括20幢4层楼高的厂房和2幢7层楼高的宿舍，面积12万多平方米。一期建筑面积6.62万平方米，投资完成率102%。

12月28日，高新区综合服务中心办证大厅为江门市喜居装饰设计有限公司颁发首张电子营业执照，标志电子营业执照试点工作正式启动。电子营业执照是高新区（江海区）市场安监部门按照全国统一标准颁发的载有企业登记信息的数字化营业执照，与纸质营业执照具有同等法律效力，具有在线身份验证、网上查验、网上业务办理、企业信用信息公示平台自主申报信息和自主更新电子营业执照载有的企业登记信息等功能。

12月29日，滘头小学举行新教学楼竣工启用仪式，麻园中学举行新教学楼动工仪式。滘头小学新教学楼在原址兴建，建筑面积4684平方米，比原教学楼增加3600平方米，共有30个课室和1个多功能室。麻园中学新教学楼建筑面积6787.2平方米，共有6层40个课室，可满足全校3个年级15个班的教学使用。

12月31日，江海区全面完成首批16个村（居）公园的新建、改建工作，占全区村、社区总数62个的25.8%，包括外海街道的金溪公园、华亨休憩公园（金溪）、麻三元山公园、一二横公园（沙津横）、白米公园（清兰）、石鹤利公园；礼乐街道的乐中公园（墟镇）、北乐园（英南）、威东公园、河边公园（镇龙）、河边公园（东红）、五四公园、丰盛小广场公园；江南街道的新南里公园（新中）、建星公园（建联）、瑞华苑公园（北湾）。

12月31日，江门高新区高新创智城动工建设，为江门市第一个大规模科技载体的2.5产业地产开发项目，总投资20亿元，利用246亩一类工业用地建设科技企业孵化器，总建筑面积46万平方米。建成以后成为江中珠地区首席总部科技新城。2.5产业为介于第二、三产业之间的中间产业，既有服务、贸易、结算等第三产业管理中心的职能，又兼备研发中心、核心技术产品生产中心和现代物流运行服务等第二产业运营的职能。

12月31日，年内全区11家企业的研究中心通过广东省工程技术研究开发中心认定。至此，全区共有各类工程研发（技术）中心46家，其中省级23家；建立企业与高校产学研合作战略联盟，成立博士后科研基地2个、博士后创新实践基地3家，新增公共服务平台6个。7家企业申报市级新型研发机构，14家企业申报市级工程技术研究开发中心。广东华科新材料研究院有限公司组建的“新材料产业科技创新公共服务平台”获得省新型研发机构立项支持资金50万元。

概况

GAI KUANG

基本情况

【位置·范围·面积】 高新区（江海区）隶属广东省江门市，在江门市东南部，是江门市中心城区之一。地处珠江三角洲西缘、江门市东南部，东北隔西江与中山市古镇镇相望，南接新会区睦洲镇，西依江门水道与新会区会城镇分界，北靠蓬江南岸与蓬江区为邻。总面积109.16平方千米。

【气候·河流】 属亚热带海洋性气候，全年平均气温22.6℃，温和多雨，阳光充足，四季常青。西江干流经江海区段全长13.23公里。

【人口】 常住人口26.07万人。户籍人口16.22万人，其中城镇人口70202人、农村人口92001人；男性80490人、女性81713人。出生人口2674人，人口出生率10.24‰；自然增长人口1623人，自然增长率6.21‰。人口中大部分为汉族。

【行政区划】 2015年8月前，下辖外海、礼乐、江南、滘头和滘北5个街道。2015年8月10日，江南、滘头和滘北3个街道合并为江南街道。变更后，江海区下辖外海、礼乐、江南3个街道。设社区居民委员会26个、村民委员会36个。

2015年8月前江海区行政区划一览表

表1

街道	行政村	社区
外海	麻一、麻二、麻三、南山、中东、东南、东升、七东、七西、直冲、东宁、前进	墟镇、金溪、清兰、四大、沙津横、石鹤利、银泉、彩虹、永康
礼乐	英北、英南、东红、跨龙、东仁、雄乡、敬和、雄光、威西、五四、威东、向前、武东、乌纱、新民、新创、向民、新丰、向荣、新兴、向东、新华、丰盛、镇龙	墟镇、文苑、文昌沙、中福
江南	—	桥南、蓬苑、江翠、新中、竹苑、中沙
滘头	—	仁美、建联、银城、正南、永明
滘北	—	北湾、富横

2015年8月后江海区行政区划一览表

表2

街道	行政村	社区
外海	麻一、麻二、麻三、南山、中东、东南、东升、七东、七西、直冲、东宁、前进	墟镇、金溪、清兰、四大、沙津横、石鹤利、银泉、彩虹、永康
礼乐	英北、英南、东红、跨龙、东仁、雄乡、敬和、雄光、威西、五四、威东、向前、武东、乌纱、新民、新创、向民、新丰、向荣、新兴、向东、新华、丰盛、镇龙	墟镇、文苑、文昌沙、中福
江南	—	桥南、蓬苑、江翠、新中、竹苑、中沙、仁美、建联、银城、正南、永明、北湾、富横

【地名管理】 2015年，按照上级工作部署，江海区全面铺开全国第二次地名普查工作，时间从2014年至2018年，区地名办组织动员区地名委员会各成员单位以及街道、村（居）的信息收集员，统一进行培训、收集整理资料等各项工作。

江海区地名命名更名变更情况一览表

表3

标准名称	性质	名称类别	位置	批复日期
中环广场	命名	建筑物名	江南街道东海路48号	2015.1.12
七西盈丰新村	命名	建筑物名	外海街道七东村丰宁苑西面	2015.1.29
中东住船新村	命名	建筑物名	外海街道云沁路江门市君业达电子公司南面	2015.1.29
龙溪新城	命名	建筑物名	外海街道连海路侧高新区2号地	2015.2.12
连海苑	命名	建筑物名	外海街道光博路侧（土名荔枝围）	2015.2.9
富港天悦湾	命名	建筑物名	江南街道江南新村55号	2015.1.29
汇嘉•南湾	命名	建筑物名	滘头街道新围仔地段	2015.5.25
德盛街	命名	道路	江南街道汇嘉•南湾住宅小区内	2015.8.20
海逸星宸花园	命名	建筑物名	外海街道头股围地段	2015.8.20
麻一东山里新村	命名	建筑物名	外海街道麻一村委会地段	2015.10.27
汇嘉路	命名	道路	江南街道汇嘉•南湾住宅小区内	2015.10.27
灏轩苑	命名	建筑物名	江南街道滘北瑞华苑地段	2015.10.22
七东村综合楼	命名	建筑物名	外海街道高新区12号地块	2015.10.27
凯旋堡	命名	建筑物名	江南街道江南路11号原江门锁厂地段	2015.7.20
茵雅轩	命名	建筑物名	外海街道莞草塘（土名）地段	2015.7.20
文华豪庭	命名	建筑物名	礼乐街道新民村长围地段	2015.8.20

江门高新区发展概述

【经济发展】 全年地区生产总值146.12亿元，增长9%；规模以上工业增加值77.05亿元，增长9%；固定资产投资91.94亿元，增长23.28%；社会消费品零售总额38.02亿元，增长12.2%；地方公共财政预算收入10.32亿元，增长11.6%；外贸进出口总额186.89亿美元，增长16.68%。继续优化三次产业结构，初步形成“战略性新兴产业+先进制造业+现代服务业”的产业结构体系。落实“珠西行动”，电子信息、机电、汽车零部件、精细化工等先进制造业提质发展，先进制造业增加值、高技术制造业增加值占全区的比重分别为52.4%和27.04%，比全市平均水平高14.6、19.68个百分点。战略性新兴产业加快集聚，LED产业基本形成上下游完整产业链，全产业链产值70亿元，建成华南地区唯一的“国家半导体光电产品检测重点实验室”；LED博览交易中心首期基本建成。

【招商引资】 大项目招商方面，引进德尔福派克汽车线束生产项目、现代照明LED封装应用项目等4亿元以上项目，总投资7.88亿元。结合园区扩能增效专项行动，盘活闲置工业用地370.4亩（24.69公顷），盘活空置厂房39万平方米，实现“零增地”增资扩产。威铝铝业和沈阳机床下属企业智能云科合作，共建固定资产规模7亿元的智能云制造基地项目。完成聚科照明LED封装照明等4个项目投资8亿元的项目准入评审。赴沈阳、长沙等地拜访意向企业30家次，与中位协、新松机器人公司签订战略合作协议。举办江门市引资引智创业创新推介会高新区（江海区）分会场活动，先后邀请或接待长沙创芯、中岸集团等企业到高新区进行投资环境考察，新增招商洽谈和企业增资扩产项目线索30条。

【科技创新】 建成和在建的孵化器、加速器23万平方米，筹建30万平方米，科技创新创业园一、二期完工，火炬大厦启用。江门高新区科技企业孵化器被列入国家级孵化器培育范围。引入全国一流的孵化运营管理团队清华科技园启迪之星，建立全新的科技创新服务模式。实施引资引智计划，特聘任9名博士并成立特聘专家工作站。各类工程研发（技术）中心51家，博士后科研基地、创新实践基地5家。出台并实施科技创新能力战略提升5年行动纲要。共有科技型企业169家，其中高新技术企业49家，居全市之首。每万人发明专利拥有量14.08件，R&D经费占GDP比重2.83%，均居全市第一。

【电商平台发展】 推动江门首个国家电子商务示范园区建设，新建4家电商平台包括阿里巴巴·江门产业带、1688进口货源·江门站、中国网库“江门电商谷”单品平台均已上线，江门市跨境电子商务快件分拣清关中心现有分拣线14条，提供进出口快件（邮件）的报关、清关、出口结汇退税、进出口物流等多功能服务，为全国首个跨境电商领域“单一窗口”、全国单一围墙内最大的跨境电商快件清关中心，全年业绩居广州市之后，列全国第二名。

【相关重大项目启动仪式】 10月23日，举行2015年江门国家高新区（江海区）引资引智创业创新推介会暨重大项目启动仪式。22个重大项目现场签约，包括府西项目、智能云制造基地项目、城乡发展一体化金融合作项目、粤科集团项目、第四代高性能环保水性涂料生产项目和地尔汉宇工业机器人加工基地项目等，签约项目投资总额200亿元。4个重大项目揭牌仪式包括江门市国家小微企业创业创新基地A区、江门高新区特聘专家证书颁发及江门高新区特聘专家工作站、中美工业园、江门国家高新区电子商务产业园。3个重大项目动工包括江门高新区创业创新配套服务中心、珠西云谷小微企业创业创新基地和江门高新区创智城，1个重大项目为江门高新区火炬大厦暨启迪之星（江门）孵化基地启用。

12月22日，举行“中国江门‘侨梦苑’华侨华人创新产业聚集区”揭牌仪式。江门高新区“侨梦苑”以雏鹰科技园、高新创智城、电子商务园、珠西云谷、综合服务中心、创业创新配套服务中心为主要载体聚集海外华侨华人创业创新资源，利用3-5年时间，依托江门“中国侨乡”优势，引入海外华侨华人创业创新项目，打造“侨乡”创业创新资源集聚区。

【国家半导体光电产品检测重点实验室】 国家半导体光电产品检测重点实验室位于江门国家高新区LED照明产业技术大楼内，2012年1月对外开展检测技术服务，累计完成各类产品检测4000多批次，其中涉及LED照明产品检测1500多批次。2012年7月，通过国家认证认可监督委员会（CNCA）和中国合格评定国家认可委员会（CNAS）组织的实验室国家计量认证和实验室认可的现场评审考核，获得认可的产品种类79类、标准210多个、检测参数2000多项。实验室有博士1名、硕士4名、高级工程师2名，场地面积4000多平方米，配备价值2500多万元的各类居于国际、国内领先水平的检测仪器设备。实验室综合技术服务包括提供检测技术及质量安全等技术咨询服务；国内外标准、技术发展等技术信息服务；检测技术、标准知识等技术培训服务；技术研发、质量分析等技术攻关服务和国内外产品认证检测和支持服务等。正在参与面向集群的集成化科技服务示范的科技部科技支撑项目1项，广东省地方标准项目LED灯带1项和多项国家质检总局、广东检验检疫局、江门市科技局科研项目，完成江门LED联盟标准4个。

【微生态健康产业基地建设】 微生态健康产业基地首期投产，生物健康产业初具规模，产业产值超过30亿元。

【四大国家级平台创建】 珠三角（江门）国家自主创新示范区。2015年11月3日，国务院批复同意广州、珠海、佛山、惠州仲恺、东莞松山湖、中山火炬、江门高新区、肇庆共8个国家高新区建设国家自主创新示范区。围绕加快推动实施创新驱动发展战略，明确“珠西创城·侨都硅谷”的战略定位，把全市的创新资源集聚到高新区，以高新区为龙头带动1+6产业园区共创共融，加快建设全国乃至国际一流的创新创业中心以形成可复制的创新发展经验。

全国小微企业创业创新示范城市核心区。2015年5月，江门市作为广东省唯一代表，在全国小微企业创业创新基地城市示范评审中，以PK竞争第一名的成绩成为全国15个示范城市之一。江门高新区作为小微双创核心区，2015—2017年计划投资40亿元，带动社会总投资350亿元，完成小微企业创业创新载体建设、公共服务平台完善、创业创新环境优化3大工程，为科技型小微企业创业创新提供众创空间、公共技术、科技孵化加速和项目支持等全方位服务。3大工程包括珠西创城小微企业创业创新基地；江门高新区LED产业基地、江门北斗卫星应用小微企业创业创新基地、科恒开放式创新空间等10个民营资本投资、龙头企业自建、国资建设、“三旧改造”项目和政务服务、企业创业创新服务、科技成果转化、人力资源服务等9个服务平台。

国家创新型特色园区。2015年12月，科技部批复同意江门高新区等3家国家高新区建设国家创新型特色园区。全国140多家国家高新区中42家获批“三类园区”（世界一流高科技园区、创新型科技园区、创新型特色园区），其中创新型特色园区13家，江门高新区为其中之一。发展路径为“产业聚焦，创新支撑，孵化加速，产城示范”，打造“1+3”（以绿色光源为核心产业，以做大新材料为支柱产业，以生物健康、机电装备为支撑产业）特色产业集群。

中国江门“侨梦苑”华侨华人创新产业聚集区。2015年12月22日，“侨梦苑”华侨华人创新产业集聚区在江门高新区揭牌。“侨梦苑”作为国务院侨办批准成立并重点支持的国家级侨商产业聚集区和海归人才、海外高端人才聚集区，为高层次人才回国创业发展提供项目对接、签约落地、创业培训、政策支持、人才支援、市场开拓和融资保障等全链条服务的高端创新创业平台。江门“侨梦苑”立足江门高新区和广东大广海湾经济区，以“双创双引”（创新创业、引资引智）为特色和“全球华侨华人创业创新之城”为发展愿景，打造独具侨乡特色的华侨华人创业创新聚集区，落户的侨商投资项目76个，投资金额268亿元。为加快“侨梦苑”的发展，重点打造“三中心”，包括“侨之家”综合服务中心、创业创新配套服务中心、江门市跨境电子商务快件分拣清关中心；“四平台”包括火炬创业创新大厦、高新创智城、电子商务园和“珠西云谷”中小企业创新聚集区。

【省科技金融综合服务中心江门高新区分中心】 5月21日，广东省科技金融综合服务中心江门高新区分中心揭牌营运。江门高新区分中心是集政策、金融产品、中介、信息服务、信用评价、其他科技金融服务等综合性科技金融服务于一体，针对科技型中小企业不同发展阶段融资需求和金融类机构融资服务要求，以政府资金为引导，发挥科技综合服务优势，通过整合银行、担保、小贷、创投、股权交易等科技金融资源，提供一站式、个性化的融资服务。

【园区建设】 工业园公司根据2015年7月22日区办公室印发的《江门市高新技术工业园有限公司运营管理方案》要求，做好为投融资平台建设、园区开发建设和园区服务工作。年内落实融资投资项目申报工作，完成融资额10.5亿元。落实高新区二期发债工作并于4月发行债券8亿元。办理对江海区银信资产管理有限公司162项物业的抵押贷款并完成公司在建行2.5亿元贷款手续。以管委会、创业中心名义为LED产业集群、智慧园区、孵化器3个项目申报省科技厅科技专项资金760万元；完成国家级孵化器培育单位申报工作；做好江门市小微企业创业创新示范基地核心区的申报工作并获得5000万元财政资金支持；与清华启迪之星合作完成启迪之星（江门）基地建设并举行对接活动，选出参加启迪全国路演项目1个、敲定进驻项目2个。

推进、完成基础设施建设投资7亿元，包括连海路（金瓯路—连海路）道路工程完成道路建设和验收手续并通车；高新区创新创业服务中心（火炬大厦）2015年计划完成投资3000万元，累计完成投资2800万元，完成主体工程建设；首层的高新区沙盘、4层的启迪之星和中国建设银行及民生银行的装修工程完成并投入使用；室外配套工程荣信路改造工程现完成道路工程并通车。码头配套项目一行路（高新区公共码头疏港公路一期）工程完成可研、立项、水保、稳评，工程压覆矿审查通过省国土资源厅审查，地质灾害评价报告完成编制并通过评审，完成项目环评报告编制及环境影响公众调查报区环保部门，完成勘察设计招标工作和现场勘察钻探并开展项目设计。高新区园区基础建设2015年计划完成投资15000万元，累计完成投资15170万元，完成填土面积1000亩，高新区南湖绿化工程基本完成，府西小区5条规划道路报市规划局审批通过。高新区45号地配套区完成工程围挡工作。高新区公共码头配套服务设施建设完成土地受让工作。广中江高速江门段完成苗圃场交地；2号地规划一路（连海路—东升路）、3号地规划二路（东升路—金瓯路）、2号地东升路（连海路—外海沿江路）、42号地规划路（东宁路—南山路）完成可研工作并报区规划分局审核。云沁路（江睦路—柏凌路）道路排水工程进场施工；高新区市政道路升级改造工程完成第一批8条道路改造工程立项、施工图设计和预算编制和审核并开展招投标；柏凌路道路拓宽工程进场施工。完成绿化网建设工程646万元、养护工程50万元，完成彩虹路（龙溪路—江睦路）、彩虹路（江睦路—连海路）、南山路（金瓯路—东升路）东侧、邦民路、麻园河东侧、南山路西侧、42号地其中40亩土地复绿的绿化工程；高新区绿地系统规划设计通过专家评审。4月1日起，园区内建成20万平方米的绿地养护工作移交区住建局管理。

江海区社会经济发展概况

【国民经济综述】 2015年，全区经济平稳发展，主要经济指标增幅达到预期目标。全年生产总值146.12亿元，增长9%。其中第一产业增加值4.52亿元，增长4.2%；第二产业增加值89.8亿元，增长8.8%；第三产业增加值51.8亿元，增长9.9%。在第三产业中，批发和零售业增长5.1%，住宿和餐饮业下降11.1%，房地产业增长5.8%，交通运输、仓储和邮政业增长4.9%。地方公共财政预算收入10.32亿元，增长11.6%；规模以上工业增加值77.05亿元，增长9%；固定资产投资91.94亿元，增长23.28%；社会消费品零售总额38.02亿元，增长12.20%；外贸出口总额139.13亿元，增长21.87%。产业结构比重进一步优化为3.09∶61.46∶34.45。

【制定和实施重点产业发展规划】 坚持稳中求进工作基调，继续深化改革，出台《江门高新区江海区2015年稳增长促发展工作措施》，进一步转变工作思路，优化产业结构，推进项目建设，推动全区社会经济建设稳定发展，完成“十二五”规划的主要目标和任务。落实市委、市政府的决策部署，围绕“提升科技创新能力、加速经济发展、加快城市化进程”三大主要任务，加快重点项目建设和核心区开发，加强优势产业的培育发展，落实各项普惠民生工作，各项主要经济指标增幅实现争先进位，经济社会持续稳步发展。

【推进城乡建设】 配合市启动“公园城市”建设，出台全区公园城市建设行动方案，推动白水带龙头公园资源整合和16个村居公园建设。着力打造4条区级、1条市级名村示范村，加快外海街道直冲村和礼乐街道东红村2条村庄整治。完成全区田园休闲绿道网整体规划、睦洲水道堤岸景观工程绿道、龙光塔至茶庵寺绿道、礼东主灌河东岸绿道建设，实施白水带茶花园二期、江海绿化广场改造工程。加强景观路及主次干道的绿化改造，完成16个社区公园绿化升级，完成南调蓄湖绿化面积10万平方米。

【固定资产投资】 全年固定资产投资91.94亿元，增长23.28%。分经济类型看，国有经济投资11.65亿元，增长40.19%；港澳台、外商经济投资18.48亿元，下降6.53%；民营经济投资58.87亿元，增长43.27%。分产业看，第二产业投资35.19亿元，增长23.73%；第三产业投资56.75亿元，增长22.99%。分类别看，工业项目投资35.19亿元，增长23.73%，占全区固定资产投资的38.27%；房地产开发投资32.16亿元，增长22.63%，占全区固定资产投资的34.98%；基础设施投资18.44亿元，增长48.35%，占全区固定资产投资的20.06%。

全年商品房施工面积236.65万平方米，下降2.51%；商品房竣工面积41.09万平方米，增长31.03%；商品房销售面积39.67万平方米，增长12.76%；商品房销售额23.93亿元，增长17.13%。

【基础设施建设】 继续加强路网建设，东华大桥、礼乐大桥、胜利大桥通车，金瓯路、胜利南路（新中大道—金瓯路）、南山路（五邑路—彩虹路）、东宁路（金瓯路—五邑路）、永康北路等路段通车，加快广中江高速江海段、胜利南延长线、连海路沿线、江睦路等项目建设。高新区污水处理厂投入运营，江海生活污水处理厂二期截污工程及礼乐片区污水管网二期工程建设基本完成。高新区垃圾中转站投入使用。横沥水闸、虾蛟滘电排站、江新联围外海堤段除险加固等工程完成并投入使用。完成江礼路、乐祥路顶管工程，河道包管工程需配合河道清淤工程同步进行。公交线路和配套得到进一步优化。

【农业生产】 全年粮食作物播种面积3706亩，增长3.37%。果蔗种植面积8450亩，与上年持平。蔬菜种植面积34927亩，增长8.35%。粮食产量1866吨。果蔗产量48545吨，下降20.21%。蔬菜产量44545吨，增长29.02%。

【工业生产】 全年规模以上工业增加值比上年增长9%，其中轻工业增长8.9%；重工业增长9.1%。分经济类型看，国有及国有控股企业增长4.4%，集体企业增长7.1%，股份制企业增长12.5%，外商及港澳台投资企业增长7.4%，民营企业增长12.9%。

【国内贸易】 全年实现社会消费品零售总额38.02亿元，增长12.2%。分行业看，批发零售业实现零售额34.19亿元，增长14.9%；住宿餐饮业实现零售额3.83亿元，下降7.25%。分商品类别看，在限额以上批发零售业零售额中，文化办公用品类增长38.69%，汽车类增长32.45%，石油及制品类下降14.77%。

【对外经济贸易】 全年进出口总额186.89亿元，增长16.68%。其中进口总额47.76亿元，增长3.8%；出口总额139.13亿元，增长21.87%。外商直接投资1.05亿美元，增长77.3%；合同利用外资额1.63亿美元，下降25.94%。

【财政收入与支出】 全年累计完成地方公共财政预算收入10.32亿元，增长11.6%，其中税收收入8.36亿元，增长8.21%。财政增收进一步促进基本公共服务均等化，提高民生保障水平。地方公共财政预算支出14.24亿元，增长21.61%。

【社会事业与人民生活】 全年地方公共财政预算教育支出2.47亿元，增长9.88%。全区有普通中学12所，小学15所，幼儿园39所；在校中小学生35742人，在园幼儿8960人。教育普及程度进一步提高，小学学龄儿童入学率达100%，小学升学率100%，初中适龄少年入学率100%，初中升学率100%，普通高中升学率97.1%。

全年地方公共财政预算科学技术支出0.73亿元，增长86.93%。年末国家级高新技术企业49家；新增国家级高新技术企业15家。申请专利1439件，增长26.45%；专利授权量836件，增长8.29%。申请发明专利491件，增长14.72%；发明专利授权量94件，与上年持平。全区有效发明专利380件，增长21.41%。组织申报省级科技项目266个，获得省级立项145个；申报市级科技项目221个，获得市级立项204个；申报区级科技项目31个，获得区级立项16个。全区共有文体服务中心3个、文化馆1个，建有高新区（江海区）图书馆、礼乐街道图书馆和市五邑图书馆外海、滘头分馆，图书总藏量21万册。广播人口综合覆盖率和电视人口综合覆盖率均达100%。全区有体育公园1个、文体广场62个，其中全民健身广场9个、文体小广场53个。公共体育场所总面积39.7万平方米，人均公共体育场所面积1.52平方米。

在2015年江门市青少年体育锦标赛中，江海区选手获得金牌6面、银牌8面和铜牌10面；外海中心小学代表队获得2015年江门市“中国体育彩票杯”小学生足球锦标赛季军；江海区农民运动员代表全市参加广东省农民体育乡镇田径特色项目比赛获得道德风尚奖。原创曲艺表演唱《老年乐》和话剧小品《抉择》分别获得广东省第8届戏剧曲艺花会总决赛银奖和铜奖。

年末全区共有各类卫生机构77个，其中医院2个。各类卫生技术人员443人，其中执业（含助理）医师165人，执业护士189人，床位293张。医院卫生技术人员347人，其中执业（含助理）医师140人，床位数293张。

【城乡居民人均可支配收入】 全年居民人均可支配收入30868元，增长9.5%。居民家庭恩格尔系数36.7%，生活消费支出中教育文化娱乐服务所占比重10.4%，现有住房总建筑面积人均34.6平方米。

【主要存在问题】 2015年，全区经济社会保持平稳发展势头，但经济社会运行中还存在一些困难和挑战，包括固定资产投资持续增长后劲不足。受市场低迷、需求不旺、资金紧张等因素影响，企业投资意愿下降，项目储备不足的问题比较突出；转型升级压力加大。经济增长的传统优势逐步减弱，现代服务业发展相对滞后，城乡融合发展步伐有待加快，产业附加值率不高。新兴产业产值占比不高，尚未形成规模优势；企业创新主体地位尚未真正确立，自主创新产权和自主品牌产品不多，科技创新的供给能力和转化水平有待进一步提高；社会发展领域还存在一些薄弱环节。主要是民生改善和群众需求还有差距，城乡居民增收需要寻找新的支撑，基本公共服务供给能力还需进一步提高，财政收支矛盾依然突出且金融风险防范面临挑战，城镇化发展形态、空间布局和结构体系仍需进一步优化，社会治理体制改革和创新能力仍需加强；江门高新区与先进高新区相比存在差距。园区经济总量偏小，综合实力全国排名靠后，对外辐射带动能力和产业竞争力有待增强，高水平科研机构、创业人才等创新资源相对欠缺。

党政机关

DANG ZHENG JI GUAN

中共江门高新区工作委员会
中共江海区委员会

□ 党委工作

【党委会议】 1月14日召开，研究并同意区办公室《中共江门高新区工委2015年工作会议暨中共江门市江海区委八届五次全体会议方案》《在中共江门高新区工委2015年工作会议暨中共江门市江海区委八届五次全体会议上作的报告》《2015年高新区（江海区）主要经济指标计划》。

2月4日召开，研究并同意区卫生计生局《江门市江海区2014年度人口与计划生育目标管理责任考评情况》。

3月4日召开，研究并同意区纪委《关于调整区纪委议事协调机构的请示》；研究并原则同意区纪委《中共江门高新区纪工委、高新区工委组织部关于对区直部门纪检组实行派驻统一管理的实施意见》、区工商分局《关于江门市工商局江海分局体制调整人、财、物移交工作有关事宜的请示》；会议传达2月16日市委常委会议关于省委书记胡春华提出的“三个门”有关精神。

5月21日召开，研究并同意纪委《关于简化对区管干部被判刑后党纪处分审批程序的请示》、区委组织部《江门高新区、江海区开展“三严三实”专题教育工作方案》、区配合省委巡视组开展巡视工作领导小组《配合省委第十一巡视组巡视江海区工作方案》。

5月28日召开，研究并同意区委组织部《江门高新区、江海区党政领导班子党员领导干部民主生活会制度》《江门高新区党工委、管委会，江海区委区政府党员领导干部双重组织生活会制度》《江门高新区党工委委员、党员管委会副主任，江海区委常委、党员副区长指导下级党员领导干部民主生活会制度》等3项制度；通报《江门高新区江海区抓基层党建“区委常委项目”责任分工方案》；听取区委政法委关于江海区防范和处理邪教工作情况汇报、区配合省委巡视组开展巡视工作领导小组关于配合省委巡视组巡视江海区的有关工作情况汇报并部署工作。

7月13日召开，研究并原则同意区委组织部《2015年度江门高新区、江海区落实科学发展观评价指标体系及考核评价办法》；研究并同意区卫生计生局《关于印发2015年江海区人口计划指标的请示》。

7月23日召开，研究并同意《江海区街道管理体制调整实施方案》、江南街道办事处《关于调整街道行政区划的请示》、滘头街道办事处《关于街道调整的请示》、滘北街道办事处《关于滘北街道行政区域调整的请示》；听取区委组织部关于高新区（江海区）“三严三实”专题教育情况汇报；传达《中共广东省委关于加强纪律建设推进全面从严治党的意见》；研究并同意区委组织部《关于成立江门市江海区食品药品监督管理局党组的请示》；通报区配合省委巡视组工作和开展扶贫工作情况。

8月19日召开，研究并原则同意区委组织部《江门市江海区江南街道办事处主要职责、机构设置和人员编制规定》《江门市江海区江南街道办事处事业单位机关编制方案》、区委组织部《公务员调出办理程序》《科级以下公务员区内转任办理程序》。

11月11日召开，研究并原则同意区配合省委巡视工作领导小组办公室《关于省委巡视组反馈意见开展整改的工作方案》《江海区落实省委巡视组反馈意见整改工作情况报告》；传达党的十八届五中全会和市委常委会议精神。

12月15日召开，传达学习省、市信访维稳和劳资纠纷有关会议精神，研究全区当前信访维稳、劳资纠纷、安全生产、食品安全、消防安全和反恐工作形势并部署贯彻落实意见；听取区经济科技局关于12月12日工信部副部长冯飞一行到江海区调研小微企业创业创新基地示范城市建设和中小企业对外合作情况汇报，传达学习调研期间座谈会有关精神；听取区经济科技局关于首届智能车路协同技术创新产业联盟交流暨研讨会情况汇报和传达学习中国智能交通协会理事（原科技部纪检组组长）吴忠泽出席会议讲话精神；通报江门高新区管委会与中国智能交通协会签订合作共建智能交通产业基地协议情况以及与清华大学自动化系、侍卫长有限公司签订启动车路协同系统建设项目协议情况；传达学习省委书记胡春华、省长朱小丹在省委十一届五次全会上的重要讲话和《中共广东省委关于制定国民经济和社会发展第十三个五年规划的建议》精神。

12月30日召开，通报关于召开江门市江海区第九届人民代表大会第六次会议、召开中国人民政治协商会议江门市江海区第三届委员会第六次会议的有关事项；听取区办公室关于召开中共江门高新区工委2016年工作会议暨中共江门市江海区委八届六次全体会议有关事项汇报，研究并同意会议方案和《中共江门高新区工委2016年工作会议暨中共江门市江海区委八届六次全体会议报告》；审议并原则通过《江门高新区党工委中共江门市江海区委关于制定国民经济和社会发展第十三个五年规划的建议（送审稿）》；研究并同意区地税局《江门市江海区地方税务局关于设立中共江门市江海区地方税务局党组的请示》，同意设立中共江门市江海区地方税务局党组。

【党委扩大会议】 11月26日召开，研究并同意区禁毒委员会《关于提请区委常委会研究禁毒工作的请示》，听取并研究全区禁毒工作形势和下一步工作思路；研究并同意增补李长峰为江门市第十二次党代表大会代表并由区委组织部按照程序上报；听取区委组织部关于基层治理相关工作情况汇报、区办公室关于合署办公2周年有关情况汇报；传达全市组织部长会议精神。

【联席会议】 3月4日召开，研究并同意区重点项目办《2015年高新区、江海区重点建设项目计划表》；通报江门高新区综合服务中心的筹建情况、赴港招商有关工作情况；传达2月15日全市统计工作座谈会、财税工作座谈会、招商引资及园区建设工作座谈会和省委组织部有关精神。

3月10日召开，研究并同意区办公室《2015年江门高新区管委会、江海区政府工作要点》《2015年高新区、江海区民生实事计划表》《2015年各街道办事处经济和社会发展工作目标表》、区教育局《江海区教育费附加使用管理办法（试行）》、区法制局《江门市江海区2015年度政府规范性文件制定计划》和区委组织部《高新区工业园公司考核方案》。

3月23日召开，研究并同意区码头办《江门港主城港区江海作业区高新区公共码头工程首期项目投资合作协议》、区发改统计局《关于审议〈中电（江门）4*60MW天然气分布式能源项目协议书〉的请示》、区国土规划环保局《江门高新区江海区闲置土地处置工作方案》、区住建水务局《关于实施江睦路聚龙水庄桥头路面改造工程的请示》和礼乐街道《关于以我街道广播电视站广电网络资产入股省网络公司的请示》；研究并原则同意区国土规划环保局《高新区解决历史留用地总体方案》；根据政府常务会议学习计划安排学习《中华人民共和国环境保护法》；传达3月17日市委常委会议精神并提出贯彻落实要求。

4月28日召开，研究并同意区办公室《江门高新区“一门式”公共服务体系建设工作方案》《高新区“一门式”公共服务体系建设工作推进表》、区社会事务局《江门高新区（江海区）基本医疗保险基金收支平衡工作方案（送审稿）》、区委组织部《江门高新区（江海区）机关事业单位高级雇员管理办法（试行）》；研究并原则同意区发改统计局《关于审议江门高新区、江海区投资准入负面清单（第一批）的请示》；听取并研究区国土规划环保局关于江门高新区（江海区）批而未供及闲置土地的情况汇报以及贯彻市领导批示精神落实情况。

5月21日召开，研究并同意区发改统计局《关于审议〈江门高新技术产业开发区管理委员会江门市中油天然气有限公司关于共建推进江门国家高新区天然气综合利用合作协议〉的请示》、区财政局《关于审议〈高新区、江海区推进基本公共服务均等化综合改革总体思路和实施路径〉的请示》，区监察和审计局《关于2015年度江门高新区江海区审计项目计划的请示》。

5月28日召开，研究并同意区发改统计局《关于审议〈江门高新区（江海区）2015年稳增长促发展工作措施〉的请示》、区财政局《关于审批〈高新区、江海区党政机关和事业单位差旅费管理办法〉的请示》、区办公室《高新区（江海区）公文办理简政提效的意见》《高新区（江海区）精简会议的意见》、区委组织部《关于审核〈江海区关于建立公务员职务与职级并行制度的工作方案〉的请示》；研究并原则同意区经济科技局《江门高新区（江海区）关于促进科技创新载体发展的实施办法（试行）》《关于审定江门高新区江海区2015年区领导联系重点企业（暖企）行动方案的请示》。

6月12日召开，研究并同意区发改统计局《关于审议〈江门高新技术产业开发区管理委员会中国电力国际有限公司开发光伏项目框架协议〉的请示》、区经济科技局《关于在高新区建设供港标准食品交易中心项目的请示》；听取区经济科技局关于高新区（江海区）当前各项科技指标进展情况汇报；听取区市场安监局关于高新区（江海区）第二季度安全生产工作情况汇报。

6月30日，召开学习讨论由市财政局对新《中华人民共和国预算法》的讲授和阐释；研究并同意区改革办《高新区（江海区）全面深化改革2015年工作要点》；研究并同意区改革办《江门市高新技术工业园有限公司运营管理方案》、区经济科技局《关于审核2015年信息化专项经费预算的请示》。

7月13日召开，研究并原则同意区编办《关于公布江门市江海区“1+3”清单的请示》；研究并原则同意区经济科技局《关于审定〈江门高新区小微企业创业创新基地建设实施方案（2015—2017）〉的请示》；听取区经济科技局关于与启迪之星合作共建孵化基地的相关情况汇报。

7月23日召开，研究并同意区委组织部、区社会事务局、区财政局、区地税局《关于机关、事业单位职工参加生育保险的请示》、区教育局《关于江海区教育系统事业单位岗位聘任工作的请示》；研究《江海区街道管理体制调整实施方案》、江南街道办事处《关于调整街道行政区划的请示》、滘头街道办事处《关于街道调整的请示》、滘北街道办事处《关于滘北街道行政区域调整的请示》。

8月6日召开，研究并原则同意广州中大旅游规划设计研究院有限公司提交的“南岸印迹”工业遗址保护和开发策划方案；研究并同意区发改统计局《关于审议〈关于江门市江海区“十二五”规划部分指标预期目标调整方案的报告〉的请示》；研究并原则同意区财政局《关于审议〈关于设立高新区资产管理委员会的请示〉及〈高新区公有资产管理暂行办法〉的请示》、工业园公司《关于确定实施府西小区融资方案的请示》、区经济科技局《关于申报国家创新型特色园区的请示》；听取区经济科技局关于江门市推进中国北斗卫星应用技术产业基地建设情况报告；传达贯彻全省科技企业孵化器建设工作现场会议精神、通报高新区科技企业孵化器建设情况。

8月19日召开，传达贯彻中央和省、市领导关安全生产的一系列重要讲话、指示精神和8月15日召开的全国安全生产电视电话会议精神，通报全区安全生产情况；听取区委组织部关于原江南、滘头、滘北街道区域调整情况报告；听取区委宣传部和区国土规划环保局关于“南岸印迹”启动仪式和下一阶段发展策划情况报告；听取区重点项目办关于高新区（江海区）2015年市重点项目中期调整方案报告；书面学习《中华人民共和国突发事件应对法》。

9月25日召开，研究并原则同意区车改办《关于上报〈江门高新区、江海区推进公务用车制度改革总体方案〉和〈江门高新区、江海区公务用车制度改革实施方案〉（送审稿）的请示》、区政务管理办公室《江门高新区推进“邑门式”公共服务平台建设的实施方案》。

10月9日召开，研究并原则同意区经济科技局《关于审定〈“珠西策源地·江门再出发”—2015年江门市投资推介会暨江门国家高新区（江海区）投资推介会及重大项目启动仪式工作方案（送审稿）〉的请示》听取区市场安监局关于高新区（江海区）第三季度安全生产有关工作情况报告。

11月11日召开，研究并同意区财政局《关于签订〈共同推进江门国家高新区（江海区）城乡发展一体化合作框架协议书〉的请示》《关于签订〈江门高新区基础设施项目建设框架协议书〉的请示》；研究并原则同意区财政局《关于盘活财政存量资金的请示》；研究并同意区财政局《关于向区人大报告2014年高新区（江海区）财政总决算的请示》；听取区重点项目办关于高新区（江海区）2015年区重点项目调整方案汇报。

11月26日召开，研究并同意区财政局《关于向区人大上报〈2015年高新区、江海区财政预算调整方案的报告〉的请示》、区教育局、区财政局《关于2015年进城务工子女接受义务教育专项补助资金使用计划的请示》；听取区社会事务局关于江门高新区（江海区）适度普惠型儿童福利制度建设试点工作方案；研究并同意区编办《关于审议〈高新区（江海区）城市综合行政执法管理体制实施意见〉的请示》。

12月23日召开，研究并同意区国土规划环保局提交的高新区（江海区）空间结构规划定位和龙溪湖片区规划方案；听取区办公室关于2016年江门市（高新区、江海区部分）重点项目计划情况汇报；听取区办公室关于“侨梦苑”华侨华人创新产业聚集区揭牌仪式情况汇报；学习《中华人民共和国行政复议法》《中华人民共和国行政诉讼法》。

12月30日召开，传达学习市委组织部关于做好2016年领导干部报告个人有关事项工作会议精神，并就做好领导干部报告个人有关事项工作作说明；研究并原则同意区发改统计局《关于审议高新区、江海区2016年经济和社会发展主要指标目标表的请示》；研究并同意区法制局《关于提请审议〈江门高新区（江海区）完全被征土地农村居民基本养老保障实施办法（送审稿）〉的请示》；听取区法制局关于高新区（江海区）2015年依法行政工作情况汇报。

【全体会议】 1月22日召开，会议贯彻落实党的十八大、十八届三中、四中全会、中央经济工作会议、省委十一届四次全会和市委十二届五次全会精神，总结2014年工作，研究部署2015年工作。

【重大决策】 2月13日，印发《江门高新区（江海区）闲置土地处置工作方案》。

2月28日，印发《关于统筹推进我区城乡扶贫工作的实施方案》,明确总体目标、统筹内容、扶贫对象、帮扶方式和保障措施；印发《江门高新区（江海区）发展先进（装备）制造业实施方案（2014—2020年）》，以贯彻落实省委、省政府关于加快先进装备制造业发展和《江门市发展先进（装备）制造业工作纲要（2014—2020年）》战略部署。

2月，为深化行政体制改革，完善行政职责体系，根据市政府工作要求开展编制“1+3”清单（权责清单+负面清单、审批清单、监管清单）工作。

3月3日，印发《高新区（江海区）加快城市化进程开展交通道路建设大会战行动方案》。

3月18日，印发《江门市江海区教育费附加使用管理办法（试行）》。

3月27日，印发《关于深化高新区（江海区）村（社区）公共服务站建设的意见》。

4月10日，印发《高新区（江海区）深入推进国土资源节约集约模范区创建活动实施方案》。

4月14日，印发《江门高新区解决历史留用地总体方案》。

5月15日，印发《江门高新区（江海区）“十三五”规划编制工作方案》。

5月29日，印发《江门高新区（江海区）促进科技载体发展的实施办法（试行）》。

6月16日，印发《高新区、江海区公园城市建设行动方案（2015—2020年）》，推进白水带龙头公园、综合性大公园、田园风光公园、街道公园和村居公园建设。

6月17日，印发《高新区（江海区）活禽经营限制区划定方案》，从2015年10月12日起，实施家禽“集中屠宰、冷链配送、生鲜上市”，在限制区内所有批发、零售市场，商场超市以及餐饮服务单位等各类经营场所不得存在活禽交易行为，不得在现场宰杀活禽。

6月19日，印发《江门高新区（江海区）永久基本农田划定及土地利用总体规划（2006—2020年）调整完善工作方案》《高新区（江海区）公园城市建设行动方案（2015—2020年）》。

7月30日，印发《江门市高新（江海）区潭江流域河(段）长责任制实施方案（试行）》，落实潭江流域河(段）长责任制，制订片区河涌水环境专项整治方案，实行月通报及季度通报制度。

7月31日，印发《高新区（江海区）开展家禽“集中屠宰、冷链配送、生鲜上市”试点工作实施方案》。

8月4日，印发《江门市高新（江海）区潭江流域河（段）长责任制实施方案》。

9月15日，印发《江门高新区小微企业创业创新基地城市示范建设实施方案》。

9月21日，广东省民政厅把江门市高新区（江海区）列为第二批全国适度普惠型儿童福利制度建设试点地区。印发《关于印发江门市高新区（江海区）适度普惠型儿童福利制度建设试点工作方案的通知》。

9月28日，印发《江门高新区（江海区）全面推进公务用车制度改革总体方案》《江门高新区（江海区）公务用车制度改革实施方案》。

11月，建立黄标车淘汰工作情况周通报制度，推进黄标车淘汰工作。

12月，梳理近年来特别是党的十八大以来区委、区政府的重大决策部署，总结提炼各街道、各部门的经验做法，专题研究全区“十三五”时期面临的形势、机遇和挑战以及推进“十三五”发展的战略思路和重大举措，形成《江门高新区党工委中共江门市江海区委关于制定国民经济和社会发展第十三个五年规划的建议》。

【重大活动】 1月8日，与中国卫星导航定位协会多次磋商以后签订框架协议，计划在江门高新区合作共建江门北斗卫星应用技术产业基地。

1月21日，举行阿里巴巴江门产业带平

台项目推介会，市、市直部门和区领导参加。与阿里巴巴共同合作建设江门市特色产业电子商务交易服务平台，促进企业建立高效优质供应链。

1月，高新区（江海区）加快城市化进程开展交通道路建设大会战工作领导小组与各街道、区直有关单位签订《高新区江海区加快城市化进程开展交通道路建设大会战责任书（2015—2017年）》。

2月17日，举行江门高新区综合服务中心挂牌仪式。按照“公开、便民、高效”的原则打造一站式便民服务平台，集中服务、受理企业各类审批事项和公共事务，把行政审批、社会组织服务、人才服务、企业服务、创新服务、就业服务等为群众为企业服务的职能统一进驻江门高新区综合服务中心，同步建立和完善网上办事大厅、行政服务电子监察系统，并依托街道公共服务中心，明确职能定位和管理隶属关系，形成区、街、村（社区）三级行政服务和网络办事、行政监督体系。

3月26日，高新区（江海区）2015年度香港新春招商会在香港举行。市人大常委会常务副主任梁清兆、副市长钟军和区委书记梁许赞、区长周惠红等参加。

4月1日，筹集资金1163万元打造区域性养老助残等综合性示范中心的江海区礼乐社会福利综合服务中心揭牌运营。该中心占地面积6672平方米，是全市唯一整合老年人、残疾人、专业社工服务的综合性社会福利机构。通过江门市“养老·助残”公益创投活动，引入民营企业广东瑞健医疗管理有限公司负责运营，成为全市唯一以公建民营方式运营的社会福利机构。

4月17日，举行首届陈少白文学艺术奖颁奖会议。会议对全区文学艺术界2年来文艺创作成果集中检阅。陈少白文学艺术奖是参考省、市以及兄弟市、区的奖项设置的区文学艺术界的最高奖项，每2年举办1次。

5月21日，举行广东省科技金融综合服务中心江门高新区分中心业务启动仪式。该分中心根据省科技金融综合服务中心“政府搭台，多方共建，资源共享，合作共赢”的原则筹建，集政策、金融产品、中介、信息服务、信用评价和其他科技金融服务于一体，针对全区科技型中小企业不同发展阶段融资需求和金融类机构融资服务要求，以政府资金为引导，发挥科技综合服务优势，通过整合银行、担保、小贷、创投、股权交易等科技金融资源，为企业提供一站式、个性化的融资服务。

7月1日，高新区垃圾压缩站建成并调试运营，标志着全区生活垃圾以东（高新压缩站）西（礼乐乐华压缩站）两翼为支撑的垃圾压缩中转运输模式正式形成。

7月3日，江门高新区与佛山高新区签订合作共建框架协议，在创建示范区、科技资源对接、产业协同发展、载体共同运营、共建特别合作区等方面协同发展，为推进“江佛一家”奠定基础。

7月9日，江门高新区管委会与中国国际贸易学会国际品牌管理中心在北京共同举办供港标准食品进内地座谈会暨供港标准食品交易中心项目签约仪式，双方就供港标准食品交易中心项目落户江门高新区达成战略合作协议。该项目为全国首个、华南地区唯一的供港标准食品内销平台。

7月10日，江门高新区管委会与清华科技园启迪之星（北京）科技企业孵化器有限公司在北京签约，双方就推动江门高新区创业创新，构建“大众创业、万众创新”运营管理环境和孵化服务体系签署框架协议。

7月，通过优化整合资源，完成区、街、村三级妇幼保健和计生技术服务资源优化整合，设立区妇幼保健和计划生育中心（加挂在区人民医院），街道计划生育技术服务工作由属地医疗机构承担；村级计生服务站和卫生室（站）共享共用。

8月6日，江海区社保服务大厅运营，把分散的社保服务办公室整合为“一站式”办理，实行参保信息管理、待遇资格审核、待遇计发等一条龙服务，为市民群众提供优质高效便捷服务。

8月10日，在江南街道釜山公园劳动广场举办广东珠西“南岸印迹”工业遗址保护与开发建设工作启动仪式。市、区有关领导参加。

8月10日，江海区举行街道合并大会暨江南街道挂牌仪式，对江南、滘头、滘北街道行政区划进行调整，撤销原滘头、滘北街道党工委、办事处，把滘头、滘北街道办事处行政区域纳入江南街道办事处管辖范围，滘头、滘北街道办事处及属下事业单位、社区居委会的人财物划转江南街道办事处，调整以后定名为江南街道，辖区面积13.62平方公里，辖下社区居委会13个、经联社2个和经济合作社14个，常住人口77964人，其中户籍人口45581人、暂住半年以上外来人口32383人。

10月23日，在江门高新区综合服务中心广场举行2015江门国家高新区（江海区）投资推介会暨重大项目庆典仪式，市、市直部门和区领导以及街道、相关金融机构和企业等负责人参加。

10月25日，举行2015年“体彩杯”高新区（江海区）运动会开幕式暨江海区体育馆挂牌仪式。

12月22日，在江门高新区综合服务中心广场举行全球华侨华人创新产业聚集区“侨梦苑”揭牌仪式，标志着继天津武清区、河北秦皇岛、福建福州、江西南昌后由国务院侨办重点支持的“侨梦苑”落户江门市，其核心区为江门高新区与广州市增城区成为广东省首批建设的地区。国务院侨办主任裘援平、副主任谭天星，广东省人民政府副秘书长姚恒尹，省侨办领导及市区有关领导参与揭牌。

【调研工作】 以“加速经济发展、加快城市化进程、提升科技创新能力”三大主要发展任务为主题，结合全年重大工作部署开展调查研究，包括与市委政研室联合撰写《关于研究申报综合保税区与自贸区对接的情况报告》《江门高新区功能片区开发研究》；完成立项课题《关于江门高新区科技型小微企业金融扶持政策的研究》；围绕科技创新、园区建设、政企合作等课题随市、区领导到中山、深圳、佛山等地考察学习，撰写《促进我区物流业发展的调研报告》《中山火炬开发区政企分开基本情况调研报告》等调研报告；政研室主任作为区选派的3名优秀干部之一到苏州高新区进行3个月挂职学习，完成《苏州高新区功能片区开发研究》《苏州市科技型小微企业金融扶持政策研究》等专题研究。

【承接市下放事权管理】 根据《江门市人民政府关于印发〈关于进一步理顺江门高

新技术产业开发区管理权限的实施方案〉和〈赋予江门高新区市级经济管理和相关行政管理权限事项目录（第一批）〉的通知》（江府［2013］26号）的精神，市政府赋予高新区第一批市级经济管理和相关行政管理权限43项。江海区全部承接江门市赋予权限43项，年业务申请量1305宗，审批1305宗，办结率100%。其中业务申请量超过100宗的权限5项，分别为固定资产投资项目节能审查；专利资助审核；外商投资企业投资额1亿美元以下的鼓励类、允许类项目合同、章程的审批及发证；高新区规划管理区域范围内建设工程规划许可证核发；灯杆广告设置核准。专利资助审核业务发生量635宗。

【改革办主要工作】 调整机构成员。根据人员工作变动及时调整区改革领导小组成员，并确定由高新区党工委委员、江海区委常委、办公室主任分管改革工作；组建改革办，与区政研室合署办公，由区办公室副主任、政研室主任兼任改革办主任，配备专职副主任，计划聘请高级雇员1名。

提出工作要点。根据《江门市全面深化改革2015年工作要点》制订《高新区（江海区）全面深化改革2015年工作要点》，提出包括科技体制、经济体制、政治体制、文化体制、社会体制、生态文明体制、党的纪律检查体制和党的建设制度等8个方面共41条改革任务。

召开专题会议。按照市委改革办要求，区改革领导小组6月18日召开专题会议，学习贯彻市委改革领导小组会议精神，研究部署全区改革工作。会议审议通过《改革要点》，要求6个改革专项小开展专题研究、细化任务，各有关单位要制订具体实施方案，使各项改革尽快进入操作层面。各改革专项小组组长围绕《改革要点》和小组负责任务进行交流。

推进工作落实。区改革办多次推动区改革领导小组、各改革专项小组和各有关部门就2015年重点改革任务召开专题研讨会，加强督促检查包括三个街道调整合并、完成“1+3”清单编制工作、形成《江门市高新技术工业园有限公司运营管理方案》等。

上报改革情况。完成市委改革办下达的工作任务并及时汇总上报，包括完成《关于配合开展省重要改革任务绩效评估工作的报告》《关于重要改革文件落实情况的报告》和半年、年度工作总结与计划等；向市报告全区改革进展和工作亮点情况、《江海区积极探索残疾人专职委员队伍建设新途径》等信息。

学习改革经验。改革办主任作为市、区选派的3名干部之一到苏州高新区进行3个月挂职学习；改革办其他人员分别到河北固安、重庆巴南、昆明高新区等地交流学习。

【全面铺开商事登记制度改革】 按照《广东省工商登记前置审批事项目录》《广东省工商登记前置改后置审批事项目录》要求，全面实施“先照后证”，并实行注册资本认缴登记制度，简化住所登记手续，推进企业名称、经营范围登记事项改革。9月1日起，在全国、全省部署的“三证合一”基础上，江门市率先在全省推行“五证合一、一照一码”登记制度改革，高新区江海区把工商、质监、税务、社保、公安等5个部门核发的营业执照、组织机构代码证、税务登记证、社保登记证、刻章许可证整合为“一张营业执照和一个社会信用代码”。10月1日起，把外海、礼乐、江南执法大队各类企业、个体户的工商登记权限整合集中到高新区综合服务中心大厅市场安监窗口统一办理登记审批程序。实行商事登记“双告知”（对申请人和审批部门履行相关告知义务）模式并落实多项惠企措施，包括落实《服务“稳增长、促发展”九大工作措施》《关于支持我市电子商务健康发展的27条措施》《江门市工商局开展小微企业创业创新示范基地城市工作（2015—2017）实施方案》等10多项扶企惠企办法和意见。

【成立区重大决策专家咨询论证委员会】 根据《高新区、江海区重大决策专家咨询论证办法（试行）》要求，成立江海区重大决策专家咨询论证委员会，委员60名，分为经济发展组、科技创新组、社会发展组、城乡建设组和特聘专家组5个小组，通过调动全区智力资源、搭建专家学者决策咨询论证平台、构建规范高效咨询体系等方式，围绕全区重大决策和亟待解决的重点、难点、热点以及突发性问题、决策实施情况进行综合评估，提出战略性、前瞻性的意见和建议。

【参谋辅政成果】 年初，开展创建珠三角国家自主创新示范区工作，9月29日获得国务院批复同意；按照市委、市政府“东提西进、同城共融”的战略部署，统筹推进江门市交通建设大会战项目7个、市投资建设的道路项目6个和区投资建设的道路项目11个。

2月，出台《中共江门高新区纪工委、高新区党工委组织部关于对区直部门纪检组实行派驻统一管理的实施意见》，对9个区直部门设派驻纪检组实行亘点派驻，并由区纪委监察审计局和驻在部门党组双重领导，改由区纪委监察审计局直接领导，并根据各派驻机构工作需要提出编制方案、干部任免、交流培训考核等管理措施。

4月21日，江门高新区成功发行二期8亿元企业城投债，发行利率6.03%。债券主承销商中信建投证券股份有限公司联合广东省地方券商承销，通过承销团成员设置的发行网点向国内机构投资者公开发行、通过上海证券交易所向机构投资者协议发行。募投项目为江门港主城港区江海作业区高新区公共码头工程项目和江门高新区科技创新创业孵化基地建设项目。

【精简办文办会】 6月3日，印发《关于高新区（江海区）公文办理简政提效的意见》《高新区（江海区）精简会议的意见》。根据《国家行政机关公文处理办法》有关要求，结合区的工作实际，对高新区江海区办文审批流程再造，确定审批权限界定、审批主要流程和督查落实效能。

为创新高新区（江海区）党政重要决策协调会议机制，把原有7个决策协调会议进行调整合并为4个，分别为高新区（江海区）书记办公会议、党委会议、联席会议、全体会议,包括：

书记办公会议由书记、副书记参加，常务副区长、区办公室主任列席会议；

党委会议由党工委委员、区委常委组

成，由书记召集和主持，或由书记委托副书记（区长）召集和主持；

联席会议由主任、常务副主任（区长），党工委委员、副主任，区委常委、副区长组成，由主任召集和主持，或由主任委托常务副主任（区长）召集和主持；

全体会议组成人员包括党工委委员，区委常委，区委委员、候补委员；管委会副主任、副区长、区政府党组成员；党政部门常务副职；各街道党工委、办事处主要领导和工业园公司主要领导。

【保密工作】 根据市纪律检查委员会、市委保密委员会《转发关于在“纪委教育学习月”活动中开展保密法纪宣传教育的通知》要求，开展以“继续推动保密法及其实施条例的学习宣传，加强保密意识、保密常识教育，重点抓好领导干部和涉密人员的保密教育培训”为主题的保密法纪教育学习活动,包括定期发送保密宣传教育短信，利用电子政务交流平台发送信息9000多条次；组织观看《手机背后的谍网》保密警示教育片。以开展“保密法纪宣传教育月”活动为契机，利用专门监测工具对党政办公室进行计算机安全隐患排查，抽查科室9个、涉密计算机1台、非涉密计算机40多台，实行以边检查边整改。开展全区2015年度第一轮次常规检查包括保密责任和保密管理措施的落实情况，重点检查涉密文件和涉密计算机的日常管理，抽查单位16个、涉密计算机13台、互联网计算机82台、涉密移动存储介质19个，对存在问题指导整改。组织开展专项检查，对区经济科技局重点检查保密制度、定密管理、涉密人员管理、涉密载体管理、保密要害部位管理、计算机及移动存储介质使用管理、互联网门户及邮箱使用管理等方面，检查涉密计算机4台，非涉密计算机68台、涉密移动存储介质3个、非涉密移动存储介质1个，涉密人员4人，办公自动化设备68台没有发现违规现象。2014年保密工作统计数据填报单位29个，其中统计数据发生变化18个。根据人员调整，重新与相关工作人员70多人签订保密承诺书。全年上报《江海区保密工作信息》5篇，及时反映全区保密工作动态和经验做法。

【中共江门高新区工作委员会领导名录】

书　记：梁许赞

副书记：周惠红，颜强

委　员：庞正华，刘兵，周婉玲（任至1月），杨蕾（4月任职），何腾，李欣立（任至4月），黄伟权，郑耀强，吴旭，罗时勇（1月任职），曾计开

【中共江海区委员会领导名录】

书　记：梁许赞

副书记：周惠红，颜强

常　委：庞正华，刘兵，周婉玲（任至1月），杨蕾（4月任职），李欣立（任至4月），郑耀强，吴旭，罗时勇（1月任职），章正军（5月任职），张凡华（任至5月）

□　纪检监察

【纪委全体成员会议】 2月3日，召开中共江门高新区纪工委2015年工作会议暨江海区纪委第八届五次全体会议。区领导班子党员领导干部，区法院院长，区检察院检

察长，区纪委委员，各街道党工委书记、办事处主任、纪工委正副书记，区直副科级以上党员干部，高新区工业园公司及其下属有关负责人，区特邀监察员和纪委机关全体干部共200多人参加。全会传达学习习近平总书记在十八届中央纪委五次全会上的重要讲话和中央、省、市纪委会议精神，审议通过刘兵代表高新区纪工委、江海区纪委常委会所作的《聚焦三大任务增强主业意识深入推进党风廉政建设和反腐败斗争》工作报告。

【专项会议】 5月12日，召开高新区江海区全面落实“两个责任”（党委主体责任、纪委监督责任）推进会暨农村基层违纪违法问题集中查办专项行动动员会，区党政领导班子成员参加。高新区党工委书记、管委会主任、江海区委书记梁许赞讲话，市纪委常委张华就全区“两个责任”落实和农村基层违纪违法问题集中查办专项行动提出要求；礼乐街道党工委、区市场安监局党组、外海街道纪工委和派驻区发改统计局纪检组负责人发言。

【落实两个责任】 按照市纪委工作部署，研究出台在党风廉政建设责任制中落实“两个责任”（党委负主体责任，纪委负监督责任）考核办法和追究办法，构建起权责对等的责任体系，逐步建立健全问责办法，对不履行或不正确履行“两个责任”的行为坚决“一案双查”（既查违纪违法问题，又查单位领导的主体责任和监督责任）。分别对5个街道和7个区直部门“两个责任”落实情况开展专项督查。出台《关于落实党风廉政建设党委主体责任和纪委监督责任的意见》，把党风廉政建设与经济社会发展同部署、同检查、同考核。对原区住建系统腐败窝案中住建局党组、纪检组履行主体责任和监督责任情况不力问题进行查处并在全区通报。以省委巡视组对江海区开展巡视工作为契机，梳理近三年党风廉政建设和反腐败工作情况，查摆存在问题，查找体制机制漏洞，以配合巡视组做好工作。

【纪律教育学习月活动】 举办领导干部党纪政纪法纪教育培训班，结合纪律教育学习月活动，举办“三纪”（党纪、政纪、法纪）教育等一系列廉政培训，1000多名党员干部接受廉洁履职培训，组织1500多名人观看反腐倡廉专题教育片，8000多名党员参与党章知识测试，1000多名党员干部到反腐倡廉教育基地接受教育。

【源头治腐】 组织新任科级干部49人到广东省反腐倡廉教育基地进行廉政教育谈话活动，加强警示教育。3月，开通区纪委新浪官方认证微博，通过加强江海廉政网建设；开通政务微博，广泛开展反腐倡廉宣教工作。组织街道纪工委书记、副书记参加全省乡镇（街）纪委书记培训班。区纪委书记刘兵带领街道纪工委书记、区直部门纪检组长和区纪委机关干部30多人到江门市廉政法治教育基地参观学习，接受廉洁法治教育。继续推进外海街道金溪、礼乐街道镇龙、江南街道新中3大廉洁村居示范点和廉政公园建设升级工作。

【惩治和预防腐败】 发挥全区13名特邀监察员的作用，组织部分特邀监察员参与全区重点项目的督查督办，邀请全体监察员参与业务学习、反腐倡廉情况通报和区纪委全会，要求他们加强对纪委工作人员的监督，严防“灯下黑”。加强农村“三资”监督管理，逐步实现农村党风廉政建设信息公开平台、农村财务监管平台和农村集体资产管理交易平台三个平台功能覆盖和完善农村集体“三资”管理制度。

【执法监察】 加强执纪监督，围绕区重大工作部署和重大考核目标任务，强化约谈督办，对全区重点项目进行“飞行检查”，约谈督办5个重点项目涉及5个相关单位、5位责任人，坚持暗访、曝光、查处、追责“四管齐下”。年内开展明察暗访23次，发现问题4起，通报2批次。狠刹庸懒散奢、吃拿卡要、损害群众利益等歪风，解决不敢担责、为官不为等问题。

【纪检监察体制改革】 在内设科室数量保持不变的前提下，对内设机构进行调整优化把检综合室和执法监察室合并，设立党风政风监督室。撤销信访检查室，单独设立信访室和纪检监察室，办案科室增加100%，办案力量大幅增加，专职办案人员增至4人，增幅200%。印发《纪委、组织部关于区直部门和工业园公司纪检组实行派驻统一管理的实施意见》，以重点派驻的形式在区党政办等12个区直部门和工业园公司设派驻纪检组。在深入调研、反复论证的基础上出台《派驻纪检组管理工作规则（试行）》，建立区纪委领导联系纪工委纪检组等工作制度，健全完善派驻管理制度体系，强化派驻纪检组的监督职能。

【深化三转工作】 出台《江门高新区（江海区）纪检监察机关深化“三转”（转职能、转方式、转作风）加强监督执纪问责工作实施意见》，从准确把握职责定位、突出监督执纪重点、改进履责方式方法、发挥派驻机构作用四个方面全面深化“三转”，突出主业，强化主责，不断提高各级纪检监察机关监督执纪问责能力。全面清理议事协调机构，取消或退出议事协调机构102项，保留13项，精简率89%。实现纪检组派驻统一管理，以重点派驻的形式在区党政办等12个区直部门和工业园公司设派驻纪检组,加强干部教育管理，坚持每月集体学习制度，派驻纪检组长集体参加区纪委例行学习会。加强社会监督，发挥13名特邀监察员作用，严防“灯下黑”。加强街道纪工委规范化建设，组织街道纪工委书记、副书记到省纪委教育培训基地全员轮训，安排街道纪工委副书记、纪检干事到区纪委跟班学习，提高基层监督执纪问责能力。

【查处违法违纪案件】 全年，全区各级纪检监察机关共立案查处各类违纪案件35件，增长40%。其中委局自办案件14件、街道立案21件，涉案金额954.29万元。涉及党员34人、科级干部4人、一般干部4人、其他人员16人、农村人员11人。

【信访检查】 全年收到来信来电170件，其中省委巡视组交办33件，市纪委转、交办43件，本级受理94件，属于纪检监察范围66件。按期应办信访举报件60件，核查率100%。办案工作继续保持“零申诉、零复议、零事故”。审核党员、干部廉政情况

317人次。

【案件审理】 全年全区受理移送审理案件31件、审结案件31件。其中给予党纪政纪处分22人、免予党纪处分9人；科级党员干部2人、一般党员干部29人、非党员干部0人；解除行政处分1人；受贿收受礼物案11件、贪污案2件、违反财经纪律案2件、违建2件、公款吃喝2件、赌博案6件、超生案5件、殴打他人1件。审结案件中，市纪委移送2件、审理室直接从法院提取判决书审结2件、纪检监察室6件、街道21件。

【行政效能监察】 坚持把以人为本作为投诉工作的出发点和落脚点，加大投诉的查办、督办和联办力度，着力把矛盾化解在萌芽状态和初发阶段。年内行政效能投诉中心共接到和处理群众投诉件11件，全部办结，群众对处理结果表示满意。

□ 组织工作

【干部管理监督】 中组部干部监督局检查全市及各市、区在超职数配备干部、选人用人问题、领导干部个人有关事项报告抽查核实、“裸官”和跑官要官、买官卖官等5个方面的清理整治情况。全区清理整治工作落实到位，其中严控超职数配备干部工作得到检查组的肯定。省委巡视组重点检查区委选人用人整体工作情况，配合完成全区123名干部的个别谈话和材料查阅工作。印发《关于开展高新区（江海区）干部人事档案专项审核工作的通知》《关于进一步从严管理干部档案的通知》，对全区1075本干部人事档案开展专项审核。做好滘头、滘北街道并入江南街道的有关人岗相适、选优配强和调整优化班子和中层力量等各项工作。全年审核和接收在管干部人事档案材料2500份，审核和交接区工商下放管理的副科级以上干部及调任、军转、新录用公务员等干部档案近30多本，向市委组织部移交市管干部档案材料160余份。落实领导干部个人重大事项报告制度，完成全区市管干部个人有关事项报告，组织全区570多名科级领导干部及组工干部填报。开展违规办理和持有因私出国（境）证件专项治理工作。全区52个单位3458名干部在公安出入境部门报备。

【干部教育培训】 制订印发年度全区干部教育培训计划，其中主体班次8期、街道及区直各单位自行举办班次101期。自主举办培训班2期，包括学习贯彻市委十二届五次全会精神专题研讨班和聘请潘云官教授讲授关于工业（产业）园区规划与管理。全年共完成培训任务10000人次。选调18名干部参加省、市的干部调训。

【引进高层次人才】 成立高新区江海区人才工作领导小组，制订人才工作年度工作计划；在区综合服务中心设立人才工作服务窗口。通过引资引智创业创新推介会做好博士后对接工作，有9名博士被聘为特聘专家；在新落成的火炬大厦挂牌成立特聘专家工作站。12家企业与博士确定合作意向，其中2家企业明确具体合作项目、4家企业意向建立博士后工作站。与美国大专联谊会来访专家建立对接关系。邀请中国“卫星之父”孙家栋、中国卫星导航定位协会首席专家曹冲等高端科技人才前来考察调研。出台《江门高新区（江海区）关于加快引进培育创新创业人才及团队的指导意见》《江门高新区（江海区）企业高层次人才认定评定试行办法》《江门高新区（江海区）企业高层次人才扶持奖励办法》等政策。至此，全区建立博士后科研工作站2个、博士后创新实践基地3个。

【基层组织建设】 实施14个区委常委抓基层党建“常委项目”，召开党委工作会议13次，区委组织部每2个月1次向区党委会议汇报基层党建开展情况；每年开展1次街道党工委书记向区委党建述职评议。深化整顿村（社区）软弱涣散党组织，全年排查整顿村（社区）党组织6个。实施“一村一区委挂点领导”“一村一工作小组”“一村一第一书记”“一村一党建指导员”的“四个一”行动。为强化帮扶指导，在区直机关选派6名干部到软弱涣散村（社区）任第一书记。

【现代远程教育】 全年全区各远程站点开机率100%；结合街道实际，开通新的远程站点3个，让更多党员群众借助远程教育平台开展学习。

【完善考评机制】 根据两区合署、街道合并以后的情况，按照“简单化、易操作、抓重点、考明白”的工作思路，经过多次调研和征求意见，制订《2015年度江门高新区、江海区落实科学发展观评价指标体系及考核评价办法》及其配套细则。在街道考核方面首次实行分类考核，改进区直机关考核方式方法，调整优化考核内容和分值，继续引入第三方测评机构，力求考评结果出实效。

【发展党员情况】 按照新的党员发展细则，以图表化形式制作发展党员流程，严格按照流程发展党员，把好发展党员入口关。全年先后举办入党发展对象培训班、区直机关党组织书记培训班、大学生村官培训班、“两新”（新经济组织和新社会组织）党组织书记培训班等7个培训班，参加2300人次。全年发展新党员100名。根据《江门市处置不合格党员工作实施方案》要求，处理不合格党员12名，找回失联党员56名。

【村社区党组织设置】 根据省委组织部工作部署开展创新完善农村基层党组织设置试点工作，经市委组织部推荐确定，外海街道定江门市唯一试点街道，开展创新完善农村基层党组织设置先行先试。区和街道两级围绕基层党组织人事安排权、重要事项决定权、领导保障权和监督管理权“四权”的实现，制订实施方案，推进试点工作。

【基层治理工作】 成立区委基层治理领导小组，各街道相继成立基层治理领导小组办公室，制订《江门高新区江海区2015年基层工作清单》，明确26项主要工作的责任牵头单位、完成时限和主要措施，建立月报制度和基层治理分析研判机制，区党政联席会议每季度研究讨论基层治理工作，总结发现共性问题，找出深层次症结，出台有针对性措施。是年率先在全市建立社区党建工作经费保障机制，62个村（居）落实班子联席会议制度和党群联席会议制度，调整不称职村党组织书记1名；建立44人的村（社区）党组织书记后备人才库和111人的村（社区）后备干部人才库，解决历史遗留用地294亩；62个村（居）全部落实基层公共服务综合平台建设。

【工作创优评选】 全年全区25个区直单位报送“工作创优项目”，经第一轮无记名投票测评产生候选项目11个，分别是法院、党政办、组织部、宣传部、社会事务局、经济科技局、财政局、国土规划环保局、妇联、残联和地税局；通过区直机关“工作创优奖”项目第二轮评选会评选，法院、组织部、社会事务局、财政局、妇联第5个单位项目获得2015年度区直机关“工作创优奖”。

【大学生村官工作】 2015年10月13日至16日，江海区举办2015年大学生村官培训班，全区2012、2013、2014届大学生村官以及外海、礼乐街道组织干事和组织部相关人员参加培训。培训内容包括自由学习、集中学习、现场教学和讨论交流，先后与佛山市高明区塘伙村和广州市从化区西和村、碧水新村等村委人员进行交流，听取其经验做法。

【三严三实专题教育】 按照中央、省委、市委的工作部署，全区开展三严三实”（严以修身、严以用权、严以律己；谋事要实、创业要实、做人要实）专题教育，区委理论学习中心组率先集中学习专题授课并开展研讨。结合学习研讨、参观“纪念抗战胜利70周年江门抗战专题巡回展”，撰写学习心得体会。在《江门日报高新版》开设“三严三实”专栏，刊登领导干部的心得体会。召开“不严不实”问题剖析会，选取工作中突出的“不严不实”问题（城市管理不到位、园区扩能增效效果仍不够理想），深刻剖析问题根源。建立健全作风建设教育引导机制、作风建设常态督查机制和作风建设考核评价机制。开展“农村基层违纪违法问题集中查办专项行动”“进一步整肃工作作风严明工作纪律专项行动”，解决不敢担责、为官不为等问题。全年开展专项督查5次、明察暗访23次，受理群众来信来访举报170件次、立案35宗。“三严三实”专题教育工作整改主动配合省委巡视组工作，组织党委工作、纪委工作和组织工作等3场汇报会，确保省委第11巡视组巡视期间的各项工作得以圆满完成。

【两新党建】 一是探索试行“两新”（新经济组织和新社会组织）群组化党建模式，结合园区产业类型、区域性质、社团结构等因素，打造特色群组，全区建立群组4个，其中行业性质群组3个、区域性质群组1个。实行“两新”党组织属地化管理，进一步理顺原属区直管理的27个“两新”党组织的管理关系，把27个“两新”党组织覆盖的86家企业整建制划入相关街道，实行属地管理。全年新组建“两新”党组织4个，其中新社会组织2个、新经济组织2个。修改完善《高新区、江海区非公有制经济组织和社会组织党建工作财政专项经费使用管理暂行办法》，把“两新”党组织书记津贴、党员活动经费发放到位。全区选取6个示范培育点开展创建活动，明确企业党组织活动阵地的硬件建设、党组织软件建设的考核指标。按照属地管理原则，由各街道党工委对参与创建的“两新”党组织阵地建设、学习资料、活动资料等工作进行重点指导，确保“两新”党组织活动规范化。

【党代表履职】 继续推行“两代表一委员”轮值制度，每个工作日进行轮值实现常态化，全年到中心开展轮值的“两代表一委员”200人，接待群众130多人次，收集意见建议32件；中心开展活动58场，参与3118人次。在驻点联系群众活动中，区党代表参与街道的驻队成员每周四跟其他成员一起下村入户，直接跟群众面对面进行交流。全年党代表参与驻点直接联系群众活动1515人次。年内组织党代表列席市委全会、区委全会等重大会议，参与创优项目测评、干部推荐测评等活动65人次。

【党群共建三服务】 贯彻落实中央关于加强和改进党的群团工作的意见精神，由组织部、社工委、总工会、团区委、妇联、工商联、科协、残联、文联9个部门联合共建“三服务”工作，印发《江门高新区（江海区）党群共建“三服务”工作实施方案（试行）》《江门高新区（江海区）党群共建“三服务”工作联席会议制度（试行）》，成立工作领导小组，从“组织共建、资源共享、活动公办、制度共筑”方面开展共建工作。通过推行“三服务”措施即“广泛走访群众，服务群众生活；倾听企业声音，服务企业发展参与社会治理，服务基层建设”，发挥党群组织作用。

【干部队伍建设】 全年召开讨论干部人事议题的党委会议8次，讨论任免干部140人次，其中提拔正科级干部18名、副科级干部10名，从市检察院、市食品药品监督管理局等部门引进专业技术干部4名。完成对49名新任副科级领导干部的转正考察。接收市直对口部门科级干部6名到江海区挂职，选派2名街道干部到市直部门挂职。按照市委组织部的工作部署，选派赵群笑带队会同市编办、政研室以及区党政办等部门同志到苏州高新区蹲点调研，重点学习苏州高新区管委会体制、机制创新以及薪酬奖励、晋升交流等管理模式。做好面向全国高薪招聘高新区工业园公司2名总经理工作。

【党校培训】 举办主体培训班8期，街道及区直各单位自行举办的班次101期；选派16名干部参加上级部门举办的培训学习。鼓励和支持广大干部通过电大、党校、自学考试等形式参与在职教育；全区99%以上的干部职工均已取得大专以上学历。

【老干部管理】 全年区四套领导班子成员和老干部局领导以入户走访、召开座谈会等方式，走访慰问老干部304人，发放慰问金31.72万元。组织离休干部和副处级以上退休干部30人进行体检。每季度组织区直副处级以上离退休干部阅文座谈会。每月1次组织区离休干部和原区四套领导班子退休干部召开思想政治建设座谈会。继续整合“五老”（老党员、老专家、老教师、老战士、老模范）资源成立的老年书画研究会，开展“书画进校园、进社区、进企业”活动。组织区直离休干部及副处级以上退休干部20多人到台山市参观学习。举办纪念抗战胜利70周年系列活动，组织退休干部以“翰墨丹青抒情怀，纪念抗战胜利70周年”为主题开展诗、书、画活动。会同区委宣传部、区文联走访慰问刘文杰、林振炽、叶华等3位抗战时期参加革命工作的离休干部。

【关心下一代工作】 各基层关工委通过查找资料、走访入户等方式对本辖区内的孤儿、单亲、特困青少年情况进行摸底调查，经统计全区孤儿、单亲、特困儿童154人。通过节日慰问孤儿、单亲及特困青少年。发动广东江粉磁材股份有限公司、江门市凌志餐厨用品有限公司、江门市奔力达电路有限公司等3家各捐赠2万元并举行“区关工委爱心助学金发放仪式”，60名困难学子各获资助1000元。基层关工组织开展“大手拉小手，美化新环境”义工活动，联合妇联、司法所、派出所等部门开展法制宣传教育。在关工委和社会各界的关注支持下，协助完善江南街道新中社区义教点建设。

【工资福利】 全面实施公务员职务与职级并行制度，5月完成初核工作，6月在机关单位全面建立职务与职级并行制度，全区296人晋升职级，政策惠及面26.6%。推进基本工资制度改革，6月底完成全区机关单位、中小学校工作人员基本工资标准调整工作。

【事业单位人事管理】 贯彻落实《事业单位人事管理条例》，完善事业单位岗位设置和聘用管理工作，开展机关事业单位“吃空饷”问题集中治理行动和事业单位工作人员人事档案核查工作，推进事业单位绩效考核和绩效工资分配工作。全年事业单位人才结构进一步得到优化，卫生系统聘用副高级以上卫生专业技术人才2名。组织公开招聘活动4场，参与全市的统一招聘，发布招聘岗位80个；探索组织事业单位赴高校招聘专业人才，区土地登记与规划信息中心赴西安高校引进专业人才2名，教育系统事业单位赴华南师范大学招聘毕业生25名。

【公务员选调和招录】 全区通过全省统一考试招录12名公务员，其中男性7人、女性5人，均为大学本科学历并具有学士学位。此次公务员招录报考192人，平均16人竞争1个职位。根据各单位的用人需求，继续探索面向全国公开选调公务员，包括区国土规划环保局选调环保执法科员1名；8个单位选调公务员15名，共有11人入围。

【公务员管理和培训】 为规范公务员调出管理和科级以下公务员（不含区管干部）的区内转任工作，出台《公务员调出办理程序》《科级以下公务员区内转任办理程序》。继续委托市行政学院举办公务员初任培训，共有组织19名2014年录用的公务员参加初任培训。培训班实行全脱产学习，采用课堂授课、小组研讨和现场教学相结合的形式进行。

【机关事业单位工作人员年度考核】 2015年全区机关单位参加考核人数1127人，优秀等次177人，占15.71%。其中科级人员444人，优秀等次67人，占科级人员总数的

15.09%；科级以下671人，优秀等次110人，占该层次人数的16.39%；称职等次928人；无基本称职和不称职人员；不定等次人员22人，其中10人被立案调查、刑拘或取保候审，12人为试用期人员。2人因请病假超过半年没有参加考核。事业单位参加考核人数726人，优秀等次109人，占15.01%；合格等次614人；无基本合格和不合格；不定等次3人，其中1人处分期未满，2人为试用期人员。1人请病假超过半年没有参加考核。

【事业单位机构探索管理】 选取江海区文化馆作为第二个事业单位法人治理结构试点单位。江海区文化馆召开法人治理结构第一届理事会会议，选举产生第一届理事会成员和审议通过法人治理结构的章程以及相关监督管理制度。外海中心小学根据章程完成第一届理事会第二次会议，探索发挥理事会职责，实现从“管理”到“治理”的转变。成立街道公共服务中心、街道社区卫生服务中心等事业单位；调整价格认证中心、残疾人综合服务中心等事业单位。

【机构编制管理】 采取相应措施严格控编减编，执行财政供养人员只减不增的要求。全区编制总数控制在2012年年底控编减编基数以内，做到“有增有减，总量不增”。

【高级雇员管理】 出台《江门高新区江海区机关事业单位高级雇员管理办法》，公开招聘第一批高级雇员，包括党政办的政府管理决策咨询师、法制局的专职法律助理、经济科技局的科技金融雇员和招商雇员、住建水务局的高级机械工程师和注册安全工程师等6个职位，发布职位公告，启动招聘工作。

【军转干部安置和管理】 按照江门市军转办的要求，全区接收安置军转干部4名和随调家属1名。做好企业军转干部维稳工作，确保相关补贴按时发放；春节、“八一”等节日、“两会”重点维稳期间，做好信息收集及稳控工作，定期走访和约谈重点对象。

【街道体制管理调整】 年内对江南街道、滘头街道和滘北街道进行街道体制调整工作，由3个街道整合为一个江南街道。3月制订方案，进行风险评估，召开论证咨询会、政策咨询委员会等。8月10日，召开江海区江南街道合并大会；8月25日，印发江南街道新“三定”（定机构、定职能、定编制方案）。这次街道整合，有广泛的群众意愿，有成功的实践经验，有良好的现实基础，具备有利条件，对落实江海区“提升科技创新能力、加速经济发展、加快城市化进程”具有重要意义。

【综合执法体制改革】 根据省、市工作部署，推进各个领域的综合执法体制改革工作，包括劳动保障监察综合行政执法体制改革和农业综合执法改革工作，成立综合执法机构，把分散在局内设机构、行政执法队伍、事业单位中的监督监察、行政处罚职能归并到综合执法机构；理顺环保执法体制机制工作，明确市、区两级环保监管职责，健全环境监管执法责任体系；做好城市综合管理体制改革，区住建水务局（区城市综合管理局）执法中队与街道内设机构合署，调整执法中队的权限，实现城管综合执法下移，通过改革逐步实现“两级政府、三级管理、四级网络”（市、区县；市、区县和街道或乡镇；市、区县、街道或乡镇、居或村委会）的城市管理综合执法体制和运行机制。

【完善机构编制方案】 根据工商体制改革以及新一轮政府职能转变和机构改革工作精神，理顺区市场安监局、原工商分局以及区食药监局的职能，印发高新区市场安监局的机构编制方案、江海区食药监局“三定”（定机构、定编制、定职能）方案。成立高新区综合服务中心，各部门涉企审批事项和服务事项进驻综合服务中心，打造“一门式”企业服务平台。成立高新区招商局，在江门高新技术产业开发区经济和科技促进局的招商科挂牌。根据市纪委的职能调整，进一步理顺区纪委的职能，重点对公车改革、政府绩效等职能做好承接。

【议事协调机构清理】 按照“精简、统一、效能”原则，对截至2014年12月31日的全区议事协调机构进行精简、清理；出台《江门市江海区区级议事协调机构精简方案》，确定区级议事协调机构精简189个，保留区级106个，撤销83个，精简比例43.9%。

□ 宣传工作

【扩大宣传高新区】 围绕市委、区委的工作部署，在重大项目签约、重点工作取得突破和重要文件政策出台时，通过《江门日报》刊发专题报道，全面展示高新区在深化改革、自主创新、小微双创、引资引智和产城融合等方面的工作成就。如在《江门日报》“高新新闻”专版开设“改革创新发展梦”“文明和谐民生梦”“产城融合振兴梦”等专题，系列报道高新区科技经济社会发展成果。

【创新宣传形式】 统筹制作“南岸印迹”宣传片、高新区产业规划解说片、高新区引资引智宣传片和高新区全球华侨华人创新创业基地宣传片等4大宣传片。与江门市广播电台创新开辟《魅力高新·活力江海》广播专栏，建成以报纸（《江门日报》）、电台（江门市广播电台）和微信、微博“四位一体”的宣传主阵地。探索与新兴门户网站深度合作模式，其中网易江门在其门户网站转载江海区新闻日均2篇，对高新区江海区招商投资推介会等活动进行现场直播。向《中国高新技术产业导报》《中国高新区》《广东科技》等科技线媒体投稿，全年共有30篇新闻报道在3家国家、省级的媒体平台刊登。

【加强内部宣传】 通过《江门日报》“高新新闻”专版、东部新闻版和外海、礼乐两个基层广播电视站，做好区委全会、区“两会”等一类会议和“一把手”访谈、精准扶贫和健走马拉松等重大政务活动的宣传报道。年内完成阿里巴巴·江门产业带、中国网库、“南岸印迹”、高新创智城、引资引智投资推荐会、车路协同系统、侨梦苑等重大项目启动活动的策划和宣传报道工作。配合有关部门开展好“三防”（防风、防汛、防旱）“文明祭祀”“安全生产”“H7N9禽流感防控”“登革热防控”等工作宣传。全年出版户外宣传栏15期。通过举办通讯员培训班，通讯员队伍实现全区全覆盖，即在全区企事业、村居社区建立通讯联系，通讯员队伍达到300人。

【政务微博微信建设】 开通“高新发布”官方微博和“江门高新”微信公众号，加强政务信息公开力度；通过印发宣传单张、有奖问答、现场关注送礼和多场微博、微信吸粉活动，微信公众号参与人数从原来的300多人增至4000多人，阅读量增长，影响力增强。完成区、街两级和区直单位微博、微信建设，制订政务微博建设工作规程，并组建微博、微信员队伍。江门高新微信公众号每天发布消息5—7条。

【理论学习】 邀请专家学者围绕“主动对接珠西发展战略”和“新媒体应用管理”等主题授课，组织开展中心组学习扩大会议12场并进行专题讨论。做好市级社科基地申报工作，陈少白故居纪念馆和外海乡情馆（聚贤坊）成为第一批“江门市科学普及示范基地”。组织五邑大学学者、部分区地名委员专家和外海知名人士开展南调蓄湖、北调蓄湖征名考察活动。年内组织开展中共十八届五中全会精神宣讲活动和社科普及活动。

【健全创文机制】 制订《2015年全国文明城市测评体系责任分解表》，推进创文“六个常态化”建设，即集贸市场检查评比、卫生环境、明查暗访、督察督办、结对帮扶、文明共建常态化，以常态化管理促长效机制建设，每月进行测评并通报整改。完成外海高新生活垃圾压缩站的建设，形成生活垃圾以东（高新压缩站）西（礼乐乐华压缩站）两翼为支撑的垃圾压缩中转运输模式。完成5个垃圾中转站和3个公厕的新建和改造工作，开展全区性环境卫生整治行动和以“五小场所”（小商店、小餐馆、小旅馆、小发廊、小咖啡店）、网吧、公共场所、居民小区楼宇等场所为重点的消防安全排查整治活动，对市场周边主次干道、学校周边市容秩序进行整治。麻园路D段建设完成，永康路与五邑路交叉口改造工程竣工通车，完成红门楼、江南市场后街、滘北街道平乐里、东海路滘头段人行道、礼乐街道乐祥东路等道路的维修改造。推进白水带公园建设，景观路建设工程、100亩林相改造工作和景区监控等改造，改建社区公园16个。投入1800多万元整治礼乐中心河。完成对江南街道新中社区新南文化广场，滘头街道中心公园、建星公园和江南街道蓬苑小公园、江翠小广场的改造；滘头街道渔山公园新建项目首期工程竣工；对滘兴南路和滘兴中路进行路面改造。重建滘头街道联星中转站和公厕、对滘头街道正安垃圾中转站和江南文化广场公厕等进行升级改造。开通“文明江海”微信公众号，刊出微信100条，举办文明宣传活动12场，开展“身边好人”、五好文明家庭和“最美家庭”评选、“幸福家庭”进社区活动以及区创文十大成果展览。

□ 统战工作

【党外人士座谈会】 区委召开党外人士座谈会，通报全区经济社会发展情况和区委区政府工作思路，听取他们的意见建议。寄语党外人士围绕中心服务大局履行职能，参政议政，发挥有关监督联络、宣传和调解的作用。是年起，增加民主党派参政议政经费和解决民主党派活动场所，为民主党派更好地履行参政党职能创造更好的环境、条件和便利。

【民主党派季度调研活动】 组织区域各民主党派、区工商联和党外代表人士，分别开展以“城市综合执法研究”“高新区人才引进使用和绩效考核”“电子商务产业发展”为主题的3次调研活动，先后参观考察麻园、滘头片区的民房违建情况和江南中心城区市容环境情况，辉隆、科恒2家企业和博士后创新实践基地；赴中国物流之都山东省临沂市参观考察沂商电子商务、立晨物流股份等相关企业并召开研讨会。调研活动以后撰写并上报调研报告，为区委区政府民主化、科学化决策提供参考依据。

【组织民主党派服务社会】 年内民盟江海总支开展送戏下乡、举办书画展和写春联等活动；民进江海总支连续3年在礼乐街道开展送医送药活动，筹集资金6万多元扶贫援建、助学助医乐昌市水源村。发挥各民主党派成员植根于各界群众、联系广泛的优势，做好协调关系、化解矛盾、促进社会和谐稳定等服务工作。

【港澳台海外统战工作】 依托海外联谊会平台，“走出去、请进来”，协助成立香港五邑总商会；应邀参加香港五邑总商会成立暨理监事会员就职典礼、香港葵青工商业联会春茗、香港台山商会理监事就职典礼暨会员新春联欢大会、香港侨港商会新会商会第59届董事就职典礼暨会员春节联欢大会等等；赴香港、澳门参加港澳招商座谈会，分别拜访10多家在区内投资的企业以及区修远、麦瑞权等12名知名人士，加强与海外及港澳社团的沟通联络。全年接待香港外海同乡会、礼乐同乡会、海外联谊会组织的回乡旅游观光、探亲访友、祭祖等活动的海外乡亲11批487人次；邀请香港外海、礼乐同乡会104人回乡考察。举办统战骨干培训班2期，参加96人次，开展香港乡情调查，新增乡情资料316条。超额完成成立农村联谊会的目标任务。

【成立农村联谊会】 深入全区未成立农村联谊会的行政村调查摸底统战资源，协助村（居）做好筹备成立农村联谊会工作，给予每个联谊会赠送牌匾和资助2000元成立基金。年内成立礼乐街道东红村、向民村、丰盛村等3个慈善联谊会。至此，全区成立22个村慈善联谊会（占36条行政村的61.11%。农村慈善联谊会发挥作用，帮助化解村民与村民之间、村民与村委之间、征地拆迁等问题矛盾纠纷；春节、中秋节前组织慰问贫困学生和贫困家庭；举办重阳敬老活动，为60岁以上7800多名老人派发慰问品和慰问金。农村联谊会为村集体经济发展参政议政、出谋献策，受到社会好评。

【党外人士推荐安排】 根据区委和区政协关于增补区政协第三届委员、常委的精神，通过考察推荐一批德才兼备的党外人士进入区政协组织机构。根据高新区江海区合署办公实际，发展较多高新区骨干企业主和高级管理人才为政协委员，发展较多港澳“新生代”人士为港澳特邀委员。增补区政协委员18名、常委2名，其中党外人士政协委员14名、常委1名；港澳“新生代”委员7名。党外人士安排区政协委员8名、区政协常委2名，包括江海区心友慈善会会长江世雄、外海中学副校长余妙霞。安排港澳政协委员7名，其中香港4名、澳门3名。至此，党外干部任正科实职1人、副科实职9人、主任科员2人、副主任科员6人。

【民主党派和党外人士队伍】 全区有民革、民盟、民建、民进、农工党、九三学社等6个总支和致公党支部，共有党成员190名。无党派代表人士队伍36名。内年民主党派新发展成员8名，其中民建4名、九三学社4名。

江海区民主党派情况表

表4

党派名称	负责人	人数
中国国民党革命委员会江海区支部	臧立新	32
中国民主同盟江海区总支部	曾小洁	16
中国民主建国会江海区总支部	李光明	37
中国民主促进会江海区支部	陈昌钢	29
中国农工民主党江海区总支部	罗政权	39
中国致公党江海区支部	黄俊杰	9
九三学社江海区支社	黄家河	28
合计		190

江海区人民代表大会

【九届人大五次会议】 1月28日—30日，召开区九届人大五次会议。会议听取和审议江海区人民政府工作报告、江海区人民代表大会常务委员会工作报告、江海区人民法院工作报告和江海区人民检察院工作报告，审查江海区2014年国民经济和社会发展计划执行情况与2015年计划草案的报告、江海区2014年财政预算执行情况和2015年财政预算草案的报告，批准江海区2015年国民经济和社会发展计划和江海区2015年财政预算；选举周婉玲为江海区第九届人民代表大会常务委员会主任、梁惠强为江海区第九届人民代表大会常务委员会委员。与会代表140多名。

【常委会会议】 区九届人大常委会共举行7次会议。会议听取和审议区政府工作报告7项，组织开展检查、调研和视察活动6次。补选市人大代表1名、区人大代表2名。

【主任会议】 1月13日，召开区九届人大常委会第37次主任会议，会议讨论提请区人大常委会关于江门市江海区第九届人民代表大会第五次会议召开时间和建议议程的决定（草案）；讨论通过人大常委会工作报告；讨论政府、计划、预算、法院和检察院等5个工作报告；讨论区九届人大五次会议文件；讨论《关于江门市江海区九届人大四次会议代表建议、批评和意见办理情况的报告》；审议人事任免案；讨论接受人大代表辞职请求和个别区人大常委会委员辞职事项；讨论《2014年代表工作情况报告》。

3月18日，召开区九届人大常委会第38次主任会议，会议讨论区人大九届五次会议期间代表建议意见督办方案（讨论稿）、召开江海区人大代表工作会议方案（讨论稿）；讨论对高新区江海区贯彻实施《中华人民共和国治安管理处罚法》情况进行执法检查的工作方案（讨论稿）；传达高新区江海区联席会议精神；各工委汇报2015年工作计划情况。

4月16日，召开区九届人大常委会第39次主任会议讨论区人大九届五次会议期间代表建议意见督办方案（讨论稿）、召开江海区人大代表工作会议方案（讨论稿）；讨论对高新区江海区贯彻实施《中华人民共和国治安管理处罚法》情况进行执法检查的工作方案（讨论稿）；传达区有关会议精神；各工委汇报2015年工作计划情况。

4月29日，召开区九届人大常委会第40次主任会议，会议审议人事任免案。

5月14日，召开区九届人大常委会第41次主任会议，会议讨论开展对江海区农村富余劳动力转移工作情况的调研方案（讨论稿）；讨论赴港向社团反馈意见和商量成立礼乐澳门同乡会的活动方案（讨论稿）；研究确定区依法治区办工作接替问题；讨论开展区九届人大代表履职情况调研的工作方案（讨论稿）；讨论组织区人大代表和人大干部到全国人大北戴河培训基地培训的方案；讨论九届人大闭会期间代表培训计划；研究确定区人大机关江门高新区江海区2014年度精神文明建设先进个人人选（2名）。

6月23日，召开区九届人大常委会第42次主任会议，会议研究《关于高新区（江海区）农村富余劳动力转移工作情况的调研报告（讨论稿）》和审议意见（草案）；审议人事任免案和审议代表辞职请求。

7月15日，召开区九届人大常委会第43次主任会议，会议通报区人大常委会党组会关于区人大常委会领导班子成员工作分工的决定；讨论区人大常委会各工委对口跟线工作；研究《关于开展江海区2015年上半年国民经济和社会发展计划执行情况、财政预算执行情况和2014年度财政收支审计情况调研方案（讨论稿）》；通报近期高新区江海区联席会议、党委会议和调整部分街道行政区划决策咨询会议的会议精神。

8月19日，召开区九届人大常委会第44次主任会议，会议研究《关于对江门高新区（江海区）2015年上半年国民经济和社会发展计划执行情况的调研报告（讨论稿）》及审议意见（草案）、《关于江门高新区（江海区）

2015年上半年财政预算执行情况的调查报告（讨论稿）》和审议意见（草案）、《关于江门高新区（江海区）2014年度的财政预算执行和其他财政收支情况审计工作报告的审议意见（草案）》和全区“十二五”规划部分指标预期目标调整方案报告的初审意见及决议（草案）；讨论2015年区人大代表培训方案及接待方案；研究讨论赴粤东、清远考察学习方案；讨论马杏辉等职务任免事项；传达有关会议精神；讨论通过关于区九届人大常委会第二十六次会议的建议议程和召开时间。

9月7日，召开区九届人大常委会第45次主任会议，会议讨论研究《关于开展江海区推进义务教育均衡优质发展情况调研的工作方案》；讨论区人大机关各项制度；通报区人大财政相关工作情况。

10月20日，召开区九届人大常委会第46次主任会议，会议审议区人大财经城建环保工委《关于加强政府全口径预算决算审查监督工作的报告》；讨论召开区人大常委会主任会议督办代表建议工作现场会议方案、开展2015年“人大代表走访月“活动工作方案；讨论人大代表履职调研情况报告和朱学军职务任职事项；研究《关于江门高新区（江海区）推进义务教育均衡优质发展工作情况的调研报告（讨论稿）》及其审议意见（草案）；讨论通过机关内部各项管理制度；讨论通过关于区九届人大常委会第27次会议建议议程和召开时间。

11月30日，召开区九届人大常委会第47次主任会议，会议研究讨论《江门市江海区人民代表大会常务委员会关于补选江门市江海区第九届人民代表大会代表的决定（草案）》、《江门市江海区补选区人大代表选举办法（草案）》和《江门市江海区补选区人大代表工作方案（草案）》；审议《2015年高新区、江海区财政预算调整方案的报告》、研究《关于江门高新区（江海区）2015年财政预算调整方案的审查报告》（讨论稿）及决议（草案）；研究成立区九届人大六次会议筹备工作领导小组；讨论通过区九届人大常委会第28次会议建议议程和召开时间。

12月22日，召开区九届人大常委会第48次主任会议，会议讨论提请区人大常委会关于江门市江海区第九届人民代表大会第六次会议召开时间和建议议程的决定（草案）；讨论区九届人大六次会议的部分文件；讨论提请区第九届人民代表大会第六次会议列席人员范围的决定（草案）；讨论2015年常委会组成人员走访代表月活动情况报告；讨论区政府关于2015年代表建议办理工作情况报告及其审议意见（草案）。

【党组会议】 1月6日，召开党组扩大会议，宣读有关的任命文件。

1月13日，召开党组会议，研究有关代表资格审查情况、区委提名周婉玲为区人大常委会主任候选人、区委同意梁惠强为区人大常委会委员候选人、罗政权辞去人大常委会委员问题和有关人事任免。

1月22日，召开党组扩大会议，研究九届人大五次会议筹备情况。

4月8日，召开党组扩大会议，研究办公用房整改工作。

4月24日，召开党组会议，研究有关人事任免和启动区人大办综合股股长职位的提议。

4月29日，召开党组会议，研究提请杨勤浩、禹健平的职务任免和有关区人大办公室综合股股长人选；传达市委有关胡春华书记到江门调研的精神。

5月25日，召开党组扩大会议，研究配合省委第十一巡视组工作和开展“三严三实”专题系列活动。

6月12日，召开党组会议，研究处级干部参加“三严三实”教育活动；有关全区建立公务员职务与职级并行制度工作；提拔吕博义为人大办综合股股长的办理情况。

7月15日，召开党组会议，讨论区人大常委会领导班子工作分工调整、各工委对口跟线工作。

8月19日，召开党组会议，研究有关人事工作和“三严三实”活动问题的汇报。

9月24日，召开党组会议，研究关于加强预付全口径预算决算审查督查工作的请示；张成富分工问题；对参政单位公务用车制度改革待处置车辆封存停驶问题。

10月20日，召开党组会议，研究朱学军职务任免。

11月16日，召开党组会议，学习有关文件。

11月30日，召开党组会议，讨论区九届人大代表问题。

12月22日，召开党组会议，研究区九届人大六次会议时间、前期安排、会议建议议程、成立临时党委、新选区人大常委会委员；区人大机关工会换届工作和机关妇工委补选工作；布置“三严三实”专题民主生活会。

12月28日，召开党组会议，研究补选市代表工作，报告机关妇工委补选结果。

【审议决定重大事项】 区九届人大常委会对重大事项作出决定、决议共有13项，包括《关于江门市江海区第九届人民代表大会第五次会议召开时间和建议议程的决定》《关于江门市江海区第九届人民代表大会第五次会议列席人员范围的决定》《关于批准江海区人民政府“十二五”规划部分指标预期目标调整方案的决议》《关于2015年江门高新区（江海区）财政预算调整方案的报告》《江门市江海区人民代表大会常务委员会关于补选江门市江海区第九届人民代表大会代表的决定》《江门市江海区第九届人民代表大会第六次会议召开时间和建议议程的决定》。

【监督工作】 区人大常委会采取听取汇报、开展专题调研和组织视察等方式，把监督与支持结合起来，加强和改进监督工作，促进“一府两院”依法行政、公正司法。组织常委会组成人员和人大代表对贯彻落实《中华人民共和国治安管理处罚法》情况进行执法检查，对农村富余劳动力转移工作情况和义务教育均衡优质发展工作进行调研；开展对区上半年国民经济和社会发展计划执行情况、区上半年财政预算执行情况、以及2014年度本级财政预算执行情况和其他财政资金收支情况审计工作情况的调查；开展法制宣传工作专题调查。通过现场方式，对有重点的代表建议进行督办。

【代表工作】 召开B类代表建议办理情况工作会议，提出建议承办单位加强协调统筹，加快办理落实进度。加强代表重点建议督办力度，就《关于尽快建设南冲电排站的建议》听取各方意见，组织主任会议现场督办。闭会期间代表活动，包括组织代表参与区长约见代表活动，围绕“加快城市化进程开展交通道路建设大会战”主题进行沟通，提出意见和建议；组织代表参加《中华人民共和国治安管理处罚法》执法检查；组织代表开展《关于我区农村富余劳动力转移工作情况》《关于我区推进义务教育均衡优质发展工作情况》专题调研；邀请代表列席区人大常委会会议，让代表了解常委会的工作，发表意见看法。全年组织人大代表列席区人大常委会会议60人次。对九届人大四次会议及闭会期间代表提出的32件建议跟踪督办，代表对答复的满意（基本满意）率100%。

【任免工作】 全年区人大常委会依法任免国家机关工作人员40人次，其中任职18人次、免职干部人11次、通过代表辞去职务7人次、终止职务4人次。

【依法治区工作】 实施法治惠民实事项目，组织实施“法院行政案件审判巡回法庭”“司法局组织实施一村（社区）一法律顾问”“残联依法保障和促进残疾人就业权益”“外海街道加强工业园区的法治化管理”等24项法治惠民实事项目，解决一批群众普遍关心的热点问题。通过法治宣传周活动，在《江门日报》“高新江海新闻版”开设“法治惠民，惠及你我”专栏，对全区法治惠民实事项目进行报道。邀请法治广东研究中心主任、广东省委党校法学教研部教授宋儒亮举办以“中国法治建设之进展与前瞻——四个全面之视野”为题的专题讲座，区四套班子领导及区股级以上干部200多人接受法治教育。配合立法联系点的建设，开展《中华人民共和国立法法》的宣传，活动现场设立咨询和普法摊位，就新《中华人民共和国立法法》进行宣传和解读。各街道按照省的创建标准全面开展法治镇（街）创建工作，重点推进依法执政、依法行政、基层民主、社会治安综合治理、法治惠民、法治文化建设、组织保障等7大方面的法治街道，包括做好法治惠民实事的实施、法治文化广场建设和普法特色品牌常态化等工作，运用法治思维解决矛盾纠纷的能力。通过“企业普法欢乐站”开展大型普法游园活动3场次，覆盖3个街道70多家厂企，接受教育1300多人次。各街道建成法治文化广场5个、法治物业管理小区1个。

【友好往来】 4—5月，区人大侨务农村工委对江门市华侨特色名镇（街）村和建筑情况开展专题调查；区人大侨务农村工委配合开展“广东省新型城市化进程中解决村居用水难、实现村居供水一体化服务”的专题调研。根据省、市人大调研组安排，分别到外海街道金溪社区、直冲村委会实地视察。6月中旬，开平市人大机关工作人员到区人大机关交流学习。6月23日，全国人大培训中心副主任谢日荣、省人大常委会选联任工委副主任李茂停一行4人到江海区了解调研代表培训工作和明年换届选举有关情况。6—7月，省、市开展对县乡人大工作建设有关情况的调研，走访基层人大联络处和人大代表听取意见；市人大常委会以高新区江海区合署办公以后的人大代表职数问题为例反映省人大常委会。9月，组织区人大机关干部8人赴汕尾市、海丰县；揭阳市、揭西县；梅州市、梅县，考察学习当地人大机构在爱侨、护侨以及保障华侨、华人、港、澳、台同胞权益方面的经验；组织区人大机关干部7人赴清远市考察学习。10月，区人大侨务农村、财经城市环保工委等5人与市人大农村工委前往惠州、河源等地考察学习生态城市建设和城市污水综合处理的经验。

【江海区人大常委会领导名录】

主　任：周婉玲

副主任：周明，胡影儿，黄卫明，陆润球，陈全学，张成富

江门高新区管理委员会 江海区人民政府

【全体会议】 3月13日，召开江门高新区管委会2015年工作会议暨江海区人民政府九届四次全体会议，通报2014年高新区管委会、江海区政府主要考核目标完成情况，部署2015年管委会和区政府工作。

【专项工作会议】 1月14日，召开高新江海区2015年金融工作座谈会。会议确立搭建政银企合作交流平台，以提升全区金融服务工作水平。

2月4日，召开广中江高速公路项目建设工作协调会议，专题研究广中江高速公路江海段征地拆迁工作。

3月5日，召开全区加快城市化进程开展交通道路建设大会战工作领导小组办公室工作协调会议。会议对交通大会战工作机制、资金管理制度、沟通平台建设和维稳等相关问题进行研究。

3月6日，召开高新区江海区产业平台扩能增效工作专责小组会议，小结产业平台扩能增效工作进展情况，研究部署下一阶段工作。

3月24日，召开高新区江海区城乡扶贫工作会议。

3月30日，召开高新区江海区工业用地准入评审复审会议，对中远铝业、现代农业、普加福光电、聚科照明和欧溢科技等5个申请用地项目进行评审。

4月7日，召开全区开展治理违法违规用地专项行动暨2014年度土地卫片执法检查工作会议。

4月17日，召开连海北片区重点项目现场督查及LED博览交易中心指挥部工作会议。会议现场督查光博汇周边道路、连海北路、横沥河整治工程、连海苑安置小区LED博览交易中心等项目，研究LED博览交易中心项目建设资金缺口；连海苑小区物业管理单位采购、物管费、拆迁户优惠政策；金源加油站搬迁、直冲自留用地填土、连海北路可行性报告编写费用等问题。

4月22日，召开解决谦信化工公司实际问题实地调研座谈会。

5月4日，召开南山路（江海路—五邑路段）工程建设工作协调会议，就该项目规划红线、征地红线、征地拆迁和临时施工用地等相关问题进行研究。

5月22日，召开江海商业广场项目协调会议。会议听取项目牵头责任单位江南街道办事处、项目投资方对江海商业广场项目进展及存在问题情况汇报，并就项目西侧配套道路建设涉及的征地拆迁、建设等问题进行研究。

5月26日，召开江门高新区综合服务中心建设资金问题工作协调会议。召开银城花园7-10号楼自来水安装工程问题专题会议。

5月27日，召开高新区江海区托管机构管理工作会议。会议通报全区托管机构基本情况，分析普遍存在问题，提出完善托管机构管理机制工作要求。

6月4日，召开学校基建项目工作会议。会议对外海中学、礼乐中学、麻园中学、礼乐二中、礼乐中心小学、华兴小学、滘头小学、礼东小学等8所学校相关基建项目进展情况作分析、研究，协调解决学校基建项目存在问题，对基建项目建设手续办理、完成时间、项目经费出资渠道和各基建项目进展情况督办等问题提出具体工作要求。

7月2日，召开2015年全区食品安全工作会议暨新食品安全法宣贯会议。

7月9日，召开农村学校、农村危房地质灾害隐患点排查与整治工作专题会议。

7月10日，召开江门农副产品（冷链）配送中心项目协调会议。会议听取项目牵头责任单位礼乐街道办事处对农副产品配送中心项目征地签名过程存在问题的情况汇报，并就新创三组及向荣村征地签名涉及的规划报建、建设费用等问题进行研究。

7月15日，召开正大康地动物营养生物科技项目落地工作会议。会议对项目目标计划、征地工作、招拍挂程序等问题进行研究并提出推进任务分工要求。

7月20日，召开中东学校建设工作会议，研究解决把中路小学中东校区恢复为独立的中东学校的问题并提出近期工作要求。

7月21日，召开街道行政区域调整后办公场所选定工作会议。经现场调研，会议研究选定滘头派出所办公楼用于三个街道行政区域调整后的新办公场所，与滘头派出所在其新办公场所未投入使用前暂行合署办公；选定滘头派出所新办公场所。

7月27日，召开胜利南路银城花园小区安置房交楼问题工作会议。

8月13日，研究小微企业双创基地城市建设及招商推介会议相关工作会议。会议同意完善《江门高新区小微企业创业创新基地城市示范建设工作方案》，把“南岸印迹”工程打造成为全区小微企业创业创新重点基地；召开研究街道合并所涉及的证照变更、统一街道惠民政策和解决历史遗留问题工作会议。

8月17日，召开兴南小区和天鹅湾小区配套教育设施工作会议。会议就兴南小区配套教育设施规划和天鹅湾小区配套教育设施规划的历史和现状进行分析、研究。

8月19日，召开小微企业双创基地城市建设工作会议。会议研究《江门高新区小微企业创业创新基地城市示范建设工作方案（2015—2017）》。

8月28日，召开原雅书院筹建工作联席会议。会议对解决原雅书院筹建过程的问题，提出相关工作意见。

9月18日，召开原高路华旧厂房升级改造为国家级示范电子商务园有关问题工作会议。会议研究江门市科创电子商务园有限公司《关于申请将原高路华旧厂房升级改造为国家级示范电子商务园（基地）的请示》《江门国家级示范电子商务园可行性发展规划（2015—2020）》。根据市规委会工作会议纪要（〔2013〕1号）对江门高新区总部科技园的规划，会议要求加快原高路华旧厂房升级改造，打造国家级示范电子商务园和“创业街区”，发展电子商务、智能物流、科技创新、金融服务、教育培训和产业孵化等产业。

9月28日，召开江南片区重点项目现场督查工作会议。会议现场督查春燕三旧改造项目、兰花味精三旧改造项目、胜利南变电站选址和新中大道项目，听取江南街道片区重点项目进展情况汇报，并在江南街道召开工作协调会议。

9月30日，召开光博路片区重点项目及LED博览交易中心项目建设指挥部工作会议。会议听取LED办及项目责任单位对LED交易中心项目及光博路片区重点项目建设进展情况汇报，并对存在问题进行研究。

10月8日，召开胜利南路银城花园小区有关问题工作会议。

10月16日，召开加快推进广中江高速江海路段项目建设督查现场会议。

11月2日，召开高新区5号地天然气综合站项目推进工作会议。会议要求中海油江门天然气有限责任公司、江门华润燃气有限公司11月底前完善项目规划设计方案、安全设施专篇及安全评价报告等相关材料报区国土规划环保局。

11月3日，召开胜利南路银城花园小区安置房回迁问题工作会议。

11月13日，召开外海中学等学校民生工程建设工作会议。会议研究外海中学学生宿舍楼工程、外海中学高中部搬迁项目、麻二小学运动场馆补缺补强工作存在问题，提出具体工作意见。

11月19日，召开珠西云谷科技企业孵化加速器项目联席会议。

11月30日，召开高新区创建广东（江门）“侨梦苑”创业创新聚集区工作现场会议。会议对高新区综合服务中心五楼整层“侨之家”整体布局和功能设置、修缮、各功能室办公设备配合和费用以及“侨梦苑”标识牌、广告牌的选点和宣传氛围营造的相关问题，提出具体工作意见。

12月9日，召开高新区创建广东（江门）“侨梦苑”创业创新聚集区工作现场会议。会议研究创建“侨梦苑”迎检工作新增项目和经费的问题。召开蓬江河釜山公园至北街水闸段5个灯光工程建设和资金等问题专题工作会议。

12月24日，召开理顺高新区江海区城市综合行政执法管理体制专题会议，布置落实城管综合行政执法下放工作任务。

【主要工作考核目标完成情况】 2015年政府工作清单及工作任务98项，完成95项，占总96.9%。完成较好的有区经济科技局牵头负责的中国网库项目有323家江门地区特色产业的中国网库“单品通”会员上线，线上交易额3000万元，并建成陈皮交易网等20个单品平台；区综合服务中心牵头负责的构建区、街道、村（居）三级服务网络体系工作完成，高新区综合服务中心7月17日对外服务，3个街道公共服务中心12月31日对外服务；区编办牵头负责的“1+3”清单编制工作完成以后由市统一发布并同时公布“1+3”清单管理机制。

10大方面30项民生实事包括就业保障、精准扶贫、社会保障、教育提升、优生优育、环境整治、防灾减灾、交通便民、文化惠民和关爱服务10个类别，其中28项按照年度目标要求完成，完成率93.33%。

【重点项目】 按照“四个一”（一个项目一个领导带一套人马一抓到底）要求，推进重点项目建设。2015年高新区江海区77项重点项目累计完成投资额83.03亿元，完成率99.49%。其中被列入市重点项目范围项目29项，年度投资额41.37亿元，累计完成投资额47.9亿元，完成率115.8%，超时间进度15.8个百分点，全市排名第三。77项重点项目中，超过时间进度、达到或基本达到时间进度60项，占总77.9%，主要集中在工业、基建、房地产领域；未达到时间进度17项集中在科技创新和服务业领域。投产项目有路思拓电机电器有限公司项目、信义环保特种玻璃项目、长优·优美科长信扩产项目；进入设备调试阶段即将投产项目有君盛实业有限公司项目、天钇金属工业有限公司项目、广东大冶摩托车技术有限公司项目。金瓯路（江门水道—港澳码头）改造工程建成通车；江睦路（五邑路—金瓯路段）完成主体工程并主线通车；连海路（金瓯路—连港路）完成道路建设并全线通车；胜利南路（五邑路—金瓯路）、麻园路D段（东环路—雪峰寺）完成道路建设；礼乐中心河整治工程基本完成工程建设。

【交通大会战建设】 至年底，广中江高速公路（江海段）征地拆迁和交地完成；金瓯路（江门水道—港澳码头）改造工程、江睦路（五邑路—金瓯路）工程、麻园路D段（东环路—雪峰寺路）建成通车；胜利南路延长线（金瓯路－南环路）完成征地拆迁和用地报批并施工；连海路（新港路—南环路）一期工程完成征地拆迁和交地任务；礼睦路扩建工程征地拆迁完成南段1.5公里围蔽、3公里清表工作；南山路（江海路—五邑路）工程2个隧道工程动工；蓬江河南岸道路半岛华庭段工程完成软基换填，排水工程完成60%；连海路改造工程（五邑路—金瓯路）完成工程可行性报批稿及初步设计评审并开展施工图设计；连海北路建设工程（江海五路—中华大道）和连海路（金瓯路—连港路）工程进入收尾阶段。

【南岸印迹建设】 7月16日至8月6日，协助中山大学到全区11处工业遗存实地调研，并与相关单位、业主和居民开展咨询交流活动。8月6日，区党政领导班子联席会议和党委会议审议通过南岸印迹发展策划纲要成果。8月10日，举办南岸印迹开发建设启动仪式和广东珠西南岸印迹发展有限公司揭牌仪式和南岸印迹工业遗址开发建设相关项目签约仪式、南岸印迹工业遗址摄影图片展。8月21日，成立“南岸印迹”开发建设工作领导小组，多次召开策划方案汇报会和论证会。11月13日，《江门市江海区南岸印迹发展策划（2015—2030）》通过专家评审。至年底，推进南岸印迹建设项目灯光工程建设。

【三旧改造】 全区“三旧”（旧城镇、旧厂房、旧村庄）改造通过市政府审批项目认定有17宗，认定面积1591.43亩；办理“三旧”改造方案审批12宗，面积1071.09亩。其中年内完成项目认定和方案审批1宗，面积13.38亩；完成供地1宗，面积91.659亩；正在改造面积429.89亩，投入资金79900万元。

春燕纺织厂三旧改造项目项目总投资21亿元，完成投资额2.5亿元。完成项目“三旧”报批手续，住宅、商业楼房开售。住宅和商业楼房完成主体和外立面装饰工程。

沙津横头股围三旧改造项目，项目总投资7亿元，完成投资额1.8亿元。出具规划条件、土地证，完成总平面图审核，办理环评、立项、报建等前期手续。项目开展过程存在变电房拆迁、外海大桥匝道占用本地块用地面积、大型货柜车对地块施工影响、地块与光博汇交叉位置道路和河流改造对开发影响等问题。

兰花味精厂三旧改造项目总投资6亿元，完成投资额3.2亿元。3层商业体部分（建筑面积10820平方米）、住宅楼封顶并开盘销售。

银星股份合作社三旧改造项目总投资3.5亿元，完成投资额2.6亿元。完成主体工程建设并开盘销售。

江门造纸厂三旧改造项目根据规划设计条件出具供地方案，出让给江门泰力房地产开发有限公司土地面积254.29亩，可开发的商业、居住建筑面积467190平方米。办理规划方案、施工图、环评、消防、施工许可审批等前期工作。项目一期A区6幢房屋打桩，完成其中3幢600余根桩基任务。

油湾片区改造项目报省政府办理完善历史用地手续，开展土地整合和控规调整工作。

白水带南面麻园片区改造项目完成认定和控规工作并组织相关改造资料申报。

【两会议案和建议提案办理】 全年办理两会期间市人大代表建议、市政协委员提案81项，区人大代表建议、区政协委员提案50项，闭会期间人大代表建议、市人大代表走访建议、区人大代表走访建议、B类建议再答复和区长约见人大代表和政协委员座谈会提出的意见和建议等100项。全部231项建议提案办复，一次办复率100%，建议提案提出人对答复的满意率（含基本满意）100%。收到建议提案以后把承办任务按照部门职能细化分解，制订方案，加强与人大代表、政协委员和承办部门之间的沟通联系和督办，督促各承办部门及时向人大代表反馈所办B类建议最新情况，通过“二次答复”“回头看”等形式，办理工作纳入《2015年度江门高新区、江海区落实科学发展观评价指标体系及考核评价办法》，与工作实绩考核挂钩，推进建议提案办理工作。

【信访工作】 全年接收向区委、区政府来信来访204件次，增加8%。其中来信64件次（含上级交办），增加14.3%；来访140批1056人次，增加0.53%，人次增加20.1%；集体到市上访12批288人次，批次减少33.33%、人次增加98.73%；集体到区上访54批927人次，其中劳动社保37宗，占68.52%；农村农业6宗，占11.11%；教育文体4宗，占7.4%；城乡建设4宗，占7.4%，政法类2宗，占3.7%，其他1宗，占1.85%。没有发生到省集体上访和进京上访；接处政府服务热线104宗，增加4%；网上信访18宗。

“两会”“八一”、2015年北京世界田径锦标赛、抗战胜利纪念活动和“9·30”公祭纪念活动等重大活动期间，按照要求制订工作方案，组织协调各街道、单位部门做好各项化解稳控应急处置工作，配合市信稳领导小组派员驻北京参加市驻京工作组和到广州市协助劝返工作。配合省委第十一巡视组办理交办投诉件17宗。召开礼乐街道向东村拆迁户谭伟暖等人3户拆迁安置地专题研究会，争取解决拖延10年的信访案件。配合市信访局组织召开研究原市溶剂厂厂区废气污染和安全防护距离问题引发的生物新村小区居民集体上访事项专题研究会议，做好群众解释工作，通过政府对厂企履行合约经营时限，研究企业搬迁并推动市溶剂厂等化工企业逐步向化工园区集中。

全年解决1例11年的信访积案并签订《息诉罢访书》。落实信访帮扶救助机制，采取信访诉求以外帮扶救助措施。通过运用由中央、省、市、区四级配套的“解决特殊疑难信访问题专项资金”对其帮扶救助。

【应急管理】 按照“综合协调、分类管理、分级负责、属地为主”的要求，完善应急管理体系，发挥应急管理机构“统筹、协调、补不足”的作用，加强部门协调联动，完善部门联席会议和会商制度。区应急委成员单位分别开展安全生产、森林防火、消防、食品安全、地震和防空等专项应急演练80多次；组织全区应急委成员单位开展江海区突发事件综合救援桌面推演、江海区突发公共卫生事件综合救援桌面推演和江海区应急物资集结“双盲”演练。构建覆盖区直有关职能部门、街道、村（居）委会的值班工作网络，完善区委区政府值班室、街道及村（居）委会值班室建设，落实值班场所及通信设备，全年处理突发事件信息75件、上级专报突发事件信息52件信息报送及时有效，与市应急办、江门广电有限公司等单位于礼乐街道向民村推进“村村响”试点工程，根据试点效果分阶段铺开。礼乐街道投入资金35万元，建成320多平方米（三层）应急避护中心并于年内启动。按照《江门市突发事件应急征用和补偿暂行办法的通知》要求建立健全以区、街道两级应急物资保障系统。

全年开展突发事件风险隐患排查整改专项行动，共排查突发事件重点风险隐患24宗，其中自然灾害隐患6宗、安全事故隐患5宗、社会安全事件隐患13宗；开展监督检查单位1564家，排查一般隐患1850项。发出消防安全隐患责令改正通知书800份、处罚决定书45份、临时查封决定书17份，责令停业整治单位12家。各类突发事件风险隐患整改率100%。

组织开展社区初级急救员培训、消防培训、安全生产培训和森林防火等专题培训班20次，参加2500余人。宣传、普及应急知识“六进”（进机关、进校园、进社区、进农村、进企业、进家庭），各村（居）基本建立专门的应急宣传栏；继续办好江海应急宣传专刊，刊发应急宣传专刊1500份。

【政府采购】 2015年政府采购预算金额3841.49万元，实际采购金额3656.4万元，节约采购资金185.09万元，节约率4.81%。其中货物类预算1394.44万元，节约资金92.86万元，节约率6.65%；工程类预算68.61万元，节约资金16.64万元，节约率24.24%；服务类预算2378.44万元，节约资金75.60万元，节约率3.17%。采购次数184次。全年重点完成江门市江海区治安视频监控系统二期建设项目、江门市江海区城市绿地承包管养项目、江门市江海区白水带金溪后山火烧迹地复绿工程、江门高新区城市公共绿地承包管理项目、江门高新区江海区办公自动化系统采购项目、江海区市政维修设备采购项目、江海区外海片区河涌及南湖保洁服务项目、江海区森林公园可行性报告及总体规划项目、中西医结合医院后勤保洁服务、江海区三防视频会商系统延伸到街镇项目等采购工作。

【督办工作】 全年制订《2015年江门高新区管委会江海区人民政府工作清单及工作任务》《2015年江门高新区江海区民生实事计划表》《2015年江门高新区江海区重点建设项目计划表》，进行定期通报和年终考核。对全区工作清单任务、重点项目和民生实事等具体项目开展各类专项督查，并以督查快讯等形式及时向区主要领导、责任领导汇报项目最新进展和存在问题；主动对接市委督查室、市府办督办科、市府办建议提案科和市发改局重点办，每月按时通过市督查督办电子监察系统等方式，报送各项跟进事项和重点项目进展情况，并及时跟进市府办督办科交办的市长微博投诉事项。全年向市报送《督查专报》6期，每月通过市督查督办电子监察系统报送跟进事项12批次400多项、省市重点项目进展情况21期。

创新督查机制，理顺督查架构，建立督查、效能、考核三位一体的督查工作机制，率先开发应用督查“一网通”，推行“一线工作法”（到一线了解情况、调查研究和解决问题），把“四个一”机制（一个项目、一个责任领导、带一套人马、一抓到底）落到实处。全年刊发《督查通报》41期、《督查快讯》14期，发出《督查通知书》17期。

围绕工作重点、难点、热点问题，采用飞行督查和暗访等方式深入基层一线了解情况和存在问题，并通过召集工作会议或现场会议研究解决。全年一线督查和暗访140次，协调解决问题630多个。编制《高新区、江海区2015年督查督办手册》（一本通），确定年度督查督办任务323项，实行督查事项菜单管理。

【综合服务中心筹办与工作交接】 8月6日，

市编办批复同意设立江门高新技术产业开发区政务管理办公室。8月11日，区办公室印发《关于成立江门高新技术产业开发区政务管理办公室的通知》。8月19日，任命高英豪为江门高新区政务管理办公室主任。综合服务中心筹建办与政务办1个月内完成资产、场地、业务、人员等工作交接工作。

【综合服务中心建设】 2015年2月17日，江门高新区综合服务中心揭牌仪式在高新区综合服务大楼举行。5月7日，江门高新区人力资源综合服务大厅运营。7月1日，江门高新区综合服务中心全面试运营，作为江门高新区的“全市首创”，高新区综合服务中心整合行政服务中心、创新创业服务中心、企业服务中心和人才技术服务中心、劳动就业服务中心和职业介绍服务中心等“六大中心”于一身，承接行政审批、政策引导、创业指导、人才服务、培训交流等“一条龙”涉企涉民服务。12月31日，外海、江南街道公共服务中心对外服务，标志着全区行政审批改革和“1+3+62”三级公共服务体系建设迈出新的一步。至此，区级进驻网上办事大厅进行网上办理的公共服务事项共395项，其中区级行政审批事项177项、网上全流程办理事项135项；街级通过网上办事大厅进行网上办理的公共服务事项332项，其中街级行政审批事项57项、网上全流程办理的街道级行政审批事项41项。村级办事站开通党务、村务、财务及生产生活服务等系统功能，实现网上信息查询、业务受理、投诉举报等“一站式”服务功能。

【金融工作】 江门高新区作为江门首个创建科技和金融结合示范区，探索构建全方位科技金融配套服务体系，建立密集的金融服务平台，进一步整合资源、利用资源。全省第二个高新区科技金融综合服务中心江门高新区分中心揭牌运营，广东金融高新区股权交易中心、深圳前海股权交易中心和广州股权交易中心在全区设立江门分中心。全区银行网点扩展至42家，成立科技支行3家、小额贷款公司3家、科技小额贷款公司1家、融资担保公司1家。分别有22家、6家、2家江门企业到广东金融高新区股权交易中心、前海股权交易中心和广州股权交易中心挂牌注册。年内推动企业上市融资步伐，阪桥电子、侍卫长、励福实业、宏丰电子等企业与相关的券商签订协议，争取在新三板挂牌上市。其中江门市江海区汇通小额贷款股份有限公司在广东金融高新区股权交易中心通过“2015汇通小贷债”形式融资3000万元。为培育科恒股份、量子高科、地尔汉宇、聚科照明和蒙德电气公司待批上市打下基础。意向进入“新三板”挂牌融资10家，与券商签约4家，其中励福（江门）环保科技股份有限公司10月9日挂牌新三板。在三大股交中心挂牌注册企业超过30家。落实高新区二期发债工作，4月21日发行债券8亿元，其中6亿元用于科技创新创业孵化基地建设项目。

【扶贫工作】 高新区对口帮扶台山市都斛镇龙和村，江海区对口帮扶开平市赤水镇瓦片坑、和安、羊路、冲口、沙洲5条村。全区32个帮扶责任单位落实市委、区委的“双到”(规划到户、责任到人)工作部署，实施项目带动、产业与就业扶贫、固本强基“三大战略”，坚持输血与造血相结合“两个结合”，落实领导到位、资金到位、措施到位、人员驻村到位“四个到位”，对口帮扶村反映的经济脱贫难、行路难、灌溉难、饮水难、住房难、读书难、看病难、办公难等“八难”问题基本解决，生产生活基础环境明显改观。年内区四套班子成员和帮扶单位主要领导现场调研72人次，帮扶干部职工到户362人次。筹集落实到6个贫困村的帮扶项目72个（包括省达标规定项目36个、自选项目36个），其中农田排灌、道路、饮水、环境卫生、文体建设和公共服务站等基础设施项目33个，新农保、产业扶贫、住房改造和助学等贫困户扶持项目24个，其他项目15个。预算资金375.45万元，其中市引导资金120万元，行业扶持和当地自筹112.85万元，区财政直接帮扶143万元，利用市财政返还专项资金和扶贫办公经费74万元追加帮扶项目16个，社会团体、企业、区直单位帮扶21万元，全年投入资金238万元。帮扶6个贫困村建立一批文化、体育和卫生设施，各村建立农民公园等幸福安居工程项目。通过实施就业扶贫、产业扶贫，对有转移就业意愿的富余劳动力实行培训与推荐就业，新增外出务工和就地务工73人。推进冬瓜、茄瓜、辣椒、马铃薯等品种种植，打造“一村一品”产业特色，规划农业扶贫基地1360亩，与合兴、茶坑等蔬菜合作社联手合作，采取“农户+基地+合作社”模式，对参与的贫困户提供“送种子、送化肥”和实行保底价收购等优惠措施；与江门市农科所、开平农业局等部门联合举办种养技术培训班2期，普及农业实用技术。进一步健全、完善行政村各项修订《村民自治章程》《党务村务财务制度》等12项制度，村级组织活动阵地实现“五有”（有牌子、有活动场所、有电教设备、有宣传栏、有工作制度）。

【LED博览中心项目建设】 中国（江门）国际绿色光源博览交易中心坐落于江海区外海街道连海北路片区，项目南至江海五路、西至中路河、北至连海三路、东至沙津大道，规划用地面积375亩，投资40亿元，建筑面积60万平方米。LED博览交易中心项目分A、B、C、D区进行建设，首期开发C、D区，占地100亩，建筑面积45万平方米。特展馆建筑面积2.5万平方米。LED博览交易中心规划建设由展示中心，研发中心、配套高档住宅公寓、酒店等。目标定位打造一个集电子商务、网络平台、产品展示、市场交易、检测认证、仓储物流、金融服务、信息交流、媒体宣传等功能与一体的、高端的国际绿色光源博览交易中心，可容纳4000个交易席位。至此，完成投资28亿元，C、D区45万平方米主体建筑竣工，进行消防设施、通信、电气、排水、电梯设施等安装和内部装修。入驻企业300多家。

项目进展包括：LED博览交易中心项目。项目建设分A、B、C、D区进行，首期开发C、D区，占地100亩，建筑面积45万平方米。2012年12月动工建设以来，主要工程完成80%，特展馆墙体工程基本完成；安置小区项目。连海苑小区项目建筑面积73395平方米，其中住宅52381平方米、商业4776平方米、公共服务设施666平方米、架空层及办地下车库15572平方米，含住宅11幢及商铺、地下车库、公共服务设施等。2013年12月动工以来，主要工程完成95%，连海苑小区进行商品房预售；连海北路建设项目。连海北路（江海五路－中华大道）工程全长1210米、宽60米，按照双向6车道设计，年内动工建设，主要工程完成65%；横沥河整治项目。对横沥河长600米段进行整治，整治后河道长540米，横沥河整治工程防护区等级为IV级，累计完成土方开挖量95%；周边道路建设项目。与光博汇相配套的周边道路共11条，开展有关前期准备工作。

【江门高新区公共码头建设】 江门高新区公

共码头项目是省重点建设项目，市委市政府成立专门工作小组推进项目建设，高新区江海区承担日常事务，统筹、协调具体工作。年内，按照工作要求与中外运签订首期合作协议，配股资金到位并完成增资审计和评估工作，取得交通部核发的码头项目港口岸线使用证。协调市水利、规划、环保、交通等部门和江门海关等完成码头项目初步设计并通过专家评审；完成《江门港主城港区江海作业区高新区公共码头（首期项目）工程（第一阶段）施工图》编制并经市交通运输局批复；协助国土部门办理公共码头首期项目B地块275亩并完成出让；根据江门航道局意见完成《高新区公共码头锚地通航论证报告》编制并通过专家论证会。完成高新区公共码头首期项目工程施工监理第1标段招标工作。

开展征地拆迁工作，中东工业区余下1家准备拆除，1家饲料厂签订拆迁协议；完成西江电厂、西江石油公司地块清表工作。组织市公路、规划部门研究码头周边道路优化方案；连海路（连港路—南环路）一期工程完成交地；码头疏港路一期（一行路）完成可研、立项、水保、稳评、环评、压矿和地质灾害评价编制等工作；临时道路（机耕路）完成招标工作；协调各个联检单位、工业园公司开展物流园服务中心等配套设施的建设、口岸搬迁及资源融合等工作。

【江门高新创智城建设】 江门高新创智城（总部科技园）项目位于高新区44号地，规划建设面积57万平方米，投资23.5亿元。项目首期建设面积15万平方米，投资7亿元。2015年2月，项目启动，拟制“两棵树”任务分解图，确定阶段性任务和各项工作完成时间并通过每周例会制度推进落实。年内完成项目用地手续并开展项目整体策划、设计调研和可行性分析研究等工作，制订高新创智城的市场定位、开发思路，编制项目设计招标方和勘察招标方案，6月上网招标。先后完成高新创智城的设计和勘察招标并确定项目设计和勘察单位；经区发改局立项并完成项目环评、可研报告和节能报告编制；完成与新英物业公司15.5亩的土地置换、项目围蔽、清退占用项目用地耕种农民和临水临电工程前期工作；完成监理招标并确定项目监理单位；地质勘察工程全部完成并出具地质勘察报告。10月26日，市规委会和环艺专委会通过高新创智城总体规划方案。由区三资融合办召集设计单位按照会议要求优化方案；召开项目首期施工招标工作协调会议，落实工程规划许可、图纸审核、造价咨询、工程量审核等工作。

根据《广东省发展改革委关于申报第二批专项建设基金项目的通知》精神，总部科技园有限公司申报项目被省发改委批准立项并成为2015年国家发改委稳增长项目中全市第一、二批唯一入围项目。总部科技园有限公司保持与广州银行、交通银行、华夏银行等进行项目融资贷款合作并启动首期贷款上报审批程序。为使高新创智城享受省政府有关科技孵化器政策，区三资融合办拟出《关于江门高新创智城项目有关问题的请示》请示市政府。经市直有关职能部门研究，同意把高新创智城认定为市级科技孵化器、位于江门高新区44号地块的高新创智城项目被认定为市级科技企业孵化器建设用地项目，项目开发、建设、经营按照科技孵化器政策执行；载体房屋按照幢、层等有固定界限的部分为基本单元进行产权登记并出租或转让。

【江门高新区管理委员会领导名录】

主　任：梁许赞

常务副主任：周惠红

副主任：庞正华，何腾，黄伟权，任安良，谢清，黄月嫦（任至4月）

【江海区人民政府领导名录】

区　长：周惠红

副区长：庞正华，吴刚，唐建安，陈焕溪，刘晓蓉，陈诚，黄月嫦（任至4月）

中国人民政治协商会议江海区委员会

【三届五次会议】　1月28日—29日，召开区第三届委员会第五次会议，会议审议通过区政协常委会工作报告和提案工作报告；列席区人大九届五次会议，听取并讨论《政府工作报告》及其他报告。会议期间举办“委员论坛”，8名民主党派、工商联代表发言；会议对三届四次全会的优秀提案进行表彰。

【常委会会议】　1月20日，召开三届十二次常委会议，听取区政府、区纪委监察和审计局、区法院、区检察院2014年工作情况通报，研究人事任免问题和区政协三届五次会议有关事宜。

1月29日，召开三届十三次常委会议，讨论区政协工作报告，确定增补区政协常委候选人名单，审议总监票员、监票员建议名单（草案），审议通过会议期间提案审查情况报告；通过大会决议（草案）。

8月7日，召开三届十四次常委会议，听取全区上半年经济社会发展情况通报，视察高新区综合服务中心、高新区创新创业基地、清华启迪孵化器和江中珠游艇会。

【主席会议和党组会议】　1月4日，召开党组会议，通报区党政班子会议精神、传达市政协常委会精神、研究黄友柏到龄退休问题。

1月19日，召开三届十九次主席会议，研究区政协三届十二次常委会议事项、联络组组长任免、表彰优秀提案事项、区政协三届五次会议及其筹备工作和区政协机关年终总结工作事项。

2月12日，召开党组会议，研究2014年度考核问题。

3月5日，召开党组会议，传达区党政班子联席会议精神，研究修改区政协季度工作安排和近期赴港招商工作。

3月19日，召开党组会议，研究赴澳门召开招商座谈会事宜和香港五邑侨乡联谊总会活动。

3月25日召开党组会议，确定区政协“一号提案”和重点提案，研究赴澳门召开招商座谈会事宜、赴香港参加华港新会商会第59届董事就职典礼和区政协机关办公室调整安排。

4月10日，召开党组会议，研究办公室整改和赴港参加香港工商总会5月15日举行第16届执行委员会就职典礼暨会员联欢晚会。

4月30日，召开党组会议，研究第二季度开展全征地村经济发展调研、全市政协主席会议筹备工作、开展民主党派季度调研和精准扶贫工作；传达省委巡视组到江海区巡视有关事宜。

5月26日，三届二十次主席会议，传达区委常委及有关工作会议精神和筹备“三严三实”学习动员会，调整区政协领导班子成员的分工。

6月8日，召开三届二十一次主席会议和党组会议，传达全区6月5日巡视工作会议精神，研究梁许赞书记到区政协调研时提出的工作要求和筹备全市政协主席座谈会相关工作事宜。

7月6日，召开党组会议，研究全市政协主席座谈会有关准备工作。

7月20日，召开三届二十二次主席会议，通报上半年区政协工作，研究港澳委员通报工作会和港澳委员回乡视察活动。

8月3日，召开党组会议，通报上半年全区经济社会发展情况；研究赴香港和澳门通报工作事宜；筹备召开协调会、协商香港通报会筹备工作。

8月24日，召开党组会议，确定由郑仕进负责跟进汽摩一条街及城建执法专项工作，向港澳委员通报上半年社会经济发展情况，研究纪律教育月活动。

9月24日，召开三届二十三次主席会议和党组会议，研究区政协领导班子调整分工、民主党派季度调研活动、区政协委员增补事宜和机关车改工作。

10月15日，召开党组会议，研究增补区政协第三届委员推荐名单和香港委员联络组到新兴县参观委员企业事宜、组织区政协书画院赴港雅集联谊活动事宜、举办高新好声音歌唱大赛及“政协杯”中小学生象棋赛有关事宜、有关人事问题和机关车改事项。

11月4日，召开党组会议，传达市政协《五邑侨胞耀中华》征集工作会议精神，研究赴港澳协助统战部考察增补港澳委员候补人选。

11月16日，召开党组会议，传达全省政协工作经验交流会精神；研究明年工作计划；通报与各民主党派协商关于增补区政协第三届委员、常委的情况；任邝华芳为区政协妇工委会主任；研究区重点工作雪峰寺建设和公车管理制度以及民进江海总支委员会赞助《弟子规》3000册给区教育局等。

12月14日，召开党组会议，筹备区政协三届六次全会工作事宜和全会经费问题、民主生活会有关事项。

12月31日，召开三届二十四次主席会议和党组会议，研究召开民主生活会和筹备三届十五次常委会事宜。

【民主协商】 召开增补区协第三届委员、常委协商会议，提出增补委员18名，其中因工作需要替补的1名、新增17名，中共4名，非中共14名，上述18名人士如获得通过，共有委员180名。增补区政协常委3名，其中中共1名、非中共2名。上述3名人士如获得通过，共有常委49名，并对增补的区政协委员、常委建议名单的人员情况进行通报。

【调研工作】 开展全征地村集体经济和村民就业专题调研，走访部分全征地村（居），通过召开座谈会和访谈群众，形成调研报告，就发展全征地村（居）经济和解决好村（居）民就业，加快城市化发展问题向区委提出建议意见。联合区委统战部、区域各民主党派坚持开展季度调研活动，包括由农工党江海总支委员会牵头，开展“高新区工业设计与创新研究”专题调研，对促进工业设计发展，促进企业和设计机构、设计人才的对接问题建言献策；区政协、区委统战部组织区域民主党派开展“加强城区乱搭乱建现象综合整治研究”专题调研；区政协、区委统战部与区域民主党派组织的城市综合执法研究的第39次季度调研活动。市政协江海联络组通过调研，撰写《关于改造扩建五邑路的建议》，提出扩建改造五邑路承接江门大道辐射的建议。该建议提案得到市公路局的重视，经市长办公会议研究通过项目以PPP模式筹资扩建。会同区政协外海联络组对外海街道聚贤坊（进士、举人碑林）旅游项目进行调研，为打造文化名镇提出建议意见。市、区政协陪同澳门发展创思中心区域合作考察团到珠中江游艇会和光博汇进行考察；参与市政协到江海区进行社区养老制度化建设专题调研；市、区政协组织港澳客运码头开展“擦亮江门对外服务窗口重振我市港澳客运码头活力”专题调研；陪同省政协外事侨务委副主任李廷辉带领的调研组在区内开展“加强华侨权益保护立法建设”专题调研。各专委会围绕全区经济社会问题开展调研，包括曙光物流、德邦物流等物流企业实地调研；在社区开展平安创建工作专题调研。

【视察活动】 贯彻区委开展“暖企”行动的部署，先后到区内重点企业、委员企业开展视察及调研，听取企业的意见建议，撰写《区政协访谈企业系列》简报12期并报区委区政府。组织区政协港澳委员回乡开展参观视察活动。

【政协委员约见区长座谈会】 10月9日，召开区长约见政协委员座谈会，围绕“加快城市化进程开展交通道路建设大会战”问题，听取人大代表和政协委员的建议。

【民主监督】 区政协领导分别深入挂点联系的社区，协助社区解决工作中遇到的实际困难，参与创文入户宣传、清除城市“牛皮癣”、上街打扫卫生、文明劝导等行动；结合“为邑增辉”创文活动等，深入社区，面对面听取居民代表意见，处理群众提出的诉求，并组织政协委员在农贸市场、广场等地以“摆摊”形式集中听取和处理群众意见；安排委员参与每月定期创文督办评估，参与“两代表一委员”定期接访活动，安排政协委员在区党员服务中心接待来访群众；听取区经济社会发展情况通报和区纪委监察局、区法院、区检察院工作情况通报。安排委员参与行风评议80多人次。

【提案工作】 区政协通过定期召开提案办理情况通报会，争取相关责任单位通报提案办理进度的方式，配合做好提案办理工作。在区政协三届五次会议上，收到提案并立案19件，其中《关于抢抓机遇加快建设高新区电子商务产业园的建议》为“一号提案”，《关于切实加大高新、江海区水环境治理力度的建议》为“重点提案”。

【反映社情民意】 为发挥区政协委员在政协全会闭会期间的作用，出台《关于加强社情民意报送工作的意见》，运用市政协《政协信息》平台反映社情民意7篇。

【文史和宣传】 联合区委宣传部开展“高新好声音”活动，展现高新（江海）新形象；刊发《江海画报》4000多份，向社会各界、港澳团体推介展示高新（江海）；运用《江门日报》、《江海画报》、政务网站等媒体，加大对区政协工作的宣传力度。全年发布工作简报54期，《江门日报》刊登通讯6篇，在政务网站发布信息100多篇。

【学习交流】 开展区委书记和区长约见港澳委员座谈活动、向港澳委员通报区经济社会发展情况、组织港澳委员回乡视察等活动，促进港澳委员对两区发展进一步了解支持；赴香港与香港传统文化交流协会开展联谊雅集活动，加强文化交流，进一步加强高新江海与香港联系，扩展各界交流搭建平台，增进友情；接待兄弟县区政协到江海区开展学习考察，互相交流，听取意见、建议；坚持定期走访区域民主党派，就全区各项工作听取各民主党派的意见建议。

【委员之家互动平台】 发挥全省政协“委员之家”网络平台的作用，组建“委员之家”网络互动平台特约评论员队伍，开展专题培训，推广网络平台的使用，拓宽委员参政议政的层面和渠道。

【政协林活动】 区政协三届五次全会期间，区政协委员筹集资金8万多元，用于“政协林”的认种、认养。开展“政协林”义务植树活动，区政协委员、滘头街道办干部共40多人在在滘头街道渔山公园种植桂花树150多棵。

【一号提案督办】 组织区有关政协委员及部门对2015年的“一号提案”办理情况进行视察督办，并对2014年“一号提案”进行“回头看”活动。在各方的努力下，江海区电子商务产业有较大的发展，引入“江门电商谷”和阿里巴巴产业带平台2个项目，建立江门市跨境电子商务快件分拣清关中心等。

【文化交流活动】 举办江海区第二届书法擂台赛，以综艺晚会表演形式开展，把传统展厅观赏的书法艺术搬上舞台，以发掘书法艺术人才；联合区教育局开展第十届“文昌杯”青少年书画比赛；组织区政协书画院书法家在春节前到街道社区开展义务赠挥春活动，20多名书法家现场挥毫；联合区教育局组织开展“诵读《弟子规》、弘扬传统国学”活动，向区内各中小学赠送《弟子规》3000本；举办2015年“江海政协杯”中小学生象棋比赛。

【学习交流】 3月17日—18日，派员参加香港葵青工商业联会春茗晚宴。

3月22日—23日，派员参加香港台山商会举办的第21届理监事暨会员春节联欢大会。

3月30日—31日，派员参加香港江门五邑侨乡联谊总会活动。

4月18日—19日，派员参加香港侨港新会商会第59届董事就职典礼大会。

4月24日，区政协副主席林锦集陪同市政协副主席马跃敏，澳门发展创思中心区域合作考察团到珠中江游艇会和光博汇进行考察，探讨交流澳门与江门两地合作事宜。

5月14日—16日，派员参加香港油尖旺工商联会第4届会董局就职典礼和香港工商总会北区分会第16届执行委员会就职典礼。

5月22日，派员参加侨港新会商会第59届董事回乡联谊大会。

8月20日—21日，区政协主席梁镜波，副主席冼坚业、林锦集，秘书长何国祥赴香港向香港联络组通报高新区江海区上半年经济社会发展情况并参加香港江门同乡会第17届理监事就职典礼暨创会34周年会庆。

11月2日—3日，组织区政协委员港澳联络组开展回乡视察活动。

11月26日，湛江市赤坎区政协到江海区跨境电子清关分拣中心学习考察。

【政协江海区委员会领导名录】

主　席：梁镜波

副主席：李光明，冼坚业，林锦集，肖汉华

人民团体

REN MIN TUAN TI

江海区总工会

【帮扶助困】 春节期间慰问困难职工200名，慰问资金10万元。由恒健制药厂、市总工会各出资5万元扶助市第11中学、滘头小学和阳光学校的困难优秀学生。安排10万元资金帮扶困难环卫工人和治安队员100名；安排31万元资金帮扶困难职工233名。动员全区工会会员捐款慰问荣信公司因火灾遇难职工的独生女儿。全年共筹集64万元对困难职工1400多名进行帮扶、助学1100多名困难职工子女。

【签订劳动集体合同】 全年新签集体合同55份、续签40份。累计签订550份，涵盖法人单位2300家、职工78000人；行业性集体合同2家（礼乐制衣行业和礼乐腊味行业）。500人以上签订集体合同的有江门江星电子、西铁城、健威国际家具、健威家具装饰、健威凯利等企业。

【指导成立劳动争议调解机构】 通过项目化管理的方式，促进企业成立劳动争议调解委员会，其中吉华光电、龙霸顺兴、西铁城等10家公司率先建立劳动争议调解委员会，机构的建立使企业的劳资纠纷得以内部解决。

【工会组织建设】 全区基层工会684个，涵盖单位3268家、工会会员10万人，其中农民工会员7万人。独立基层工会比增33个，会员比增3.5万人。整合江南片工会组织管理体系。江南、滘头、滘北街道合并为江南街道，原3个街道工委会合并为江南街道工委会。督促基层工会完善工会组织，建设“六有”（有依法选举的工会主席、有服务职工的活动载体、有独立健全的组织机构、有健全完善的制度机制、有自主管理的工会经费和有会员满意的工作绩效）工会。至此，全区345家企业工会、22个区直机关单位工会和3个街道工委会建立工会独立账户，建账率80%。加强村居工会联合会建设，支持街道工会工作委员会评选先进村居工会。

【劳动竞赛活动】 举办首次叉车司机技能竞赛，进入决赛的为15家企业工会的25名员工，高新华众公司2名选手荣获冠、亚军。安排威铝公司职工代表江海区参加市总工会和市人社局举办的数控比赛。通过竞赛活动，鼓励员工学习增进技能。继续协助省总工会实施“工会培优计划”，对取得相关证书的职工按照初级工300元，中级工、高级工400元，技师、高级技师500元的标准发放补贴。全年获得等级证书80人，补贴3.31万元。

【创新工作室】 年内，量子高科公司、优巨新公司成立劳模（职工）创新工作室。至此，全区共有创新工作室7家。

【劳模推优评选】 推选技术创新型省级劳模2名，量子高科的张海花、地尔汉宇的郑立楷被授予广东省劳动模范荣誉称号；安诺特炊具公司工会女职委获得广东省总工会女职委先进集体称号。年内，组织全区各级劳模28人到江门市重点工程建设项目台山核电合营有限公司交流学习活动；组织基层工会女职委干部参观开平健之源食品保健公司工会的职工之家和开平碉楼。

【职工文体活动】 举办区直机关工会会员毽子比赛，27支队伍、135名工会会员参加。联合区妇联举办“庆三八展风采”拔河比赛、派员参与市总工会女职委主办的庆“三八”趣味拔河比赛，金钻辉公司荣获区比赛第2名、安诺特公司荣获市总比赛第2名。

联合区文化广电体育局、区工商联等部门举办江海区“体彩杯”运动会，项目包括篮球、羽毛球、乒乓球和校园5人足球，参赛队伍40多支，其中JBA篮球赛有24支企业队伍参加。联合有关单位发动职工参加“高新好声音”歌唱大赛。举办未婚男女青年交友联谊活动，包括组织江海区女青年50多名参加市总工会举办的“勇敢说爱，快乐脱单”大型同城相亲大会。联合团区委、区妇联和工商联等部门主办“缘定高新，牵手幸福”高新江海大型互动式交友活动，40多个基层工会300多名男女青年参加。外海街道工委会举办职工第一届羽毛球比赛和职工亲子游戏活动，组织企业职工到佛山市参观学习；礼乐街道工委会举办青少宫亲子培训班、工会业务培训班，组织企业工会主席到浙江大学培训；江南街道工委会举办书画展览，定期组织工会主席茶话会议。

共青团江海区委员会

【青联工作】 落实江海区青年联合会沟通联系机制，每季度组织1次区内青联委员聚会座谈，组织青联委员特别是企业界青年代表为江海区经济发展和自身企业的发展建言献策，加强青联会员企业之间的交流合作，以交流促合作，通过青联活动“走出去”“引进来”，发挥青联平台在服务江海区经济社会发展中的作用。

【义工工作】 团区委、区义工联构筑青年志愿服务站、党员义工服务站、志愿服务e站、基层社区志愿服务站等阵地体系，以“服务基层、服务企业、服务群众”为导向，通过政府购买服务引入向阳花青年社会服务中心进驻并运作青年志愿服务站，打造义工“一站式”服务门店，开设“积分银行”“种子计划”服务项目，为反馈志愿者和青年社会组织提供服务。联合区委组织部为党员义工服务站添置设备，引进同善社会综合服务中心进驻运营，为党员义工提供活动咨询、健身锻炼、技能培训和交流学习等服务。白水带志愿e站在下班时间和周末为登山游人、景区游客提供手机充电、休息、指引等服务，在节假日为群众提供交通疏导、环境保洁、后勤保障等服务，定期开展主题志愿服务行动。开展“邑邑生辉”志愿服务行动，指导各社区培育志愿者骨干，协助社区聘请热心居民参与社区管理，鼓励社区引进社工机构以实现社区志愿服务长效化、专业化。全年6个社区获得市优秀社区志愿服务项目，占全市评选总数15个的40%，其中江南街道仁美社区获得全市总成绩第一。

【青年文化节活动】 以“情系高新”为主题开展青少年文体互助服务行动，面向亲子家庭开展“亲子义工服务队成立8周年庆典”“浓情中秋，情系贫困儿童”“情系白水带，争做洁城小能手”等活动，面向社会青年开展“健步走马拉松大赛”“青年篮球联赛”“五四青少年书画大赛”等活动，面向困难学生开展“我的中国梦·青春七彩梦”高新区江海区福彩夏令营，团区委首次把精准扶贫对象纳入爱心助学金颁发会，筹集助学金43.6万元资助全区389名困难学生。面向企业和工业园区推进“义工服务企业团队建设”“义工服务传递员工正能量”“义工服务关爱外来工子女”“义工服务引导社会责任”四大工程，为企业在文化建设、员工素质提升、家庭子女关怀和企业责任建设等方面提供专业社工服务，先后在安诺特、荣信、科恒等18家企业开展心理讲座、户外拓展、舞蹈培训服务。通过“粤团聚一缘定高新牵手幸福”交友联谊等活动和服务，引导光电行业协会、盈悦纸品、活力五金厂等企业成立团支部。

【扶困助学】 按照扶贫开发“规划到户，责任到人”的工作部署和“授之与鱼不如教之与渔”的帮扶思路，开展“爱心助学”，以结对扶助特困家庭子女读书的方式协助完成学业。在区慈善会的支持下，困难户子女纳入爱心助学体系，270名困难中小学生、94名困难大学生得到结对资助。会同区委组织部、团区委、区妇联、区慈善会联合举办“党群共建三服务”慈善爱心助学助困金颁发活动。

【团组织建设】 整合高新区企业园区、高等院校、机关事业单位、社会组织等团属资源，推动区一级优秀团组织共建，建立区域化的青年服务、资源整合、活动共联、信息共享机制，以更广泛发动的途径开展服务青少年的活动。以区域共建模式建立街道一级区域共建委员会，形成区、街道纵向共建体系，激发基层团组织、优秀团组织、非公团组织的活力。在外海街道五大祠广场举办“共筑高新梦，志愿在行动”青年志愿公益广场秀活动，整合街道团委、区直机关团支部、“两新”（新经济组织、新社会组织）团组织等50多个团组织在现场设摊服务群众。联合“一起玩”亲子群、同善社会服务中心、江海区跆拳道协会等社会团体团支部分别在外海茶庵寺体育公园和江南文化广场举办义卖筹款活动，为外海中学患病学生伍颖雯和第11中学患病学生连辉江筹得善款11.1万元。8月3日，成立外海街道青年区域共建委员会，打造区域化团建省级示范点，加强政府事业单位、行业协会、社会团体、规模企业团组织之间的沟通交流，形成区域共建的品牌活动，在年终全市区域化团建工作考核中获得一等奖。2015年，全区团支部405个、团员6143人。

【成人宣誓日系列教育活动】 相继在各中学举行成人宣誓系列活动。开展党史、团史、队史学习和教育，提高学生对队、团、党的认识和归属感。以重大活动、重大事件和重大节庆为契机开展主题教育活动，在青少年中大力弘扬社会主义核心价值体系，教育和引导青年学生树立崇高理想和正确的世界观、人生观、价值观，增强青年学生步入成年的光荣感和责任感，在青年学生中宣传和增强青少年的公民意识和社会责任感。

【青年职工技能培训和青年科技行动】 推进青年就业创业见习工作建设，响应团省委“展翅计划”的开展，为帮助大学生增强就业创业能力，2015年大学生“展翅计划”实习见习行动涉及文秘、会计助理、档案管理等工作岗位300多个，吸引300多名大学生投递简历400多份次，经过用人单位的择优筛选，72名大学生实现暑期“就业”。联合人力资源、社会保障、信息科技、党校等部门，通过“农村信息直通车工程”针对农村和企业青年组织开展相关培训，先后在安诺特、荣信、科恒等18家企业开展心理讲座、户外拓展、街舞培训、青春交友等培训项目。

【非公有制企业团建】 按照上级团委要求开展“两进三同”（走进基层、走进青年，与青年同劳动、同学习、同生活）系列活动，开展非公有制企业团建，以广泛的方式联系青年。发挥“青春江海”“江海区青少年宫”微信平台作用，借助新媒体与团员、青年交流沟通，了解青少年的想法和诉求。组织各企业联合开展“圆梦计划宣传活动”“志愿服务进工业园区”“金秋交友”等活动。开展进企业、走村居、走基层，深入各建团企业走访调研，采取联建、依托建等灵活的方式建立团组织。全年建设非公企业团支部3家，“两新”团组织11家。

江海区妇女联合会

【实施妇女儿童发展规划】 根据2014年监测统计资料，全区实施《妇女发展规划》妇女规划监测项目七大领域71个主要目标中，54项指标提前达标、13项预期达标，达标率78.26%。《儿童发展规划》儿童规划监测项目五大领域40个主要目标中，27项指标提前达标，10项预期达标，达标率72.97%。

【巾帼建功活动】 全年创建省级“巾帼文明岗”的有礼乐街道新联小学、江南街道中沙社区；市级“巾帼文明岗”的有外海街道卫生计生局、滘头街道银城社区；区级“巾帼文明岗”的有外海街道永康社区、江门市江海供电局营业部营业二班共6个单位，通过创建活动，在岗位中培养人才，在人才成长中增长效益。全年全区巾帼文明岗103个，其中国家级岗3个、省级岗21、市级岗39个、区级岗40个。国家级“巾帼文明岗”江海区国家税务局税务服务厅获得2015年广东省“三八红旗集体”称号。

【增收致富支持行动】 进一步推进“妇联+银行+妇女”的工作模式，全年为7名城乡妇女发放妇女小额担保财政贴息贷款78万元、贴息4.69万元。做好贷款使用监管和跟进还贷工作，项目到期还款12人，全部按时还贷，贷款回收率100%。该项目自2012年实施以来，为36名城乡妇女发放妇女小额担保财政贴息贷款341万元，促进300多名妇女创业就业。礼乐街道女能手吴庭晓通过自主创业开办一间占地50亩的生猪养殖场，2015年申贷资金30万元投放生猪养殖业取得良好的经济效益，创办的礼东锦成养殖场创建成为“江门市巾帼创业示范基地”。

【家庭教育】 全区各类家长学校129个，其中依托中小学校建设的家长学校27个、幼儿园家长学校39个，村、社区家长学校62个；成立家庭教育讲师团，拥有讲师团成员35名。利用家长学校、社区学院和社区教育学习站等阵地，举办家庭教育大讲堂进社区、村25场次，各级妇联举办各类亲子日活动100多场次，惠及2万多名家庭儿童。召开家庭教育大讲堂进学校、进社区（村）项目研讨会。建立江海区家庭教育工作联系会议制度。

【基层组织建设】 根据省、市妇联对村（社区）妇代会改建妇联工作的意见开展专题调研。结合《中共中央关于加强和改进党的群团工作的意见》《全国妇联关于加强服务型基层妇联组织建设的意见》要求，出台《关于在全区开展村（社区）妇联建设工作的实施方案》，按照“试点先行，以点带面，整体推进”的工作原则，把党组织重视、基层组织建设基础良好、经济和社会组织形态丰富、妇女群众参与意识强的村（社区）确定为有条件进行妇代会改建妇联工作的村（社区）试点，并把“妇女儿童之家”建设工作纳入全区“邑家园”建设工作计划。

【家庭文化建设】 以弘扬家庭美德、培育良好家风为主题，综合运用媒体，开展家庭道德讲堂、家风故事分享、“最美家庭”进社区等活动，结合“三八妇女节”“母亲节”“六一儿童节”等节日把“最美家庭”的故事分享给群众。通过在外海街道墟镇社区、江南街道仁美社区等村社区举办“最美家庭”进社区宣传活动，推荐的王坚家庭获得广东百户“最美家庭”荣誉称号、马均贺家庭被评为江门市“最美家庭”荣誉称号。

【慈善公益活动】 全区各级妇联组织9个爱心商家、6支巾帼志愿服务队和亲子义工服务队共150多人参与江门市“关爱母亲温暖儿童”慈善义卖活动，筹款30130元。外海街道妇联筹建成立“龙溪爱心桥”互助会慈善项目，年内发放爱心帮扶金15万元，帮扶单亲、重疾、特困母亲和困境儿童80户。

【帮扶困难妇女儿童】 联合区慈善会开展“爱心父母”牵手“困境儿童”志愿行动，设立江海区慈善会“困难妇女儿童帮扶”专户，以“新生命·新希望”救助重症妇女儿童、“幸福妈妈乐安居”“援建母亲安居房”“幸福手牵手”“帮扶困难妇女发展生产”为内容开展工作。外海街道妇联成立“龙溪爱心桥”互助会慈善项目，搭建平台帮扶困境妇女儿童。联合市关工委、市老年学学会、区慈善会、团区委、区关工委、江海区女企业经营管理者分会等部门、团体，举办“情暖江海”关心留守流动儿童春节慰问、外海茶庵寺春节送温暖、江海区“六一”助学慰问进校园、江海区女企分会“六一”进市福利院慰问儿童、“党员共建三服务”（党的上级组织为基层服务、党的基层组织为党员服务、党的各级组织和党员为群众服务）慈善爱心助学助困颁发会、“邻里守望姐妹相助”巾帼主题志愿送温暖等活动10多场次，筹集善款88万元，帮扶困难妇女儿童659人，其中救助重大疾病妇女儿童49名、帮扶贫困妇女发展生产20名，其他困境妇女儿童（含孤儿）590名；为9317名妇女进行“两癌”（宫颈癌和乳腺癌）免费筛查。

【“三八”节联谊交流】 “三八”节期间联合区总工会举办“同庆三八共展风采”拔河比赛。联合区总工会、团区委、区工商联举办“缘定高新牵手幸福”交友活动，600名青年参与线上线下交友平台互动，吸引40家企业300多名员工参加。

【妇女之家示范点】 整合各种资源和条件，加强全区“妇女之家”建设和省、市级“妇女之家”示范点的建设，争取区、街道两级妇联组织购买公益岗位纳入政府财政预算，充实服务妇女儿童的工作力量，开展“下基层、访妇情、办实事”活动，切实当好妇女群众的“娘家人”。至2015年，全区创建市级“妇女之家”7个，省级“妇女之家”9个。

【儿童友好示范社区创建】 通过筛选对符合“儿童友好示范社区”的社区（村）进行督导，外海街道墟镇社区、礼乐街道武东村、江南街道新中社区和滘头街道永明社区等4个村、社区通过市的检查验收；外海街道银泉社区创建成为“省级儿童友好社区示范点”，被省妇联作为示范点经验向全省介绍推广。至此，全区创建市级儿童友好社区13个，省级“儿童友好社区”2个。

【平安家庭创建】 与区平安办、区文明办合举办“五好文明家庭”（爱国守法、热心公益好；学习进取、爱岗敬业好；男女平等、尊老爱幼好；移风易俗、少生优育好；勤俭持家、保护环境好）评选活动，以家庭为参评主体，采取家庭自评、群众评议、基层推荐、逐级报批的办法，评选“五好文明家庭”2600户，把“五好文明家庭”占户籍家庭数比例提高至32%。江南街道文宝健、张健壮2户居民荣获江门市“示范平安家庭”称号，外海街道金溪社区荣获广东省“平安家庭示范社区”称号。

【童书馆项目申报】 年内，推荐外海中心幼儿园、礼乐文昌幼儿园、江南幼儿园、盛辉幼儿园、江海区机关幼儿园等5间幼儿园申报“巧伶珑”童书馆项目，创建广东省“书香幼儿园”实验基地，免费为孩子和家长们提供优质的阅读指导服务。

江海区工商业联合会

【工作职能】 江门市江海区工商业联合会（下称江海区工商联）挂靠江海区委统战部。江海区工商联是中国共产党领导的面向工商界、以非公有制企业和非公有制经济人士为主体的人民团体和商会组织，是党和政府联系非公有制经济人士的桥梁纽带，是政府管理和服务非公有制经济的助手。按其章程运作，主要职能包括发挥在非公有制经济人士思想政治工作中的引导作用，在非公有制经济人士参与国家政治生活和社会事务中的重要作用，在政府管理和服务非公有制经济中的助手作用，在行业协会商会改革发展中的促进作用，在构建和谐劳动关系过程中的积极作用。

【机构设置】 江海区工商联核定群团机关事业编制3名，设专职副书记1名（副科级）。主席（会长）刘心学；党组书记（专职副主席）吴殿晖；专职副书记邝红德（上半年）、骆毅豪（下半年）；秘书长李贵明。另设秘书2名。

【基层组织】 2015年在外海、礼乐、江南3个街道设置外海商会、礼乐商会、江南商会；全区现有区餐饮协会、区食品行业协会、江海个体私营协会和江门市照明电器行业协会、江门国家高新区光电行业协会。

【重要会议】 1月23日，召开三届四次执委会。区领导梁许赞、周惠红应邀出席会议，区工商联全体执委100人参加会议；会议邀请省政府发展研究中心党组成员巡视员李鲁云博士对2015年经济发展作专题讲座。

【交流联谊】 组织副主席以上成员23人赴澳门参观澳门大学新校区，拜会澳门江门同乡会，与澳门工商联企业家互相交流。

【调研活动】 组成调研组先后到江南商会、礼乐商会、滘头商会、外海商会、滘北商会、市照明协会、区光电协会、腊味协会、区个私协会、区餐饮协会会同街道分管领导召开座谈会，听取商会、协会的工作情况汇报。按照省、市工商联中小微企业监测工作方案通知要求开展中小微企业监测工作，全面掌握中小微企业整体运行情况，经过甄选确定3家企业为监测点，建立联络制度，要求监测点企业按时上报相关数据，形成上下联动的反馈机制。

【基层商会协会】 区工商联每年出台《关于商会、协会工作管理指导意见》引导基层商会、协会开展工作，以提升基层商会、协会的影响力和服务能力。全区5家基层商会和6家行业协会中，江门照明电器协会取得5A级认证，区个私协会取得4A级认证。

【五好县级工商联创建工作】 2014年起，区工商联根据全国工商联推行县级“五好”工商联建设的工作要求，以“坚持五好标准，强化工作职能，建设有为商会”为目标，全面铺开创建五好县级工商联工作，认真对照“领导班子好，会员发展好，商会建设好，作用发挥好，工作保障好”标准要求，创新服务理念，着力优化为会员企业服务的质量和效率。经过努力，2015年江海区工商联被评为广东省五好工商联，并作为广东省推荐的县（区）级工商联示范单位接受全国工商联的检查，得到国家检查组的好评。

【会员队伍】 区工商联第三届执委会成员99名，其中主席1名，由江门市安诺特炊具制造有限公司董事长刘心学担任，副主席45名、秘书长1名、委员52名。共有外海、礼乐、江南、滘头、滘北5个街道商会，实现了镇街商会全覆盖，并有区餐饮协会、腊味协会、个体私企协会、市照明电器行业协会、高新光电协会、江门民营投资商会等6个行业商（协）会，与泰人华裔协会、广肇商会、印尼商会、东盟慈善基金会、贵州省惠水县总商会、独山县总商会等结成友好商会。区工商联现有团体、企业和个人会员671个，主要分布在五金、机械、家电、绿色光源和灯饰、建材建筑、纺织服装、精细化工、电子材料、房地产、食品、餐饮娱乐等行业中，涵盖全区非公有制经济中各行业的龙头企业。

【慈善公益活动】 区餐饮协会协助区政府推进江海区“食用油放心工程”，主导建立起江海区餐饮企业食用油统一采购、进货查验记录制度，对食用油实行“统一采购—查验登记—配送到企业”一条龙服务，从进货源头杜绝假冒伪劣食用油流入餐饮企业。在市、区两级的慈善公益晚会上，区工商联会员捐款230万多元。江海区工商联会员企业通过区、街、村级慈善机构捐款1000万元。区工商联会员企业捐资办学，包括外海商会捐资兴办东南小学。

【参与社会管理】 深入开展“特约社管专员”工作，与区委维稳办、区信访局建立工作联动机制，从基层商会协会秘书长以上负责人中聘任特约社管专员44名，建立起区、街道两级“特约社管专员”队伍，充分发挥商会特约社管专员在会员中成型高、人缘好、职能广的优势以商会为平台开展矛盾纠纷的排查、化解工作，共建和谐劳动关系、会员关系、人际关系，促进社会和谐，年内参与解决各类矛盾纠纷20多宗。成立“更新人士”就业中心，与江门监狱、区司法部门协调采取个别引导、个别安排、个别跟踪服务等措施，推荐20多名“更新人士”到会员企业就业，为“更新人士”尽快回归社会创造条件。被市工商联评价为“迈出了司法部门、统战部门以及工商联共同协作的新创举”“江海区工商联更生人士就业中心的做法值得推广”。

【非公有制经济党建】 区工商联协助区委组织开展非公党建工作，扩大非公企业党建覆盖面。至此，基层商会、协会以及会员企业现成立85家党组织，党员共1085人。基层商会全部组建党支部。

江海区残疾人联合会

【完善残疾人社会保障体系】 推动事权财权下放，把包括低保残疾人生活津贴和重残护理补贴在内的各类津补贴发放工作移交各街道实施。连续2年的“两个补贴”发放工作纳入江海区政府考核目标任务，全年享受以上优惠政策的残疾人2194名。建立补助公示制度，每月全区新增的补助对象名单向社会公开，接受群众监督。落实符合条件的智力和精神重度残疾人参加城乡养老、医疗保险享有的政策优惠，做到应保尽保。

【康复服务】 依托市残联康复医院、市第三人民医院、新会新希望眼科医院等医疗资源，全年有效开展康复服务672人。其中白内障复明手术89名、肢体残疾人康复训练55名、0—6岁残疾儿童康复救助25名、残疾人辅助器具适配60名、精神病患者免费服药332名、精神病急性住院62名、残疾人居家康复服务49名。委托社工机构开展残疾人康复服务档案建档工作，为全区2838名服务对象建立康复服务档案。全区5个社区康园中心设置残疾人家属支持服务项目，开展康复知识宣教、家长培训等服务。联合区卫计局开展残疾人免费体检活动，资助952名残疾人实施免费体检。

【托养服务】 在区残疾人托养服务中心设立政府供养助残床位35个、自费助残床位25个，委托社工机构开展点餐式居家托养服务项目，为66名残疾人分别开展家政服务、康复护理、生活照料、情感调适等5大类17个小项居家托养服务项目。印发《江海区社区康园中心规范化建设实施方案》，规范江海区康园中心的建设和服务标准，全区4间康园中心打造成具备辅助就业、技能训练、日间照料、康复功能训练、康乐文体等五位一体功能的新型综合性服务平台。

【残疾人教育】 实现全区残疾学生教育阶段补贴全覆盖，为符合相关教育优惠政策的164名残疾学生及残疾人子女发放各类教育补贴9万元；委托社工机构实施“送教上门”项目，对部分重度残疾不能到学校接受正常教育的学生改善学习、交流及其家属的护理能力会同区教育局帮助10名重度残疾儿童建立学籍档案。

【残疾人创业就业】 依托社工机构继续通过4H就业服务平台，开展残疾人职业指导、技能培训、居家就业、创业扶持等四位一体服务。全年开发创业扶持产品7个，开展企业残疾员工职场培训111人次、残疾人技能培训503人次、职业指导106人次，推荐残疾人到企业就业24人、实现居家就业84人。组织义卖活动9场。以征收残疾人就业保障金为手段，推进辖区企业吸纳残疾人按比例分散就业，鼓励区内福利企业为残疾人提供平等的生产环境、人性化管理和个性化培训。

【扶危助残】 向昌兴关爱基金、五邑慈善会、江海区慈善会等慈善机构筹集善款65万余元，帮助困难残疾人解决就学、医疗、生活等方面的问题，全年有87名残疾人受惠。安排专项资金用于临时救助因病、突发变故陷入生活困难的残疾人。通过春节、中秋节和助残日等节日开展家庭生活困难的残疾人群慰问活动，慰问残疾人737名，慰问金额25.3万元。

【扶残助残宣传】　在新浪微博平台建立残联官方微博账户，在腾讯微信平台创建启爱驿站微信公众号，向全社会宣传全区残疾人服务工作的开展情况。全年残联官方微博发布各类扶残助残工作信息230余篇，微信公众号吸引观众3700余名。在全区残疾人中组织开展“我为自己代言”微信评选活动，促进社会对残疾人的关注。定期出版《江海残联画报》《江海残联信息》，宣传残联工促进各级残联组织与区直各部门、各街道、各村居委会的沟通联系。利用全国助残日、大型慈善公益会演等活动阵地，拍摄各类公益宣传短片，广泛宣传扶残助残工作。

【组织建设】　全面下放基层残疾人专职委员队伍管理权限，出台《江海区村（居）残疾人专职委员管理办法（试行）》，理顺各街道、村（居）残疾人专职委员人事管理问题；建立专职委员量化考核指标体系，对基层残疾人专职委员队伍各项工作进行规范化、科学化、绩效化考核。

江海区文学艺术界联合会

【机构设置】　2013年2月，江门高新区党政办、江海区委办联合印发《中共江门高新技术产业开发区工作委员宣传部（中共江门市江海区委宣传部）机构编制方案中提出，江海区文学艺术界联合会挂靠江海区委宣传部，核定群团机关事业编制9名（含置换党校编制2名，由区委宣传部统筹使用），其中主席1名由高新区党工委宣传部副部长、江海区委宣传部副部长兼任，专职副主席1名（副科级）。主席罗广鹏，副主席邱菁萍、许和发（非驻会）。属下协会8个，包括音乐家协会39人，会长何峰；美术家协会53人，主席区启森；作家协会29人，主席邓荣宗；书法家协会23人，主席陈宗良；摄影家协会23人，会长付师华；舞蹈家协会21人，会长邱菁萍；民间文艺家协会27人，会长马均贺；戏剧与曲艺家协会28人，会长曾小洁。

【重要会议】　4月2日，召开文联工作会议，布置全年工作。

4月3日，召开上半年工作会议，各文艺家协会主席参加。会议传达江门市文联十一届四次全委会会议精神，提出2015年江海区文联工作的基本思路，树立“有为”和“创新”思想，以“抓队伍、抓作品、抓服务”为着力点，推动江海区文艺事业进一步繁荣发展；围绕“侨文化”“本土文化”，结合“反法西斯战争胜利70周年”等主题，各文艺家协会开展基层采风和调研，由民间文艺协会牵头对全区民俗、民歌、民间传说及抗战事迹等传统文化资源进行收集、整理。

4月中旬，召开2015年活动计划工作会议。

4月29日，召开筹备区文化馆搬迁工作会议。

6月2日，召开区文化馆评估工作汇报会议。

7月8日，召开区文化馆评估总结会议。

8月17日，召开上半年江海区文联工作会议。

9月15日，召开2015年“人人跳”舞蹈展演筹备会议。

12月18日，召开年终总结工作会议，组织有关人员到美术馆参观学习。

【重要活动】　1月，区舞蹈家协会创编的《人人跳原创艺术广场舞教材》为市委宣传部文艺精品创作的扶持项目、江门首套由本土艺术家创编的健康舞教材，经过一年的采风、创作和拍摄，制作完成。区文联副主席、区文化馆馆长、区舞蹈家协会主席邱菁萍为教材主编。创作团队共有编导9人。结合侨乡人的日常生活动态，融合民族。流行、拉丁、双人舞等多种风格，创编10支贴近生活、贴近百姓的健康舞。作为高新区江海区2015年文化惠民的重点项目之一，该教材在区内全面推广，受到农村、企业、学校、社区舞蹈爱好者的欢迎。

2月6日—8日，区文联在区文化馆开展4场迎春文艺沙龙系列活动。文学专场邀请知名文学专家凤群授课。舞蹈专场、曲艺专场和音乐专场使爱好者得以发挥。

2月19日—23日，组织春节系列广场演出活动，包括每天下午组织一场广场文艺演出、每天晚上组织一场电影反映，共10场演出活动。

3月19日，组织节目参与礼乐街道镇龙村老年人新春团拜。

4月的第2个周末，江海区文化馆2015年首期免费艺术培训班开班，100多名艺术爱好者参加培训。培训班师资队伍来自江海区文化志愿者服务队，由区文联和区文化馆牵头，8个文艺家协会和各群众文艺队伍260多名会员组成。培训班为期三个月，设曲艺培训班、舞蹈培训班、“人人跳”原创艺术广场舞师资培训班，声乐培训班、少儿钢琴培训班和书法培训班6门课程，为全区艺术爱好者提供免费的艺术培训和服务。

4月17日，组织舞蹈协会骨干参加高新区江海区2015年文化惠民项目“人人跳原创艺术广场舞”的创编。

5月29日，由广东省委宣传部、广东省文联主办的“百家千场艺术讲座下基层”活动在江海区文化馆举办，江海区爱好者70多人参加学习。活动邀请国家一级演员。中国舞蹈家协会历史、广东省舞蹈家协会专职副主席、广东省文联音舞工作部副主任汪洌为江海区舞蹈爱好者作“广场舞的创作和定位”讲座并进行舞蹈指导。

5月30日，在江南文化广场举行“国大药房”粤剧之夜启动晚会。从5月开始，每月最后一个周六晚，邀请江门市粤剧团演出以弘扬社会注意核心价值观、弘扬正能量的经典剧目、新创剧目为主，全年演出8场。

6月，根据《国务院办公厅印发关于支持戏曲传承发展若干政策的通知》《关于印发江门市“四个一”文体惠民工程工作方案的通知》精神，举行活动戏曲艺术系列活动。活动内容包括成立江海区民乐团。从6月开始每月在江南文化广场举办一场粤剧表演，以江门市粤剧团剧目表演为主，江海区民乐团新创剧目为辅；成立江海区戏剧社；整合区内13家私伙局（曲艺社），统一场地标志和演出服装，组织定期排练和交流表演；“戏曲进校园”，以江海区民乐团及其他戏剧培训机构为承办单位，以区内小学生作为培养对象，完成初级的舞台设计和道具制作，原创一部分剧目，推荐优秀节目参加省、市以上大赛；全年创作原创戏曲、小品作品2个，分别参加中国小戏小品大赛、广东群众戏剧曲艺花艺等大赛。活动主办单位为区委宣传部、区文化广电体育局、区教育局和区文联，江门市粤剧团、江门市侨兴文化艺术研究院承办。

6月—10月，配合区委宣传部组织开展“活力高新，魅力家园—江门高新之歌”歌词征集活动，共收集作品300多份。

6月—12月，配合区委宣传部、江门市粤剧团在江南文化广场举办江门高新区江海区

2015年“南粤幸福周”启动仪式暨党群共建“三服务”文化惠民粤剧之夜活动7场。

7月25日晚上，由区委宣传部、区文化广电体育局、区文学艺术界联合主办，国大药房江门连锁有限公司协办，区文化馆和江门市粤剧团承办的国大药房粤剧之夜第二场晚会在江南文化广场举行。晚会演出的粤剧小品古装戏《渔夫和金鱼》《将相和》《三打白骨精》等。

10月2日—4日，组织过去专题系列演出活动3场，包括歌舞晚会、曲艺晚会、龙狮武术晚会等。

10月28日，由江海区文化馆选送的原创粤曲表演唱《老年乐》和话剧小品《抉择》经过江门市文广新局、广东省文化厅的筛选入选广东第八届群众戏剧曲艺花会，11月24日—29日到广州市参加本届花会比赛。群众戏剧曲艺花会是广东省文化厅主办的群众文化赛事，每3年举办1届。《老年乐》由曾小洁创作，该作品曾获得第3届广东省曲艺大赛非职业组比赛节目一等奖。

同日，召开江海区文化馆法人治理结构第一届理事会会议。会议审议通过理事成员并颁发聘书；表决通过《江海区文化馆法人治理结构的章程》《江海区文化馆年度工作报告制度》《江海区文化馆信息公开制度》《江海区文化馆理事会投诉举报制度》《江海区文化馆法人治理结构改革试点工作实施方案》等管理制度；选举江海区文化馆法人治理结构的管理处；通报文化馆重点工作。

10月30日，组织队伍参加由区委宣传部等部门在江南文化广场举办的文明春风进基层“体彩杯”高新（江海）区“人人跳”舞蹈展演活动。

江海区科学技术协会

【机构设置】 江海区科学技术协会设主席1名、副主席1名；内设综合股、科普股，在编人员4人。主席黎翔（区经科局副局长兼）、副主席黄剑锋（区经科局信息化推进科科长兼）。

区科协下属专业技术协会5个，分别是江门市巨峰葡萄协会、礼乐腊味行业协会、江海区养猪协会、江海区花木盆景协会和江海区水产协会。

外海、礼乐、江南3个街道下设街道科协组织。

【重要活动】 全年举办“科普进社区—健康讲堂”活动34场、防灾减灾科普知识展览和消防应急演练5场、放心农资下乡暨农业农业技术咨询活动1场，共有1.2万人参加。

1月，先后在外海街道石鹤利社区、礼乐街道文苑社区、滘头街道仁美社区、滘北街道富横社区开展“送科技下乡”赠送图书活动。

4月，开展全区“知识产权宣传周”活动。

5月21日，在外海街道开展“科普进基层关爱女性健康”讲座活动，邀请江门市妇幼保健院乳腺专科主任许焕玲讲授“关爱女性乳腺健康”专题课，120人参加。

6月11日，在滘北街道富横社区举办“糖尿病的危害、预防与治疗”讲座，邀请江门市中心医院内分泌科主任医师王筱箐对糖尿病的现状与危害、并发症、预防与治疗进行讲解，60多人次参与。

6月12日，在滘头街道建联社区举办老年人中风中医药防治知识科普讲座，邀请江门市五邑中医院主治医生黄任锋授课，社区40多名老人参加。

6月29日，在礼乐街道文苑社区举办中老年情绪障碍科普知识讲座，邀请江门市第三人民医院心理科主治医师吕园园为大家讲课，50多人参加。

8月3日，邀请江门市心理卫生协会专家主治医生朱锦烨为江南街道中沙社区50多位家长开展主题为“给心理营养做智慧父母”的家庭教育讲座。

8月18日，到江门市海菱家居饰品有限公司开展走进企业为基层企业科技人员服务调研活动，与企业负责人座谈并听取介绍，推介高新区（江海区）有关绿色光源产业发展的扶持政策和绿色光源企业对接阿里巴巴（江门）产业带的情况，并与企业有关人员到中山市古镇镇参观“海菱”中式生活馆展，增进与企业的交流互动。

8月31日，邀请江门市心理卫生协会、市第三人民医院医师朱锦烨到江门市辉隆塑料机械有限公司举办“阳光心态幸福人生”心理减压讲座，企业员工60多人现场学习精神分析、意象对话、催眠、身心能量、绘画疗法等知识。

9月18日，江海区花木盆景协会陈万均、陈自兴参加在广州市中山纪念堂2015年国际盆景大会暨第13届亚太盆景赏石大会开幕式。本次国际盆景大会由国际盆景协会、广州市人民政府、亚太地区盆景赏石会议暨展览会主办，以“南国明珠，艺融四海”为主题，安排一系列的盆景赏石活动。

9月23日，邀请江门市五邑中医院脑病科主任黄任锋，为外海街道前进社区的居民开展题为“中风病的防止”讲座。

9月24日，广东省科协科技工作者服务中心主任廖仕明率省科协调研组到量子高科（中国）生物股份有限公司考察“广东省院士专家企业工作站”建站条件，听取量子高科研发中心关于申请建立“广东省院士专家企业工作站”的汇报。

9月28日，在外海街道银泉社区举办“和谐家庭，快乐人生”健康讲座，邀请江门市第三人民医院心理咨询医师陈捷峰演讲“幸福，幸福是什么”专题课。

9月29日，到外海街道墟镇社区开展“科普进社区—健康讲堂”活动，邀请江门市心理卫生协会主任吴少钗举办题为“儿童心理保健”讲座；江门市心理卫生协会、江门市第三人民医院心理医生朱锦烨举办题为“情绪与身体健康”的心理减压讲座。

10月28日，邀请江海交警大队警官到江门市长优实业有限公司开展“交通安全教育进企业”交通安全教育课，80多名企业员工参加。

10月30日，由江海区科学技术协会主办，江海区公安消防大队协办，江门市海菱家居饰品有限公司承办的“消防安全演习”顺利开展，180多人参与。

【基层组织】 江门市巨峰葡萄协会。2013年8月由街道农办、农业综合服务中心牵头葡萄种植大户、科技示范户、营销大户、农民技术员等成立，农民会员占90%以上。

礼乐腊味行业协会。共有会员102家，会员从业人员2000多人。2009年以来共举办三届腊味节。2013年被江门市科协评为“农村科普惠农兴村先进集体”；被广东省科协评为“2014年广东省农村科普惠农兴村先进单位”。

江海区养猪协会。由30多位养猪专业户共同发起、170多位养猪户自愿参加的非盈利性社会团体法人。

江海区花木盆景协会。2014年，荣获“广东省科普惠农兴村先进集体”称号。2016年9月

18日，派员参加由国际盆景协会、广州市人民政府、亚太地区盆景赏石会议暨展览会主办的以“南国明珠，艺融四海”为主题的国际盆景大会暨第13届亚太盆景赏石大会开幕式。江海区花木盆景协会出展的作品《流云翠影》获得铜奖。同年10月3日，联合江海区富和花卉经营部、江海区花木盆景协会、中国岭南盆景雅石艺术网、中山市古镇南盛盆景园、江门市江海区博艺园，邀请中国盆景杰出艺术家、中山市古镇盆景协会会长、古镇南盛盆景园园主林伟栈在外海街道麻三富森花卉市场举办岭南盆景制作营销专题讲座活动。

【获奖荣誉】 12月2日，外海街道石鹤利社区获得第一批“广东省科普示范社区”复评和第五批广东省科普示范社区称号。

是年，江海区礼乐腊味协会获得2014年广东省“科普惠农兴村先进单位”称号。

法治·军事

FA ZHI·JUN SHI

政法综治

【法学会成立】 5月，成立江海区法学会，学会秘书处设在执法监督科，负责日常工作。5月18日，江门高新区江海区法学会召开第一次会员代表大会，推选产生第一届理事会理事46名、常务理事21名；会长1人、常务副会长1人、副会长7人、秘书长1人。建立高新江海法律专家人才库，推选区伟新、关丽霞、李子强、李创继、李培添、刘韵笙入选“江门市法学人才库”。按照“服务当地、服务实践、服务会员”的宗旨，开展法学研究、法律服务、法治宣传和法学交流。年内开展“法治视角下基层社会矛盾的治理”征文和理论研讨活动，收集论文25篇，评选表彰优秀论文10篇，采用PPT演示、命题发言等新颖方式，开展面对面的交流研讨活动。举办“中小企业知识产权保护战略以及应对”讲座，邀请专家作报告，直接回应中小企在创业创新中经常遇到的知识产权保护问题。

【执法检查案件评查】 按照《江海区执法监督实施办法》，开展执法检查和案件评查和《中华人民共和国刑法》《刑事诉讼法》执法检查，2014年度“两抢一盗”（抢劫、抢夺、入屋盗窃和盗窃机动车）案进行评查，抽查案件80宗，通过现场阅卷和召开座谈会，对政法部门执行《中华人民共和国刑法》《中华人民共和国刑事诉讼法》和办理“两抢一盗”案件情况进行评价，提出建议并予以通报。针对“执行难”时有诉讼的情况，抽查2014年度中止、执结的执行案100件，通过了解情况、发现问题、客观评价和提出建议，通报检查情况。

【廉洁公正基层示范点创建】 按照上级要求开展全区廉洁公正政法基层部门示范点创建活动，出台《关于开展廉洁公正基层单位创建活动的实施方案》《关于深入开展廉洁公正政法基层单位创建工作的通知》，在全区政法系统构建宣传教育体系、制度机制体系、监督投诉体系和便民服务体系，区公安分局麻园派出所、区检察院侦查监督科、区法院行政审判庭、区司法局外海司法所为全区创建示范点，通过创建活动，发挥榜样的辐射作用，提升全区政法单位党风廉政建设水平。

【农村基层违纪违法问题查办专项行动】 按照市、区开展农村基层违纪违法问题集中查办专项行动的工作部署和要求，制订专项行动方案，召开农村基层违纪违法问题集中查办专项行动动员会，发挥司法行政职能优势、增强专项行动的针对性、排查行业线索，建立畅通电话、网络、信箱等举报渠道，邀请熟悉农村法律法规的律师对全区村两委干部进行专题的培训；利用一村居一律师活动深入农村宣传；通过社矫对象电话访问，查询监督管理中有无违法违纪现象；对调解纠纷结案对象进行回访，了解有无做到公平公正，有无索要、收受钱物现象。

【配合街道合并整合相关机构】 8月滘头、滘北、江南街道合并成新的江南街道，以后按照区委区政府的工作部署，完成原滘头、滘北、江南司法所合并成新江南司法所，原滘头、滘北、江南法律服务所合并成新江南法律服务所，全力做好司法所和法律服务所的机构、人员、财务、办公场地整合以及人员调配工作。

【维稳工作】 全年开展“深化社会矛盾化解”工作，成立涉军、劳资、涉农、房地产、环保、金融等6大专责组，打造主动治理社会矛盾“升级版”。全区发生各类突出矛盾纠纷58宗，化解47宗；其中列入江门市级台账的5宗全部化解，列入区级台账的15宗全部化解。采取有效手段，牢牢守住“9·3”特别防护期、十八届五中全会、全国两会等重要敏感时期，实现这些关键节点“零上省进京”上访。出台《江门高新区解决历史留用地总体方案》，推进“由化解向治理、由个案解决向政策性批量消化”的典型做法；区住建水务局下发《关于切实加强建筑领域农民工工资管理工作的通知》，从源头上化解建筑工地劳资纠纷多发的隐患；区住建局、区社事局等部门联合制订《江海区建筑工程劳资纠纷处理工作方案（试行）》，具体细化职责、程序工作要求；区社事局出台《江海区防范和打击企业欠薪逃匿行为实施意见》《江海区开展劳资纠纷专项治理工作实施方案》等，从源头防范恶性劳资纠纷的发生。

【综治平安创建】 坚持把综治（平安创建）工作摆上重要议事日程，纳入经济社会发展“十二五”规划和政府年度考核目标，做到与经济工作同谋划、同部署、同落实、同考核。召开全区综治暨平安创建工作推进会，落实综治责任书签订工作。综治领导责任制查究实施办法、综治工作联席会议制度、综治及平安创建责任书、考评标准及考评办法等制度和办法，解决运用综治工具过宽过软问题，对2批17人次启用沟通警示措施、对治安问题突出的街道党政主要领导进行诫勉谈话；对各街道开展定期不定期督导检查，促进综治暨平安工作的开展。

【开展社会稳定风险评估】 按照时间节点，开展江门市交通大会战项目和全区2015年督查督办重点项目稳评工作，对一行路（疏港公路）、街道办事处合并、江门港高新区公共码头疏港公路二期等3个重大事项的风险评估，作了审查备案工作。

【视频监控系统建设】 对各街道社区现有监控摄像头总数、可用数和可联网数进行调查摸底，针对现有视频监控系统存在问题，督促指导各街道落实整改工作。外海街道通过采取街道补助、村集体自筹的方式，投入409万元（其中街道203.5万元，村205.5万元）在20个村、社区新建监控点488个，年内完成并投入使用；礼乐街道新建监控点建96个。

【示范效应推动细胞项目创建】 从年内银泉小学被江门市评为平安创建工作示范点为契机，动员全区各中小学开展“平安校园”细胞的创建活动；推广白水带“平安景区”示范点做法，举办示范点授牌暨“平安春联”赠送仪式宣传平安创建活动。至此，全区共有市级示范点17个、区级示范点37个。通过培育外海街道金溪社区、麻二村、直冲工业园、银泉小学，礼乐街道英南村等一批亮点细胞项目；开展“综治进小区”创建活动，以天鹅湾为全区的试点，在“平安村居”细胞培育的基础上，整合和利用社区资源，形成“社区治安社区治”的良好局面。

【深化村社区公共服务站建设】 按照《关于印发〈进一步深化我市村（社区）公共服务站建设工作方案〉的通知》要求，出台《关于贯彻落实深化村（社区）公共服务站建设工作责任分工的通知》，把相关工作分解为做好底线民生服务、建立行政事务准入管理制度、试点推行社工岗位购买服务、深化社区志愿服务、加强人员培训等11项，明确牵头单位责任和时间节点要求。在全市率先探索试点村（社区）行政事务准入，出台《江海区村（社区）行政事务准入管理工作实施方案》，清理超越公共服务站职能的事项13项，其中出具亲属关系、房产权属等证明事项3项，没有相关政策法律依据的管理事项10项，进一步规范政府部门、街道办事处与公共服务站的关系及其职能分工；出台《村（社区）“三位一体”工作清单》，厘清村（社区）党支部、村（居）民委员会、村（社区）公共服务站的职责和工作关系，解决公共服务站业务承接机制中存在的问题。全区公共服务站在全市实现率先实现规范化运作解决群众办事难问题、率先成立街道社工办解决公共服务站常态化管理问题、率先试点行政事务准入解决服务承接机制问题“三个率先”。在全市社会工作会议上，有关工作经验被推广。

【基层调解】 年内通过整合资源，分别在外海、礼乐、江南街道成立人民调解中心，建立矛盾纠纷排查调处的联动机制，完善矛盾纠纷调处工作网络，构建人民调解、行政调解和司法调解“三调衔接”的“大调解”格局。根据《广东省司法厅关于组织人民调解委员会开展规范化建设工作的通知》要求，选取外海街道人民调解委员会为“镇街人民调解委员会规范化建设示范点”、江海区道路交通事故人民调解委员会为“行业性专业性人民调解委员会规范化建设示范点”，通过试点示范，发挥试点调委会的作用，推进人民调解规范化建设。全区91个人民调解委员会基本完成“五落实、六统一”（组织、人员、报酬、场所、制度落实，名称、印章、标识、徽章、程序、文书统一）工作规范要求。举办全区人民调解员培训班，邀请具有丰富调解经验的法官、律师授课，全区各调委会主任和司法所人员100多人参加培训。全年全区发生各类民间纠纷483件，成功调解478件，成功率99%；防止民间纠纷转化刑事案件3件、23人；防止群体性上访18件、1038人。

【法律六进活动】 法律进机关。全区学法计划经区政府常务会议审议通过发至各单位、各部门；开展全区公职人员学法考试活动，确保全区干部参考率和及格率均达100%。

法律进学校。在全区首创开展“大卫营”青少年活动系列之“LIFE阔未来”预防青少年违法犯罪体验活动，继续开展“6·26”禁毒宣传教育活动，通过开展《中华人民共和国禁毒法》教育课堂、禁毒宣誓、禁毒签名，举办中小学禁毒教育漫画优秀作品评选赛等，加深学生自觉远离毒品、拒绝毒品的观念。

法律进单位、进企业。在开展“南粤春暖”企业用工大型招聘会的同时，联合有关单位开展“春风行动”务工人员法律咨询服务活动，现场为务工人员提供法律咨询服务，派发《务工人员法制教育读本》《中华人民共和国物权法》《农民工法律援助知识》等宣传资料，解答法律咨询20多人次。在安诺特炊具制造有限公司开展“企业普法欢乐站”法治宣传游园会巡回活动，融合普法游园、法律知识有奖竞答、法治图片展示和法律咨询服务。

法律进乡村、进社区。有针对性地对妇女儿童和村（社区）“两委”干部进行普法教育。联合礼乐街道举办妇女权益保障法律知识培训班；组织150名农村“两委”干部在江海区党员活动中心开展法律知识培训，邀请村（社区）法律顾问龙慧珠律师作“如何预防农村

‘两委’干部职务犯罪”的专题辅导；联合区卫计局在礼乐街道威西村“假期普法加油站礼乐分站”为当地留守儿童、外来工子女及村民子女开展假期普法教育。

【法治文化阵地建设】 年内，全区首个法治文化小区项目建设落成；推进投资270万元的“白水带法治文化主题公园”工程建设进度。派员会同市司法局、区依法治区办赴苏杭地区参观学习法治文化公园建设经验。

【创新普法宣传形式】 “江海区司法局法制局”微信公众号开通运营，微信公众号设置“一毫普法”“专题互动”“服务指南”栏目，给观众带来全新的普法体验。在上年创建普法“三站”（校园普法空间站、假期普法加油站、村居普法休闲站）的基础上，增创为企业提供法律服务的“企业普法欢乐站”，以法治游园会的形式送法进企业。普法成果作品“与法同行服务民生——‘江海普法号’开进‘四站’”推选为广东省的代表作品之一，参加由司法部、全国普法办举办的“关于开展H5讲述‘六五’普法新媒体创意大赛”。张贴户外大型公益普法广告，选择在外海街道石鹤利社区楼顶、江礼大桥礼乐桥头以及高新区金瓯路与江睦路交会处的大型广告牌张贴普法公益广告，营造高新区江海区法治建设的良好氛围。

【法律援助】 全区共有法律援助机构10家，其中社团法律援助机构6个、街道法律援助工作站3个、村（社区）法律援助联络点62个，打造形成半小时法律援助服务圈。实行城乡统一标准，依据江门市上一年城镇最低生活保障标准确定法律援助受援对象，进一步降低法律援助门槛，扩大法律援助覆盖面，让更多的群众能够享受到法律援助。依托律师事务所设立未成年人法律援助工作站4个，遴选律师40余人作为未成年人法律援助联络员，无偿为未成年人提供法律服务。全年办理法律援助案件91件，其中刑事法律援助案件57件、民事法律援助案件34件，服务群众1300多人次。

【律师管理】 贯彻《关于印发〈广东省司法厅关于在全省律师队伍中开展全面依法治国教育的实施方案〉的通知》《广东省司法厅转发司法部关于进一步加强律师教育培训工作的意见的通知》精神，组织全区律师开展依法治国教育活动和教育培训工作。按照上级的统一部署和要求，对全区律师事务所和全体执业律师进行年度检查考核。全区主管律师事务所5家，执业律师56人，担任政府、企事业单位常年法律顾问数十家，并支援台山、恩平、鹤山、开平等法律资源相对紧缺的县市，担任村（社区）法律顾问，为基层群众送去法律服务。全年刑事辩护代理案件218件，民事诉讼代理1066件，经济诉讼代理297件，行政诉讼代理5件，非诉讼法律事务89件，民事、经济、非讼涉及财产标的额29783.97万元。

【一村社区一法律顾问】 2014年实现全区62个村（社区）法律顾问100%覆盖的基础上，进一步完善工作制度，加强督导和考核评估，推进一村（社区）一法律顾问工作。各村（社区）法律顾问每月定时到村（社区）服务，参与矛盾纠纷调处。龙慧珠律师以法律顾问身份，以情理法并举调处礼乐街道新创村近10年老上访户谭某的纠纷，促成谭某与街道落实调处方案，签署息诉罢访承诺书；谭小仪律师成功引导解决原滘头街道南雄股份合作经济社与某置业有限公司涉及金额500万元的房地产合同纠纷案件。专业律师在服务的村（社区）中开展法制讲座活动，提高基层自治组织干部依法办事的水平。全年村（社区）律师共到村（社区）提供服务3621人次，提供服务1224件次，其中诉讼类9件次，接访咨询、出具法律意见、参与法援、参与调解纠纷、上法制课等1215件次。1名律师因表现突出荣立个人三等功。是年，全区一村（社区）一法律顾问工作通过省检查组的考核检查得到好评。

【公职律师所工作】 全年公职律师所承办法律援助案件17件，其中刑事指定辩护案5件，均为未成年犯罪案件；农民工劳动争议12案件，包括广东省总工会关注的演艺中心欠薪案6件。通过承办法律援助案，充分保护未成年人的辩护权，保护农民工的合法权益。公职所律师发挥专业特长，应信访局的请求对具体的案件的解决方案提出法律意见，并承担对上访人做好释明法律的责任，使部分上访人在了解相关法律规定后息访。

【公证工作】 江海公证处全年受理各类公证7912件，法律援助73件。坚持开展便民利民活动，提供夜间办证服务，工作日办公时间延长至晚上8时30分；设立便民服务接待室，开通公证服务热线电话和服务小微企业绿色通道；对老弱病残者登门办证，对烈属、伤残军人、孤寡老人、社会救助人员、特困企业等申办公证减免收费。

【基层法律服务】 加强对基层法律服务所的管理和指导，健全基层法律服务所各项管理制度，全区基层法律服务所担任常年法律顾问单位88家，代理民事诉讼案件31宗、非诉讼法律事务780宗、协办公证780件、解答法律咨询1507件，为有关企业和当事人避免和挽回直接经济损失309万元。

【政府法制】 在全省的一村（社区）一法律顾问工作取得初步成效的基础上，省政府推行政府法律顾问工作。6月30日，江海区政府法律顾问室挂牌成立，印发《高新区（江海区）全面建立政府法律顾问制度实施方案》《高新区（江海区）政府法律顾问工作规则》《高新区（江海区）政府合同审查办法》等工作制度及其工作指引，做好政府工作部门和各街道的政府法律顾问工作的指导。加强政府规范性文件管理，对政府规范性文件《江门高新区（江海区）关于促进科技创新载体发展的实施办法（试行）》、部门规范性文件《高新（江海）区区属会计人员继续教育培训机构公布规则》《江门高新区科技型中小企业“政银保”合作贷款试行办法》进行合法性审查并出具意见。履行政府法律顾问职责，全年出具书面意见书89份，其中为区政府及其部门的国有股份转让、投资建设、行政管理体制改革等决策和事务提供意见32份，审查政府重要合同、协议25件次，办理省法规、规章草案书面征求意见32件；接受街道、部门口头、电话法律咨询900多次。

【行政执法监督】 严格规范行政执法行为，加强行政执法监督。会同区纪委开展全区规范行政处罚自由裁量权调研督导工作。通过全面清理行政处罚依据、细化自由裁量标准、规范行使自由裁量权程序等，依法合理压缩执法机关及其执法人员的权力弹性空间，从源头上防止滥用行政处罚自由裁量权行为的发生。年内处理行政执法投诉案件1宗。组织各街道、区直各部门共105名工作人员参加2015年行政执法人员综合法律知识培训和考试。全年办理行政执法证件84人次、解锁办证4人次、注销证件5人次、变更行政执法证系统账户4个。至此，全区依法持有广东省行政执法证的行政执法人员共150人。

【行政复议行政应诉】 全年收到行政复议申请2宗，包括区食品药品监督管理局对食品安全举报不作为的行政复议申请，由于申请人在审理过程中主动撤回申请，依法终止该案的审查；对公安分局作出行政处罚不服的复议申请正在审理。指导区政府工作部门做好行政应诉工作，督促应诉责任单位及其负责人做好出庭应诉准备，全年统一协调、指导、监督的行政应诉案件4宗，包括赵钊南诉江海区城市综合管理局行政不作为案、王天台诉江海区政府土地行政纠纷案、林春焕等3人诉外海街道麻一村委会复兴股份经济合作社行政纠纷案及其上诉案件。

【社区矫正】 年内招收专职社区矫正工作人员3名，配合已经建立的义工志愿者帮教服务队8支做好帮教工作，开展“关爱行动，创建平安江海”主题活动，帮教服务社区矫正对象100多人次。全面启用社区矫正信息监管系统和手机定位系统，全区社矫人员安装手机智能管理系统，24小时接受监管，社区矫正工作由单一监管转为立体、全方位的动态管理。开通江海社矫驿站微信公众号，为社区矫正人员开辟学习沟通平台，推进社区矫正管理工作向信息化、规范化、高效化发展。全区社区矫正人员在册66人、新增社区服刑人员42人、期满解除矫正45人；经过教育矫正，无一人脱管漏管和重新犯罪。制订特赦工作方案以及安置帮教工作方案，通过排查及时移送审查，经排查2名社区矫正人员符合特赦条件，区特赦评审委员会审核同意后对该2名人员提出特赦建议并报市司法局，由市司法局报市中级人民法院提请特赦。9月30日，在礼乐街道司法所召开社区服刑人员特赦宣告会，对2名符合条件的社区服刑人员解除社区矫正。

审判

【简述】 围绕“努力让人民群众在每一个司法案件中都感受到公平正义”的总目标和“改革、公正”两大主题，坚持司法为民、公正司法工作主线，以推进司法改革试点为动力，按照中院“力争成果年”的工作部署，推进司法改革、司法为民、司法公正、司法公开和队伍建设。全年接收各类案件4942件，审结4670件，分别增长70.2%和53.9%，法定审限内结案率99.63%。

【刑事审判】 依法惩治刑事犯罪，接收各类刑事案件295件，审结283件，结案数增长29.2%。审结涉毒、涉黑恶、涉盗抢犯罪120件174人，审结涉非法集资、涉诈骗犯罪16件17人。坚持以庭审为中心和证据裁判原则，严格落实量刑规范化要求，确保量刑的准确性、均衡性。强化少年审判，注重惩罚和挽救相结合，继续落实特邀代理人和未成人犯罪档案封存制度，对6名未成年被告人适用非监禁刑。

【民商事审判】 妥善审理民商事案件，接收各类民商事纠纷2306件，审结2204件，结案数增长10.9%，解决标的金额11.09亿元。妥善化解婚姻、继承等家庭纠纷案件242件。审结涉劳务纠纷、劳动合同纠纷261件，包括审结涉江门演艺中心劳务纠纷系列案，化解涉及43人的劳务纠纷系列案；审结交通事故损害赔偿纠纷案件311件；审结民间借贷、房地产买卖合同纠纷、建设工程案件1369件；稳妥处理原告198人的天鹅湾房屋买卖合同纠纷系列案；化解欣百锐电子科技有限公司债务危机引发的群体性事件；审结各类知识产权案件17件。

【行政审判】 实质性化解行政争议，共受理行政案件828件，其中诉讼案件276件、非诉审查案件552件，审结786件。开展异地巡回审判，巡回审判率25.5%，原告申请巡回审理的案件则实现百分百巡回；推进行政首长出庭应诉，行政机关负责人出庭应诉率33%，行政案件结案率91.3%，高于上年全市基层法院行政案件结案率8个百分点。行政机关一审败诉率21%，另有23.4%的案件因原告诉求得到满足而主动撤诉，上诉率32%，比全省2014年行政案件上诉率低32个百分点。

【审判监督和管理】 制订2016—2018年信息化发展规划，对长期未结诉讼案件进行督办，对发改案件进行核查，并每月统计通报各办案部门、办案法官的综合监控指标情况。力推诉讼文书电子送达工作，对全体办案法官、书记员、执行员进行电子送达系统的操作培训，每周通报电子送达情况。全年确认电子送达423件451人。开展案件质量评查，部门间交叉评查案件，接受中院的对口抽查，总结评查情况并向各部门反馈，及时纠正存在问题。年内开展清案活动，制订《审判执行百日竞赛活动方案》，每周统计通报办案部门、办案法官办理案件的收、结、存情况。推行院领导带头办案，副院长、专职审委、主任科员承办案件不少于10件，并抽调综合、后勤部门人员成立保全送达小组，集中对新案开庭前的有关法律文书进行送达和财产保全。

【执行工作】 接收各类执行案件1448件，执结1341件，执结率增长89.9%，执行到位标的2.27亿元。开展打击拒执行为专项行动，与市交管、房产等部门开通查控专线，查控被执行财产信息728条。把420名“老赖”身份信息予以曝光，在融资信贷、招标投标、出行出境等方面予以限制，并对26人作出司法拘留决定，把4名被执行人以涉嫌拒不执行判决、裁定罪移送公安机关立案查处。开展“转变执行作风，规范执行行为”专项行动，加强案件信息录入，补录2007年以前历年案件信息，对关键信息全面核对，摸清执行存案家底。加大对非诉行政处罚执行案件的执行，开展针对征收社会抚养费及环保行政处罚案件的专项执行行动，执结上述两类非诉案件152件。

【诉讼调解】 完善信访工作机制，注重诉前指导、诉中释明和判后答疑工作，加强涉诉信访的防范与化解。全年接待信访当事人32人，办理信访事项26件。外海、礼乐法庭参与街道综治维稳中心工作，做好案件的诉前调解和服判息诉工作，把矛盾纠纷解决在诉讼之前，做到“案结事了”，案件调撤率分别为68.3%和50.74%，礼乐法庭推出“上门调解”“批量调解”和夜晚集中送达等工作措施，及时调节大批纠纷。

【队伍建设】 派员到井冈山江西干部学院参加“锤炼坚强党性”情景式培训班。组织法官分批到西南政法大学参加“专业素能提升研修班”；组织35名人民陪审员到市委党校参加人民陪审员培训班；组织新《中华人民共和国行政诉讼法》及司法解释、新民事诉讼法司法解释的专门培训班。加强与高校的合作共建工作，分别与西南政法大学，华南师范大学法学院签订法学教育基地共建；进一步完善与五邑大学的实习基地合作。全年开展审务督察12次，对督察中发现的问题及时整改或责令限期整改并通报处理。完善廉政风险防控体系。随案派发廉政监督卡，每季度填报《非职务过问案件情况备案登记表》，并加大对执行权的监督力度，参与16场次公开摇珠选定评估机构。向社会聘任9名廉政监督员并通过召开座谈会听取意见和建议。

【审判权运行机制改革】 是年在全市率先启动人民法庭审判权运行机制改革，成为全市唯一全部法庭同时改革的法院。通过招聘法官助理和在编干警调配，按照“1名法官+1名法官助理+1名书记员”的模式，在外海、礼乐法庭分别配备审判团队2个、3个，规定各团队每年结案160件以上，并细化岗位职责，建立法官会议和庭务会议制度，完善院、庭长的监督责任等。外海、礼乐法庭分别结案336件和608件，分别增长67.16%和60.42%。

【法治宣传】 贯彻阳光司法精神主旨，推动庭审公开、执行公开、文书公开，上网公布裁判文书1896份。开展“法院开放日”活动，邀请普通群众、人大代表、政协委员旁听庭审550余人次。编辑出版《江海审判》3期，报送信息、简报和新闻线索110余篇，在各级媒体发表稿件44件。开通“江海法院”官方微信公众号，每周三次推送法院动态、工作亮点、典型案例等主题信息，共发送信息176条。在新浪微博、腾讯微博发布博文1432条，微博直播案件庭审、执行活动2次。参与配合中院开展宣传工作，组织和参加新闻发布会2次。与区法学会联合举办“中小微企业知识产权司法保护及常见问题和应对”研讨会，50多名企业代表参加；开展“平安进村居”宣传活动22次。通过现场设摊咨询、图片展、派发宣传资料等形式开展法制宣传。梳理审判实践中发现的问题，向行政机关、企事业单位发送司法建议21份，其中90.5%的建议得到采纳。

检察

【刑事检察】 全年受理提请逮捕案件248件361人，经审查后批准逮捕187件245人；受理移送审查起诉案件308件428人，经审查后向法院提起公诉290件387人。配合公安机关开展专项行动，对专案实行优先快捕快诉，批准逮捕“涉盗抢案件（盗窃、抢劫、抢夺）”68件85人，“涉黑恶案件”（强迫交易、敲诈勒索、寻衅滋事、聚众斗殴、非法拘禁、故意毁坏财物、组织卖淫、强迫卖淫、开设赌场）19件33人，“涉毒案件”33件37人，“涉诈骗案件”17件22人，“涉非法集资案件”8件14人；起诉上述案件共163件234人。以规范司法行为专项整治工作为契机，加强刑事办案能力建设。贯彻落实公检法联席会议制度、提前介入侦查制度、庭前会议制度，强化与区公安分局、区法院的沟通联系；构建规范司法的长效机制，联合区公安分局制订《重大刑事案件提前介入侦查活动工作办法》《关于逮捕案件双向说理及捕后羁押必要性审查的实施办法》等文件，规范侦查监督行为。

【未成年人工作】 加强未成年人权益保障工作，落实“特邀代理人”制度、未成年人法律援助制度和前科封存制度，全面开展社会化帮教预防工作，对5名未成年人依法作不捕、不诉从宽处理，为13名未成年犯罪嫌疑人申请提供法律援助，对14名未成年人作出前科封存，法定代理人参与讯问14人次，“特邀代理人”参与讯问16人次。

【反贪污贿赂反渎职侵权】 结合高检院部署的查办和预防发生在群众身边、损害群众利益职务犯罪专项工作，全年立案13件13人。严查涉农职务犯罪，围绕政府各项惠农资金和专项补贴申报审核、发放管理、检查验收及项目招投标等可能涉及职务犯罪的环节，向有关职能部门调取相关补贴项目的资料，摸排生猪养殖补贴等涉农资金补贴项目178个，查处区农业局行贿、受贿案2件2人。查办省委巡视组和上级检察院交办的案件线索，立案查处湛江教育系统腐败窝案5件5人，恩平市公安系统腐败窝案3件3人、鹤山市中东西村案1件1人。

【职务犯罪预防】 通过检察开放日、纪律教育专题活动月开展职务犯罪警示教育专题活动，通过组织参观职务犯罪警示教育展览厅、观看警示教育专题片及开展预防讲座，对全区行政机关工作人员开展职务犯罪警示教育和预防宣传34次。组织全区各行业协会、商会代表召开“企检共建”专题普法交流座谈会，结合查办的典型职务犯罪案例向参会的工商业界代表介绍贿赂犯罪法律知识，引导企业守法经营、避免犯罪风险及正确寻求法律帮助，提高企业经营者的法律知识水平，从源头上减少行贿犯罪发案率。结合自侦办案向有关单位发送《检察建议》3份，围绕涉农惠农补贴项目审批、预算结算复核、工程跟踪监督等方面提出建议，帮助其建章立制，堵塞漏洞。做好行贿犯罪档案查询工作，拓展行贿犯罪记录在政府采购、工程建设、项目招投标、金融审批与监管、市场准入和资质管理以及干部选拔任用、换届选举等领域中的作用，全年开展行贿犯罪档案查询210次。

【刑事诉讼监督】 坚持惩治犯罪与保障人权并重，加强对有案不立、刑讯逼供、违法取证等问题的监督。加强刑事立案监督，监督侦查机关立案4件6人，撤案3件3人。强化案件质量引导，依法对21件重特大疑难案件提前介入侦查，发出《逮捕案件继续侦查取证意见书》33份，发出《提供法庭审判所需证据材料通知书》23份，退回补充侦查92件179人，纠正漏捕漏犯漏罪20人，不捕116人，不起诉13人。

【民事行政检察】 拓展民行案件线索受理渠道，与区法院联合签订《关于建立行政诉讼监督协作制度的规定（试行）》，在全省率先确立行政诉讼案件信息交流与共享制、互动联动常态机制、行政违法监督沟通机制、和解息诉职能整合机制及宣传调研机制。强化民事执行监督，全年受理执行监督案件17件、督促行政机关履职案件3件、支持起诉案件98件。经审查后执行监督案件中不支持监督申请4件，终结审查9件，其中执行和解6件，发出执行监督《检察建议》4份；发出督促行政机关履职《检察建议》3份；支持起诉案件中促成诉前和解96件。

【控告申诉检察】 落实检察长接待日制度、接访首办责任制，开展司法救助工作，成功办理首宗司法救助案件。强化上下、内外联动机制共同做好息诉罢访，妥善处理涉法涉诉信访案件。全年受理控申举报案件29件36人，接受群众法律咨询106件131人，答复群众案件办理结果29件36人。

【司法警察】 按照《人民检察院司法警察条例》《人民检察院司法警察执行职务细则》要求，以保障办案安全为重点工作，履行职责，服务办案。联合市院与江门市中心医院签订《办案医疗保障协议书》，规范办案医疗保障工作，全年执行警务193宗315件。

【检察技术】 履行检察技术职能，开展检验鉴定、信息化建设、全程同步录音录像、网络平台和电脑设备的日常维护工作，全年完成文检鉴定5件，录音录像132人次，维修电脑46次，为各业务部门提供技术服务370多次、电话调试19次。

【案件管理】 发挥案件集中管理的优势，监督案件办理流程，规范涉案财物管理，完善律师接待工作，严防超期羁押等不规范司法行为发生。全年受理各类案件553件，移送案件554件；入库涉案物品601件，出库547件；接待律师阅卷52次，受理案件查询137次。推行案件信息公开机制，公开案件程序性信息713件，公开法律文书289份、重大诈骗案等重要案件信息16件。全年编发《案件信息研判报告》11期。

【规范司法行为】 开展案件评查，查找并整改执法办案中的不规范行为。通过分析问题原因，采取整改措施限期整改不规范司法行为。重视对立案、侦查、案件审查批捕及起诉等活动的规范化建设，构建有利于规范司法的长效机制，制订《同步录音录像及审讯注意事项》《案件材料管理注意事项》《办案流程注意事项》等制度性文件，进一步规范办案程序。

【人民监督员】 坚持人民监督员制度，把1件2人符合条件的案件提交人民监督员讨论评议，经讨论全部同意区检察院办案部门拟不起诉意见，增强检察办案透明度，促进检察机关执法水平和办案质量的提高。

【检察委员会】 按照《人民检察院检察委员会议事和工作规则》规定，建立健全检委会工作机制，发挥检委会的议案职能，全年对8件刑事案件及5件事项进行审议表决。实施检委会学习例会制，每月组织检委会委员学习1次，提高了委员的议事议案能力。

【阳光检务】 主动向区人大及其常委会、区政协报告、通报检察工作5次，加强与人大代表、政协委员的经常联系，邀请代表、委员视察工作。推进检察门户网站建设，举办“检察开放日”活动4次，邀请社会各界了解、监督检察工作并听取其意见。

【派驻镇街检察室】 履行法律监督职责，深入基层走访、受理群众诉求发现和收集法律监督线索。全年通过走访收集职务犯罪线索5件，经侦部门立案侦查1件；受理刑事立案监督线索8件，民事执行监督线索10件，行政监督线索25件；督促行政机关依法履职11件；向有关部门发出《纠正违法通知书》2份，《检察建议》6份；开展社区矫正监督工作65人次。开展以“检察官进学校”活动，率先在全省推出“检察官兼职法制副校长”工作，为全区26所中小学师生及家长开展廉政和法制宣传教育。参加“平安进村居”活动22场次，开展各种形式的法制宣传60多次，深入有关单位开展职务犯罪预防23次。督促基层综治、公安、司法和村、社区等单位和部门妥善解决矛盾纠纷，全年以支持弱势群众提起民事诉讼、处理团体涉法上访等方式化解矛盾纠纷47件。

公安

□ 治安

【社会治安】 围绕维护社会大局稳定、促进社会公平正义、保障人民安居乐业总任务，开展“3+2”（涉毒、涉黑恶、涉盗抢；涉食药假药、涉诈骗）专项行动，改进公安工作，提升人民群众的安全感、满意度和公安机关的执法公信力，全年刑事立案2783宗，破案935宗，破案率33.6%；刑拘469人，批捕295人；查处治安违法人员863人。抓获吸毒人员493人，强戒372人。没有发生大规模群体性事件、治安灾害事故和公共危机事件。

【打击刑事犯罪】 重点打击整治涉毒、涉黑恶、涉盗抢犯罪、涉非法集资、涉诈骗等突出违法犯罪等违法犯罪活动，破获各类案件935宗，侦破“10·2”故意伤害致死案、“2002·8·16”命案、“8·24”恶性抢劫轮奸案；破获贩毒案件39宗其中千克以上案件4宗，抓获毒品犯罪嫌疑人52人，提请批准逮捕48人，缴获毒品5730克；抓获逃犯71人。

【公安指挥中心】 围绕全局中心做好指挥协调、情报信息、调研、信访、宣传、档案和信息化建设等工作。健全机要保密工作制度和基础台账，保持“失泄密”零纪录。做好专项工作的组织统筹、数据统计、信息报送，撰写行动专刊70期。完成全区治安视频监控系统二期建设、新版OA办公系统应用等信息化建设任务。在各级新闻媒体发表新闻稿件108篇、发布微博416条，组织策划“万家灯火时我在岗位上”“五邑警花”“江门东大门的守护神”等系列专题报道。

【警务监督】 签订《党风廉政建设责任书》68份；落实党风廉政建设责任制，落实党风廉政建设责任制，开展立案突出问题专项治理，对全区刑事、治安警情进行抽查，发现整改问题481个；加强执法监督，对提请逮捕、移送起诉、变更强制措施案件的初审、法制审核、移送等环节进行专项督察；开展涉毒案件涉案财物处置专项督察；对接处警工作、公务用车、值班备勤进行检查测试。

【经济犯罪侦查】 重点打击非法集资诈骗、银行卡网上非法买卖、假币、制假售假等违法犯罪，受理经济案件13宗，立案10宗，破案5宗，抓获经济犯罪嫌疑人9名，其中刑拘9人、提请批准逮捕8人、起诉6人。

【巡逻防控】 深入开展“大巡防”工作，加大巡逻盘查力度，坚持常态化设卡，强化市区出入口的外围防线，严厉打击和震慑各类违法犯罪活动。全年出动警力5800人次，盘查可疑人员25800人，抓获各类违法犯罪嫌疑人46名，破获刑事案件20宗26人，查处治安案件20宗20人。

【治安管理】 推进社区警务信息化建设，做好基础信息和工作信息的采集录入；强化对危爆物品、精神病人的重点管控，收缴枪支6支、子弹1373发、仿真枪2支；销毁手雷1枚、炸药572.4公斤、雷管879发、氰化钠1000克，全区没有发生精神病人肇事肇祸事件；加强行业场所治安管理，整改娱乐服务场所20间次，对3家旅业进行停业整顿；严厉打击赌博、卖淫嫖娼等违法犯罪活动，打击查处14宗涉黄涉赌案件，处罚72人；推动出租屋消防安全专项整治，排查整治各类隐患175处。

【公安法制】 规范完善执法办案场所和案管中心建设、管理和使用，进行执法办案场所监控编编码，落实执法办案场所责任制度，完成执法办案场所升级工作。加强执法质量和执法考评，对提捕、释放、取保、监视居住等环节进行审核，案件审核审批及法律文书的制作全部在网上完成。推进执法主体建设，把执法资格等级考试情况记入个人档案作为晋升职务、级别的前置条件。执法办案民警全部通过基本级执法资格考试，分局领导、执法办案部门负责人通过中级执法资格考试。

【缉毒工作】 开展“雷霆扫毒”等专项行动，破获毒品案件39宗，其中特大贩卖、运输毒品案件7宗（含1宗省目标案件），抓获毒品犯罪嫌疑人52人，刑事拘留处理51人，执行逮捕48人，抓获吸毒人员484名，强制隔离戒毒369人，缴获各类毒品5730多克。加强易制毒化学品管理监督，查处违反《易制毒化学品管理条例》单位1家。

【警务保障】 加强公安装备财物管理，提升后勤保障水平。投入经费50万元，购置执法记录仪、对讲机、防刺背心等一批警用装备配发全局各部门；争取区财政280万元“邑门式”服务中心公安设备购置经费；完成公务用车改革；对全局机关办公网络进行升级改造；投入35万元，完成执法办案去规范化建设。

【人口管理】 2015年，全区常住人口51434户、162203人，其中城镇人口70202人、乡村人口92001人；男性80490人、女性81713人。年内出生1416人，出生率8.7‰，死亡985人，死亡率6.1‰；迁入5341人，迁出5832人，出生与死亡相比净增431人，人口增长率2.7‰。受理群众户口审批申请1813份；受理群众户口项目变更登记申请163份，发放户口簿1989本；办理二代居民身份证12833证、临时居民身份证5721证、居住证9599张。登记流动人口155221人，其中男性96546人、女性58675人。新增办理居住证12350个。

【出入境管理】 全年受理港澳个人游（首次、换发、补发）证件11338个，个人游签注25005个，护照3217个，探亲签注1232个；受理江海区商务备案企业78间，受理单程个案164人，获批294人；受理国家工作人员报备工作涉及单位68间，报备人员共3203人。出入境部门全面进驻各街道服务中心，先后推出“一证办”“三表合一”“寒暑假专场”和省内居民跨地市办理出入境证件、便民一体机等便民利民措施。

□ 交通

【交通保障】 在春运、观音开库、清明节、高考、国庆节、重阳节等节日和各村端午节组织小型龙舟赛活动期间，提前介入，制订应急方案，安排勤务岗位。在春节、清明、五一、国庆等节假日国家实施高速公路免费通行政策时，对中江高速公路外海出入口、江珠高速公路礼乐出入口及周边道路，以“定巡结合”方式加强路面巡逻和管控，掌握车流信息，做好分流准备。根据省、市春运工作部署，2月25日

（年初七）联合江海分局巡警、特警启动外海大桥春运执勤点执勤检查工作，从每天早上8时至晚上8时派出警力驻守，对江门至中山方向凡7座以上客车逢车必查，有违必纠。6月7—8日高考期间，以服务考生、确保畅通为宗旨，提前做好相关工作，确保高考期间道路交通安全、有序、畅通。重阳节期间，加强交通安全保障工作，规范执勤执法工作，圆满完成各项交通安全管理任务，确保白水带风景区登高点周边道路交通有序。全年道路交通事故死亡23人，受伤36人，直接经济损失403000元。

【农村交通安全】 为增强农村地区的道路交通守法氛围，以建立交通管理办公室、农村劝导站为契机推进农村交通安全工作，包括加强对农村地区的面包车粘贴核载提示牌工作进度，使重点违法行为明显减少；以礼乐街道丰盛村为试点，推广农村劝导站工作。对交通安全劝导员进行业务培训，配发交通安全劝导员证件、反光衣、劝导装备，完善工作台账，制订《江海交警大队推进农村道路交通安全劝导站建设工作方案》在全区范围内推广。丰盛村劝导站作为全市试范点在江门市推广；联合外海街道召开农村交通安全劝导站建设工作现场会，推进全区农村交通安全劝导站建设工作。

【完善交通基础设施】 为预防辖区道路交通事故的发生，在做好事故原因排查、分析的基础上，加强辖区道路的巡查，排查安全隐患，发现设施不完善或因道路设计不合理等道路安全隐患，迅速协调相关单位进行整改。联合相关部门消除江海消防大队路段、永康路、南山路等安全隐患9次，完善交通标志标线等设施13次，进行交通测试1次。会同区住建、公路等相关职能部门和外海街道，对外海街道道路交通隐患进行排查、论证，形成改造外海片区交通组织的构想，其中包括江海路、五邑路两主干道路的交通信号灯完善，重要路口渠化改造等，得到有关部门的支持。向区住建水务局、外海街道、白水带风景管理处等单位发出函件5份，提出完善南环路和礼深一、二、三路以及在建的南岸道路、白水带贯穿路等道路的完善、整改意见。

【专项整治行动】 根据上级统一工作部署，开展酒驾、打非治违等专项整治行动，全年进行集中整治行动24次，行动中纠正交通违法行为1269宗，暂扣涉嫌违法车辆371辆。对每一辆重点车辆跟踪办理，确保逾期未年检、逾期未报废的重点车辆得到处理，年内全部处理未年检、未报废的重点车辆。在专项治理工作中，辖区全年40宗醉驾案件进行清理整顿，全部录入警综系统并按照规范程序办理，其中办结33宗。

【危化品道路运输交通安全检查】 8月20日至9月15日，开展全区危险化学品道路运输交通安全大检查工作。会同省公安厅交管局、市公安局、市交警支队和市消防支队，突击抽查危险化学品从业单位江海区金溪货运有限公司、启盛运输有限公司、江门市谦信化工发展有限公司的安全生产制度、运输车辆、驾驶人教育管理台账等，并对相关制度的落实提出建议。联合区安监局，对区内“涉危”企业从生产经营、安全责任、管理制度、岗位操作和运输车辆等方面，进行拉网式检查。在江海三路和中江高速外海入口处设卡检查，检查危化品车辆10台，暂未发现有违法违规的危化品、易燃易爆品运输车辆；在胜利桥南融和银行门前、外海大桥、东海路中环广场、东海路江门一中西门、五邑路利生车城和外海大桥路段设置检查卡位，检查重点车辆380余辆，排查可疑人员35人，查处违法行为52宗，暂扣违法车辆2辆。节假日期间检查路面上的危化品车38辆，大型客运班车98辆，查获无押运人员、无通行线路准运证的危化品运输车1辆并移交相关部门处理。联合区安监、交通运输管理部门多次约谈区内23家危化品运输企业法人及安全员并签订责任书；对有违法未处理、逾期未报废机动车的运输企业出具《消除安全隐患通知书》，督促清理交通违法行为和处理报废机动车。利用“抗战胜利70周年纪念日”假期，组织区内各危化品运输企业的驾驶员进行交通安全知识学习。

□ 消防

【消防安全网格实体化】 在逐步完善公安派出所、消防大队、街道、村（居）四级消防监督管理体系的基础上，通过研判辖区火灾形势，探索符合江海区的消防网格工作模式，招收5名专职消防管理人员，成立实体化运作的外海、江南街道消安办配备应急救援车辆、器材，由街道分管领导任专职主任，行使日常消防监督巡查和专职消防队职能。8月14日，在江海区召开全市消防网格实体化推广会议，推广江海区的经验做法。

【源头防控】 开展专项整治和滘头街道重点地区挂牌督办整治，加强区域性、行业性火灾隐患整治，组织对全区13家养老福利和救助机构开展消防安全隐患排查整治和全区燃气行业、住宅小区、儿童托管机构、易燃易爆企业等消防安全专项检查；各街道排查劳动密集型企业56家，针对企业存在的火灾隐患、公共消防基础建设薄弱等问题进行逐一整治；会同安监、工商、城管、规划、派出所等部门，集中开展出租屋消防安全专项整治行动。召开全区出租屋业主动员大会，层层签订责任书，以《建筑设计防火规范》为技术支持，以民生民情为考虑原则，制订《江海区出租屋消防安全隐患整治标准》。会同区委宣传部组织开展多场消防安全宣传晚会；现场进行出租屋灭火和逃生疏散演练。对全区出租屋完成全面排查2次，消除一大批突出消防隐患，整治合格率70%以上。全年全区共检查单位1424家，发出责令整改通知书452份，临时查封和“三停”（停止施工、停止使用或者停产停业）单位32家，重大火灾隐患挂牌督办4家，拘留4人。

【创新消防监督巡查模式】 与江海电信创新推广“指尖上的消防”概念，在全区消防安全重点单位和各街道、村居推广使用手机终端网格化巡查系统，提高基层网格员和单位巡查员的消防工作效率和质量，以解决消防监督力量不足、单位每日巡查质量不高、单位企业消防责任落实不到位等问题。

【公共消防设施建设】 召开全区公共消防基础设施座谈会，根据历史欠账整理补建方案和计划，明确财政、供水、住建和各街道的任务分工并形成专题报告。根据《江门市城市消防专项规划（2012—2020）》要求，结合高新区公共码头工程建设进度，把水上消防站建设纳入公共码头前期论证阶段，争取纳入总体设计方案。区政府财政投入450万元，按照“3+2”（1辆城市多功能主战消防车、1辆救援功能高举消防车、1辆抢险救援消防车、2辆泡沫水罐消防车）标准配齐消防车辆，包括350万元的18吨大功率泡沫水罐车1辆、100万元的抢险救援车1辆并按照流程采购。成立街道义务消防队伍50支，除了具有基本的灭火救援装备以外，配备三轮消防摩托车24辆；把村、居义务消防队纳入灭火救援联勤联动体系，建立24小时值守制度并实施统一调度。

【消防宣传教育培训】 先后组织派出所副所长、消防民警、各街道安全办主任和巡查员开展网格化消防工作培训会，印发工作指导手册，建立分析研判、检查督导、考评奖惩和责任追究制度，确保各项任务落实到位。发挥外海、礼乐广播电视站和移动互联网等媒体的作用，通过消防公益广告、消防微视频和微信、微博等平台，宣传消防安全知识。

【队伍建设】 以加强实战训练为重点，全年进行消防实战演练48次，参与市消防支队抗震、抗洪、抗台风拉练4次；参加市消防支队5000体能考核的合格率由上年的60%提高至100%；发明的水带包布申请国家专利，获得公安部消防局2015年度公安消防部队灭火救援装备“小革新、小发明、小创造”活动优秀奖，列入《第十六届国防消防设备技术交流展览会》参展产品。

人民武装

【民兵预备役建设】 完成全区民兵组织整顿工作，完善各种战备方案、预案，做好大规模作战能力检验评估准备工作，开展基础科目训练，包括区民兵应急分队、各街道民兵应急排400人次开展军事基础训练，组织街道专武干部参加省军区、军分区的集训；分别组织区民兵轻舟分队和民兵森林防火分队进行强化训练，区民兵轻舟分队在恩平市进行的江门市四市三区比武竞赛中获得2个单项第1名，礼乐街道蓝健铨、朱镇铨个人并列第1名；外海街道陈锦培、礼乐街道陈锦辉个人分别荣膺第9名和第10名；组织全区民兵营长和新入队基干民兵进行强化训练。

【后勤保障】 年内完成文印室、保密室、兵器室建设，更新国防教育训练基地部分设施；按照三室两库（办公室、资料室、执勤室、战备器材库）建设要求，按期完成后勤战备库室和民兵应急连器材库室建设，在江门军分区组织的评比检查中名列前茅，受到广东省军区抽检考核好评。协调召开全区议军会议，按照深化改革、加强管理、围绕中心搞保障的思路，加大后勤装备保障力度。

【征兵工作】 高标准完成全年的征兵工作任务。7月17日，召开全区征兵工作动员部署会议；7月29日，在外海街道五大祠广场召开全区征兵报名启动仪式；区征兵办坚持集体定兵，做到廉洁征兵、阳光征兵；完成新兵征集任务为历年来最多，全区征兵工作连续14年获得全优单位称号。

经济管理与监督

JING JI GUAN LI YU JIAN DU

发展规划和体制改革

【发展规划编制】 2015年是实施“十二五”规划的最后一年，把握经济发展新常态，落实“提升科技创新能力、加速经济发展、加快城市化进程”三大主要发展任务，加快产业提质、创新驱动、产城振兴、民生保障和政府提效，促改革、重创新、调结构、惠民生，完成“十二五”规划预期目标任务，为“十三五”争上发展新台阶奠定坚实基础。

【中长期工作计划制定安排】 坚持稳中求进工作基调，继续深化改革，出台《江门高新区江海区2015年稳增长促发展工作措施》，进一步转变工作思路，不断优化产业结构，围绕“提升科技创新能力、加速经济发展、加快城市化进程”三大主要任务，推进项目建设，加快核心区开发，加强优势产业的培育发展，落实各项普惠民生工作，各项主要经济指标增幅实现争先进位，经济社会持续稳步发展。

【经济社会发展预期目标】 全区地区生产总值增长9%，人均生产总值增长8.52%，规模以上工业增加值增长9%，地方公共财政预算收入增长11.6%，社会消费品零售总额增长12.2%，固定资产投资增长23.28%，外贸进出口总额增长16.68%，城镇居民人均可支配收入增长9.5%，单位生产总值能耗下降和主要污染物减排控制在市下达指标范围内。

【经济体制改革】 体制机制改革不断深化，在全市率先出台投资准入负面清单，统一公布和全面实施“1+3”清单9685项；率先设立便企服务平台高新区综合服务中心，率先推行法人类行政审批“一窗通办”改革，3个街道“邑门式”便民行政服务中心启用，62个村（居）公共服务站全覆盖，在全市率先试点村（社区）行政事务准入管理制度，15分钟行政服务覆盖圈成型。完善财政管理体制，开设高新区国库，完成区街道财政管理体制调整，制订全区统一的政府采购、投资建设项目管理、购买服务及公务活动管理制度，进一步优化预算绩效管理工作机制。

【社会事业发展】 高等教育毛入学率、高中阶段教育毛入学率稳步提高。滘头小学南侧教学楼完成主体施工，礼乐二中教学楼基本竣工，教育资源整合和学校布局调整更趋合理。建成全民健身广场9个、文体小广场62个，各街道文体广场均配套健身设施。举办全区中小学生艺术展演和慈善公益文化节等系列活动。推动江门幼师迁址升格，规划全区幼教产业布局。全面推进医药卫生体制改革，开展平价医疗服务和家庭式医生服务，实现基层医疗机构基本药物全覆盖。推动区人民医院创“二甲”和区中西医结合医院提质升级步伐。全面实施13项国家基本公共卫生服务项目，加快街道社区卫生服务中心和村卫生站建设，大力发展社会办医。全区无疫情爆发流行和甲类传染病发生。全区职工养老金人均增加197.51元，达到1887.80元；城乡医保每人年补助标准提高至380元；重残护理补贴提高至每年1800元。全区建工会企业455家，签订集体合同企业913家，劳动合同签订率93.2%。率先构建区、街、村（居）三级“10分钟养老生活圈”，在滘北街道富横、北湾社区开展社区网格化试点工作，探索社区网格化、养老网格化和公共信息服务平台的服务有机结合。

【城乡经济发展】 围绕“一个核心区、两个副中心”规划格局，加快建设步伐。高新（江海）核心区以城轨江门站和府西小区为中心，推动中环商业广场二期、鹿茵酒店、碧桂园凤凰酒店项目进度提速，江门演艺中心即将竣工。外海副中心的LED博览交易中心C、D区塔楼封顶。江中珠游艇会项目主体工程基本完成。推进龙溪新城、珑山居、财富海景等新项目。礼乐副中心的利生车城汽车销售额突破10亿元。推进文昌花园、乐雅苑、乐雅居、帕佳图尚品、万隆小区等项目，加快农副产品（冷链）配送中心建设。汇聪电器厂示范项目竣工，兰花味精、春燕纺织及康城广场商住“三旧”改造项目开售，江南158号厂房等“三旧”改造项目进展加快。东华大桥、礼乐大桥、胜利大桥通车，金瓯路、胜利南路（新中大道-金瓯路）、南山路（五邑路—彩虹路）、东宁路（金瓯路—五邑路）、永康北路等关键路段通车，广中江高速江海段、胜利南延长线、连海路沿线、江睦路等项目进展加快。

【重点项目建设】 全区年度总投资额83.45亿元的77项重点项目累计完成投资82.73亿元，完成计划的99.14%。其中被列入市重点项目范围29项，累计完成投资47.9亿元，投资完成率115.78%，超时间进度15.78个百分点，位于全市前列。其中LED博览交易中心首期基本建成；江门高新港首期项目累计完成投资2亿元，首期项目A地块出让工作完成、土地整理和勘察设计工作有序开展；江中珠游艇会项目累计完成投资9650万元，年度投资完成率120.6%，项目主体工程竣工，进入相关运营启动工作阶段，建成游艇水上泊位23个，御景号01、中新号01游艇进驻。科技创新创业园一期竣工，火炬大厦建成启用。

【宏观经济分析与预测】 2015年，全区处在创新和改革发展的重要时期，科技经济社会发展面临新挑战。从国际环境看，世界经济格局在深度重构中出现变化，新一轮科技革命和产业变革蓄势待发，发达国家采取“再工业化”政策吸引中高端制造业回流，发展中国家和地区利用成本优势吸引产业转移。从国内形势看，经济增长速度从高速增长向中高速增长转变，经济发展方式从规模速度型粗放增长向质量效率型集约增长转变，经济结构调整从增量扩能为主向优化存量、优选增量并举转变，经济发展动力从要素驱动向创新驱动转变，经济发展长期向好的基本面没有改变，新的经济增长动力形成。全区经济形势受到不确定因素影响，随着国内改革红利释放，推动激发市场活力和社会创造力，转变工作思路，优化产业结构，推进项目建设，预期经济平稳发展。全国出口总量位居世界前列，国内众多新兴业态显现，在出口便利化、减免相关税费和外部环境趋好等因素的作用下，预期全区出口继续增长。投资方面，2015年是实施“十二五”规划的最后一年，在投资增幅指标计划上既要适度加码，又要兼顾“十三五”发展安排。信义玻璃二期、崇达电路二期、凌志餐厨等亿元项目相继开工，拉动全区固定资产高速增长，德力、健威、地尔等续建项目接近竣工，工业投资保持快速增长压力较大。消费方面，限额以上消费市场零售商品结构单一，以农家乐为代表的生态餐饮业发展迅速，构建多元化消费市场，预计全区消费市场平稳增长。

【国民经济和社会发展计划执行情况】 2015年，全区经济平稳发展，主要经济指标增幅达到预期目标。全年生产总值146.12亿元，增长9%。其中第一产业增加值4.52亿元，增长4.2%；第二产业增加值89.8亿元，增长8.8%；第三产业增加值51.8亿元，增长9.9%。产业结构比重进一步优化为3.09：61.46：34.45。在第三产业中，批发和零售业增长5.1%，住宿和餐饮业下降11.1%，房地产业增长5.8%，交通运输、仓储和邮政业增长4.9%。地方公共财政预算收入10.32亿元，增长11.6%；规模以上工业增加值77.05亿元，增长9%；固定资产投资91.94亿元，增长23.28%；社会消费品零售总额38.02亿元，增长12.2%；外贸出口总额139.13亿元，增长21.87%。

【固定资产投资】 全年全区固定资产投资较快增长，实现固定资产投资91.94亿元，增长23.28%，完成目标的101.89%。随着企业的战略性转型升级，新兴产业和先进制造业发展加快，全区工业机构不断优化升级。基础设施投资保持平稳较快增长。年内持续加大全区基础设施投入，实现基础设施投资18.44亿元，增长48.35%。房地产开发投资回暖。随着国家出台多项促进房地产市场平稳发展的调控政策，改善型住房需求逐步释放，商品房销售回暖，房地产开发投资快速增长，成为全区固定资产投资增长的重要拉动力，全年房地产完成投资32.16亿元，增长22.633%，增幅上升20.45%。

【投融资体制改革】 按照市场化运作模式盘活国有资产，制订《江门市高新技术工业园有限公司运营管理方案》，创新工业园公司机制体制，促进工业园公司做大做强。梳理区内项目情况，加强与金融机构对接探索PPP模式融资，开展前期咨询和评估工作。加强网上办事大厅建设，优化并联审批程序，“一照一码联合办理”“企业专属网页”平台上线运行；完成投资备案系统与网上办事大厅的系统对接，落实企业投资项目网上备案，进一步压缩审批时效，促进企业投资便利化。推进固定资产投资项目库建设，完善数据库录入及管理．加强工程项目进度监管和跟进。

【项目审批改革】 2015年3月1日完成投资备案系统与政府网上办事大厅平台的系统对接，落实企业投资项目网上备案。推进固定资产投资项目库建设，完善数据库录入及管理，2015年项目库收录全区在建、新建、建成等固定资产投资项目229项，计划总投资323.54亿元。全年立项102项，计划总投资98.97亿元，项目涉及基础设施、制造业、现代服务业、房地产工程、节能环保项目等,为全区经济的持续快速增长提供支撑。

【优化市场准入制度】 落实各项涉企行政事业性收费减免，在落实免征32项中央设立和7项省设立涉企行政事业型收费的省级收入等各项涉企行政事业性收费减免政策的基础上，贯彻执行《江门市涉企行政事业性收费目录清单（2015年版）》其中对10项收费进行减免的政策。坚持市区同步、普惠公平、就低不就高的原则，加快对现行收费项目进行梳理优化。编制投资准入负面清单和审批清单，按照“非禁即可、分类管理、动态调整、分批发布，纵向衔接、契合实际”的原则，梳理投资项目审批、审查事项，研究制定投资项目审批、审查权责清单。印发投资准入负面清单，坚持非禁即可，进一步放开市场限制，降低门槛。编制投资准入审批清单，规范行政许可、非行政许可审批工作，7月31日由全市统一公布和全面实施。逐步建立和落实“1+3”清单模式管理，进一步规范和约束政府行为，为企业创造稳定、透明和可预期的营商环境。

【社会信用体系建设】 印发《江门高新区（江海区）社会信用体系建设规划（2014—2020年）》《江门高新区（江海区）社会信用体系建设2015年工作要点》，建立健全失信“黑名单”制度，基本形成失信黑名单信息收集、上报和发布的常规性制度。加快搭建“高新江海信用网”。深入开展“守合同重信用”“百城万店无假货”“食品安全示范店”“农资放心店”“诚信市场”“平价商店”“平价药店”考核等企业诚信创建活动。引导企业开展2014年度“守合同重信用企业”申报公示工作。完善企业动态信息数据库，为企业信贷、招投标资格等对外经营活动提供信用依据，以更多的优惠扶持政策，激励企业努力提高信用等级。

【公务用车制度改革】 根据省、市工作要求，出台《江门高新区江海区公务用车制度改革工作方案》，推进公务用车制度改革。针对改革关键问题，加强与上级部门对接及与区内相关部门研究协调，完成公务用车预封存工作，召集相关部门研究车辆调配、司勤人员安置，召开全区公车改革动员大会、政策解读会，组成专项工作组对全区参改单位封存停驶车辆情况进行实地检查，按时完成公务黄标车淘汰工作，淘汰38辆公务黄标车。

【经济社会发展存在问题】 全区经济社会运行中存在一些困难和挑战，包括固定资产投资持续增长，但后劲不足。受市场低迷、需求不旺、资金紧张等因素影响，企业投资意愿下降，项目储备不足的问题突出；转型升级压力加大。经济增长的传统优势逐步减弱，现代服务业发展相对滞后，城乡融合发展步伐有待加快，产业附加值率不高。新兴产业产值占比不高，尚未形成规模优势。企业创新主体地位尚未确立，自主创新产权和自主品牌产品不多，科技创新的供给能力和转化水平有待提高；民生改善和群众需求还有差距，城乡居民增收需要寻找新的支撑，基本公共服务供给能力需进一步提高。财政收支矛盾突出，金融风险防范面临挑战；城镇化发展形态、空间布局和结构体系仍需进一步优化，社会治理体制改革和创新能力仍需加强；与先进高新区相比存在差距。园区经济总量偏小，综合实力全国排名靠后，对外辐射带动能力和产业竞争力有待增强，高水平科研机构、创业人才等创新资源相对欠缺。

统计工作

【年报和定期报表】 以质量为中心开展统计业务工作，做好年报、月报和各项抽样调查，加强对基层的业务指导和数据质量的把关，提高“三上”企业（规模以上工业企业、限额以上批发零售住宿餐饮企业、资质以内的建筑企业和房地产开发企业）数据的真实性，着力按照统计“四大工程”（统一的基本单位名录、统一的一套表调查制度、统一的数据采集处理软件平台、统一的联网直报系统）新体制纳新扩容扩大“三上”企业量，做到应统尽统，保证经济运行监测的数据质量，为全面实现经济发展目标提供统计保障。

【统计执法】 加强对联网直报迟报企业的催报和执法，共发出企业催报单、告知书、查询书等法律文书18份；加强对异常数据企业的检查和走访，了解企业真实生产情况，促进企业如实填报统计数据；加强联网直报统计规范化建设，推进联网直报单位统计人员配置、设备配备、原始记录留存、统计台账设置、网报规范、资料管理等的规范化工作。

【基层统计网上直报】 加强对联网直报企业培训，提高企业使用直报系统的业务水平，推进联网直报企业的名录库建设，推动达规模的企业升规入统。

【主要经济指标】 2015年全区生产总值146.12亿元，增长9%。其中第一产业增加值4.52亿元，增长4.2%；第二产业增加值89.8亿元，增长8.8%；第三产业增加值51.8亿元，增长9.9%。在第三产业中，交通运输、仓储和邮政业增长4.9%，批发和零售业增长5.1%，住宿和餐饮业下降11.1%，金融业增长5.4%，房地产业增长5.8%。三次产业结构为3.09∶61.46∶35.45。人均GDP为56104元，增长8.52%。

地方公共财政预算收入10.32亿元，增长11.6%，其中税收收入8.36亿元，增长8.21%；地方公共财政预算支出14.24亿元，增长21.61%。粮食作物播种面积3706亩，增长3.37%。果蔗种植面积8450亩，与上年持平。蔬菜种植面积34927亩，增长8.35%。粮食产量1866吨。果蔗产量48545吨，下降20.21%。蔬菜产量44545吨，增长29.02%。

规模以上工业增加值增长9%，其中轻工业增长8.9%；重工业增长9.1%。分行业看，计算机、通信及其他电子设备制造业、电气机械及器材制造业、化学原料及化学产品制造业、非金属矿物制品业、铁路船舶航空航天和其他运输设备制造业等增加值排列前5位的行业分别增长7.6%、7.8%、13.2%、-0.4%、-3%。

固定资产投资91.94亿元，增长23.28%。工业项目投资35.19亿元，增长23.73%，占全区固定资产投资的38.27%；房地产开发投资32.16亿元，增长22.63%，占全区固定资产投资的34.98%；基础设施投资18.44亿元，增长48.35%，占全区固定资产投资的20.06%。

全年实现社会消费品零售总额38.02亿元，增长12.2%。分行业看，批发零售业实现零售额34.19亿元，增长14.9%；住宿餐饮业实现零售额3.83亿元，增长7.25%。

【普查抽样调查和专项调查】 按照上级统一部署，推进全区1%人口抽样调查工作。成立工作领导小组负责组织协调工作；5月完成抽样框整理工作，8月完成小区划分工作，10月份完成两员（普查员、指导员）选调与培训、调查摸底等工作，11月完成PDA上门登记和互联网登记阶段工作。

【统计改革】 围绕省、市的统一工作部署，推进各项统计改革措施，包括推进农业统计报表全面联网直报工作，逐步实现农村统计基层报表、定期报表和2016年综合年报联网直报，开展固定资产投资改革工作，研究和制订工作方案，加强培训，科学评估对全区投资数据的影响，落实全年固定资产投资双轨制有关工作，并为2016年实施新制度奠定基础。

【统计四大工程建设】 出台《关于成立江海区统计“四大工程”建设工作领导小组的通知》，统筹协调全区统计“四大工程”（即“四个统一”：同意的基本单位名录、统一的一套表调查制度、统一的数据采集处理软件平台、统一的联网直报制度）建设工作的开展，开展统计“四大工程”中的“一套表”和“网上直报”企业业务培训工作，对江海区企业培训采取分街道、分专业、小班教学、现场演示答疑的模式，培训企业300多家。

【一区多园统计】 在蓬江区发改统计局、鹤山市统计局的协助下，按照常规国民经济统计相关指标要求，根据江沙示范园区、鹤山工业城的实际情况，结合科技统计和高新统计的特点，制订“一区多园”（高新区与分园区）统计数据收集和沟通机制。实现江沙示范园区、鹤山工业城内的企业，定期将有关统计数据依时报送，做好“一区多园”数据报送、汇总等工作。

【统计法制】 加大普法宣传力度，开展统计法律告知工作，在对企业统计员进行业务培训的基础上，为企业印发《统计法律事务告知书》，告知企业按时、如实上报统计数据和统计人员需持证上岗等法律事务。通过开展执法检查，强化统计监督职能。

【统计基层基础年建设】 落实国家统计局《县级统计机构工作规范》《乡镇统计工作规范》，通过镇街统计机构规范化建设的考核验收。充实区级统计队伍，按照国家统计局有关要求，配备专职服务业统计人员1名。街道配备专职或者兼职统计人员，村委会（居委会）确定专职或兼职统计人员负责统计工作。落实街道和“四上”（规模以上工业企业、资质等级建筑业企业、限额以上批零住餐企业、规模以上服务业企业）企业统计人员持证上岗，按照省、市统计局推进《广东省一套表联网直报单位统计工作规范》要求，举办规模以上工业企业统计员培训会议，开展统计台账设置等规范化建设工作。

【统计信息自动化建设】 建立健全统计信息网络安全和管理制度，规范上网行为，加强网络管理，确保统计信息网络安全。提升全区统计信息化水平，建设省市区视频会议系统。

【统计教育培训】 全年组织区内企业和单位统计人员参加学习和考试，参加上岗证考试24人、统计再教育培训24人、初级和中级职称考试分别为18人和11人。

【创新统计方法】 围绕经济和社会发展的新形势和新特点，加强对新产业、新业态、新商业模式的分析，推动面向众创、众包、众扶、众筹等新经济运行模式的统计工作。

【统计研究与分析监测】 以加快转变经济发展方式为主线，关注当前热点问题，强化经济运行统计监测和分析，及时发布重要统计数据，每月按时编印《统计月报》，发布《2014年江海国民经济和社会发展统计公报》《江海区第三次全国经济普查主要数据公报(第1、2、3号)》；撰写《江门高新区、江海区内主要上市企业经营情况分析》《2015年前三季度江门高新、江海区工业用电产出情况分析》等统计分析文章，通过对关联指标的监测分析，及时发现经济运行中苗头性、倾向性问题，并加强对有关情况的统计研究与分析监测。

江海区主要经济指标

表5

指　　标	单位	2015年	增长%
国民经济和社会发展主要指标			
生产总值	万元	1461229	9

续表：

指　　标	单位	2015年	增长%
工业总产值	万元	3960590	4.2
农业总产值	万元	89962	11
国民经济主要指标人均占有量			
人均生产总值	元	56104	8.54
人口、土地面积和人口密度			
土地面积	平方公里	109.16	—
年末常住人口	万人	26.07	0.19
就业和失业变化情况			
年末从业人员数	人	143200	0.27
主要农作物播种面积、亩产和总产量			
粮食总产量	吨	1866	55.63
工业企业单位个数	个	2797	36.44
规模以上工业企业主要产品产量			
摩托车	万辆	54.15	-0.9
洗衣机	万台	117.86	11.4
空调器	万台	26	-28.8
固定资产投资及其增长速度	万元	919382	23.28
外商直接投资	万美元	10519	77.29
社会消费品零售总额	万元	380213	3.16
居民消费价格指数			
公共财政预算收入	万元	103201	14.52
公共财政预算支出	万元	142391	24.71
房地产开发投资情况	万元	321636	22.63
卫生机构、床位及人员数			
卫生技术人员数	人	433	-22.12
医院床位数张2931.38			
各类学校情况			
普通中学在校学生数	人	14285	-1.35
小学在校学生数	人	21457	6.04
财政支出中教育支出	万元	24652	18.04

物价管理

【价格改革】 把行政事业性收费年审改革为事中事后监管，按照国家和省的统一部署，推进管理工作方式转变，与区财政局联合对全区22个行政事业性收费单位进行行政事业性收费事中事后监管，建立收费单位情况及其收支状况年度报告制度，通过“全国收费动态监管系统”在线平台实现收费主体情况、收费依据、收费项目、收费标准、收费期限、收费收支、收费评估等内容的在线填报管理，通过信息化手段做到收费全透明、可核查、无纸化。规范医疗服务价格管理。从2015年起，国家放开除精神药物外的药品价格定价，及时转发文件到相关医疗机构并跟踪检查，确保国家政策的贯彻落实。对江海区人民医院和中西医结合医院等开展医疗收费和药品价格检查，规范全区医疗服务价格管理。

【价格监督检查】 每周安排专人到各农贸市场巡查，了解粮、油、肉、蛋等主要副食品和成品油、农业生产资料等重要商品的价格变动情况，及时掌握市场供求和价格变动情况，价格异常波动的马上上报，维护市场价格的基本稳定。

【价格监测和成本监审】 价格监测。在节假日、各种自然灾害发生期间，对市场价格进行巡查，做好粮食、食用油、猪肉、副食品、化肥、药品、成品油和液化石油气等重要商品市场价格动态的监测，及时掌握市场价格动态，防止发生哄抢物品、哄抬物品价格事件的发生；开展“菜篮子”价格监测，对猪肉、鱼、蛋、禽、蔬菜等商品价格每周2次专人实地调查监测，聘请专职人员3人，每天对市场进行实地采价；对平价商店商品每天进行监测并把数据上报省、市发改部门。

成本监审。对海伦心苑、富港·天悦湾等新楼盘提出物业服务收费拟超出政府指导价的请求，根据其提交的物业服务预测成本资料以及我区居民的价格承受能力，合理核定楼盘物业收费标准；为帕佳图尚品花园、外海翡翠华府、文昌花园新区3个小区办理物业收费备案。

【价格管理和收费管理】 做好商品和服务价格的审批工作，对列入物价部门管理的经营服务性收费和教育收费，按照程序规定做好价费审批和管理工作。对行政事业性收费，严格按照规定程序发放收费许可证。全年共核（换）发行政事业性收费许可证7个、经营服务性许可证21个、教育和社会力量办学许可证18个，注销行政事业性收费许可证8个。落实省发改委、省教育厅义务教育“一费制”以外收费不得收取“托管费”政策，督促各学校停止收取托管费并做好收费公示工作；审核民办幼儿园提价成本监审资料，为17间民办幼儿园办理提价备案手续；审核江海区文昌中英文学校、江海陈伯坛学校等民办学校教育培养成本资料，制订学校的书杂费等收费标准；春、秋季开学以后联合区教育局、区财政局、区纠风办等部门进行教育收费检查。

【价格评估鉴证】 以开展涉案物品价格鉴定和交通事故车物损失鉴定为主，全年接受各类价格鉴证360宗，鉴证金额829.86万元，其中受理民事、经济涉案案件委托1宗，涉案物品价格鉴定价格8.58万元；受理刑事涉案案件委托216宗，鉴定金额257.42万元；受理机关事业单位和个人委托4宗，评估金额30.08万元；受理交通事故车物损失鉴定委托139宗，评估金额533.78万元，为执法部门提供涉案物品价值依据。

【涉企收费治理】 协助市发改局率先在全省内首个公布涉企行政事业性收费清单和政府定价经营服务性收费清单。市发改局4月发布《涉企行政事业性收费目录清单》，6月发布《实行政府定价管理的涉企经营服务性收费目录清单》（第一批）《进出口环节涉企经营服务性收费目录清单》（第一批）《工程建设领域涉企经营服务性收费目录清单》（第一批）等3份清单，成为省内首个发布行政事业性收费目录清单和经营服务性收费目录清单的地级市。

【价格调控】 春节期间发挥平价商店作用，要求春节期间正常营业，销售的白菜、芥菜、椰菜、萝卜、马铃薯等5个品种以2月16日（即年二十八）当天的价格为基准，在2月17日至2月24日（8天）内不涨价；其他蔬菜品种价格低于市场平均价格15%以上销售，粮、油、肉、禽、蛋类低于市场平均价格5%以上销售；要有每斤2元以下的大米、每斤5元以下的鸡蛋和低价的食用油销售，保证供应不断档。通过平价商店的带头作用，引导其他商家以较低价格出售蔬菜，稳定节日期间的蔬菜价格。

【农副产品价格调控平台】 严把平价商店全省调控项目重新入库关，全面构建农副产品价格调控新平台。为适应经济发展新常态下的价格调控形势，有效提高省级价格调节基金的使用效率和整体效益，按照省的统一布署，在原有21家平价商店（专营区）中按照条件筛选，重新选定15家符合广东省农副产品价格调控项目库项目要求的平价商店进行入库申报，使全区的平价商店在价格异动时期参与政府组织的价格调控，履行保供稳价义务。

【行政事业性收费监管】 国家和省出台取消和免征150多项行政事业性收费项目政策，涉及全区的有公安部门的有治安联防费和户口准迁证费、工商部门的企业年度检验费以及动物防疫检疫费等等，通过及时转发文件到相关部门，督促其变更或注销收费许可证并组织人员到有关责任单位检查这些取消或降低的收费的贯彻执行情况。

【价格举报投诉处理】 加大物价监督检查力度，处理江门市“12345”政府服务热线和来电、来信投诉工作。做到“有问必答、有诉必理、有理必果”，查属违法的按照有关法规处理，属合法的向投诉者详细解释。全年接到各类投诉个案65宗，其中政府热线61宗、电话咨询4宗，全部作出答复。

【专项价格检查】 加强节假日市场价格检查，采取全面巡查和重点检查相结合的方式对本辖区重要商品和服务市场进行检查，并及时通知各街道做好节日期间的市场巡查和价格监测工作，如有价格异动及时上报。开展黄金周旅游价格专项检查，做好中秋、国庆期间的市场价格监管工作，包括对陈少白故居、茶庵寺公园和白水带公园等旅游景点及各大商场商品价格进行检查，没有发现有擅自提价、变相涨价、出售商品和提供服务不执行明码标价规定等违规的现象。开展教育收费专项检查，联合区教育局等对各中小学校开展春秋两季的教育收费检查，没有发现有乱收费的现象。对全区零售药店在药价放以后药价执行情况进行调查。

经济与科技发展

□ 农业

【农田基础建设】 开展高标准基本农田建设，2014年度项目工程进入施工阶段，2015年度项目工程立项。开展农业土地开发项目，包括礼乐主灌河东岸堤加高加固工程，外海龙溪围西、麻园与马鬃沙围基路加高加固工程等项目完成复检，滘头电排站调固工程竣工。

【农产品质量安全监管】 加强蔬菜基地的巡查和农产品抽检力度，杜绝使用高毒和禁用农业投入品，抽检蔬菜样品505个，合格率98.4%。对蔬菜生产基地进行不定期的巡查，督促生产者规范使用农业投入品，做好生产档案记录。对检测中发现农药残留超标的蔬菜，通知种植户延迟蔬菜上市时间，并经检测合格后才准予上市。要求种植户严格按照《农药管理条例》的规定使用农药。

【落实支农惠农政策】 落实各项种植补贴政策，包括补贴水稻674.7亩、玉米11.5亩；发放中央农作物良种补贴1万元、农资综合直补4.1万元、种粮直补0.54万元。做好政策性种植保险工作，办理早、晚造377.7亩水稻保险，投保率100%；完成1407.1亩甘蔗的投保工作。农机购置补贴资金30万元，受理申请100多台喷雾器、喷灌机等农业机械，落实购置补贴资金9.3万元。开展新品种新技术的示范推广，组织全区102名示范户和31名指导员开展技术培训，培育壮大3个试验示范基地。

【农村三资管理】 在农村集体资产管理交易平台和农村财务管理电算化的基础上，创建江海区农村财务监管平台。完善升级农村集体“三资”管理服务平台，实现农村集体资产管理交易平台、农村财务监管平台和农村党风廉政建设信息公开平台三个平台功能覆盖。依托农村财务监管平台系统，在登记备案全区农村集体经济组织银行账户信息基础上，与银信部门签订监管平台合作协议，协调做好农村财务监管平台与银信部门银行系统的数据对接。推进全区农村集体资产核实清理工作，以2012—2013年农村集体资产清产核资结果为基础，对全区148个农村集体经济组织（44个经联社、104个经济社）的集体资产进行核实、清理。

【村级公益事业】 在礼乐街道英北村、武东村、向民村、镇龙村、威西村、雄光村、东红村开展农村公益事业一事一议建设项目，以村民一事一议筹资筹劳总额219.91万元为基础，通过各级财政补助项目总资金329.8万元，实施7条村13个建设项目并在年内完工。

【名村示范村建设】 以外海街道南山村、麻一村，礼乐街道新丰村、新创村、威东村共5条村为名村试点村，通过各级投入资金191.1万元，实施完成5条示范村14个建设项目。

【农村土地承包经营权确权登记试点】 推进全区农村土地承包经营权确权登记试点工作，委托江门市水利水电勘测设计院有限公司在礼乐街道镇龙村开展试点，协调市国土局完成江海区农村土地承包经营权确权登记颁证项目1：2000正射影像工作底图并交付工作。镇龙村试点完成确权试点村礼乐街道镇龙村承包地面积1300亩，涉及农户252户的确权前期工作，待省农业厅统一制作发放证书后对农户登记颁证发放。

【林业工作】 3月12日植树节当天，在金瓯路、南山路以及外海、礼乐、滘头等街道植树8000多棵。按照市的工作要求提前完成1个市级森林公园的任务并进行政府采购。全年发生森林火警2起，过火面积3亩，没有发生大的森林火灾和人员伤亡事故。组织区护林员9人到市森林消防大队进行培训。推进“绿盾2015”检疫执法行动，集中整治2次，对薇甘菊重点区域进行检查落实。办理林木采伐许可15宗，执行采伐限额1061.9立方米。开展以打击破坏野生动物资源为重点的“雷霆行动”“利剑行动”和“野生动植物日”“爱鸟周”宣传等，全年接警7起，解救、接收野生动物20余件。

【畜牧渔业】 畜牧渔业全区备案畜禽养殖场570户，生猪饲养量15.3万头，上市量12.1万头；家禽饲养量25.5万只，上市量14.2万只；禽蛋产量30吨；全年畜牧业生产总值2.1亿元。水产养殖面积1.7万亩，主要养殖品种有南美白对虾、桂花鱼、笋壳鱼、巴鱼等名优品种和青鱼、草鱼、鲢鱼、鳙鱼等4大家鱼常规品种。全年水产品产量2.5万吨，总产值4.1亿元。完成强制免疫重大动物疫病生猪15万头，家禽25万只，应免疫率均100%。开展查源灭原消毒行动，发放消毒药4吨，消毒养殖场570多个、屠宰场1个，消毒面积50万平方米。实施畜产品、水产品质量安全专项检查，重点对养殖环节的饲料、兽药使用进行整治，杜绝使用“瘦肉精”、孔雀石绿等违禁药品行为。

【农业生产和农村资产监管】 全年抽检蔬菜、水产品、肉产品样品565份，其中蔬菜合格率98.4%、水产品和肉产品全部合格。完成强制免疫重大动物疫病生猪15万头，家禽25万只，应免疫率均达100%。推进农产品溯源管理，全面实施动物检疫电子出证，通过扫描检疫证明二维码标志直接查询畜产品的生产源头，加强屠宰场日常监管巡查。加强红火蚁、微甘菊等有害生物的防控防治，解救夜游、隼等野生动物20多只。落实各项支农惠农政策，发放种粮补贴、农机购置补贴、生态公益林补贴和无害化处理病死猪补贴42.73万元。推广能繁母猪保险、甘蔗种植保险等政策性农业险种，提高农业抗灾能力。

□ 工业

【工业发展】 全区实现生产总值146.12亿元，增长9%。其中第一产业4.52亿元，占GDP比重3.1%，增长4.21%，拉动GDP增长0.11个百分点，贡献率6.1%；第二产业89.80亿元，占GDP比重61.46%，增长8.83%，拉动GDP增长6.10个百分点，贡献率67.8%；其他非营利性服务业增长17.3%，第三产业51.8亿元，占GDP比重35.45%，增长9.86%，拉动GDP增长2.78个百分点，贡献率30.94%。继续优化三次产业结构，形成“战略性新兴产业+先进制造业+现代服务业”的产业结构体系。实现工业总产值390.62亿元，增长4.2%。其中规模以上工业总产值366.5亿元，增长4.2%;规模以上工业增加值78亿元，增长12%。规模以上民营企业增加值增长12.9%，规模以上小微工业企业增加值增长17.5%，比全区平均增速高3.9和8.5个百分点，成为拉动全区工业经济的重要增长点。在四市三区中，江海区规模以上工业经济总量排名第6，占全市工业比重的8.32%;增长速度在全市排名第3，高于全市平均水平1个百分点。

【支柱产业】 全区总产值排名前5的行业分别是电气机械及器材制造业、通信设备计算机及其他电子设备制造业、化学原料及化学产品制造业、铁路、船舶、航空航天和其他运输设备制造业和非金属矿物制品业。五大行业实现规模以上工业总产值267.79亿元，占全区规上工业总产值366.5亿元的73.07%，比2014年的比重降低1.09个百分点。

电气机械及器材制造业是全区工业经济的第一大支柱行业，工业产值79.99亿元，增速10.69%，占全区工业总产值的21.83%。主要产品包括家用电器、小电机、精密空调等。第二大支柱行业为通信设备、计算机及其他电子设备制造业，工业产值72.83亿元，增长9.34%，占全区工业总产值的19.87%。第三大支柱行业为化学原料和化学制品制造业，工业产值61.98亿元，下降7.65%，占全区工业总产值的16.91%，主要产品包括醋酸酯、荧光粉、镍镉电池等。第四大支柱行业为铁路、船舶、航空航天和其他运输设备制造业，工业产值29.11亿元，下降4.27%，占全区工业总产值的7.94%。非金属矿物制品业工业产值23.88亿元，下降0.96%，占全区工业总产值的6.52%，主要产品为玻璃制品。绿色（半导体）光源产业实现产值20.61亿元，增长26.7%，为发展较快的产业。

【重点企业发展】 全区规模以上工业企业199家，实现产值366.5亿元，增长4.2%。其中亿元企业75家，产值302.53亿元，亿元企业产值占规模以上企业总产值的82.55%。区内化学原料、电气机械、通信设备、运输设备和非金属矿物制品等产业加强与世界500强公司的合作，拥有工业企业2000家、国家级高新技术企业47家、世界500强企业7家，分别为江门三菱重工金羚空调器有限公司、艾默生网络能源（江门）有限公司、江门亚什兰化工有限公司、西铁城精电科技（江门）有限公司、江门市福宁电子科技有限公司和德尔福派克电气系统有限公司江门分公司、华润食品饮料（深圳）有限公司江门分厂等世界500强公司的投资子公司。

【小微双创】 组织11个基地进行基地申报工作，其中珠西创城小微企业创业创新基地以全市第一名的成绩被认定为江门市小微企业创业创新示范核心基地，珠西云谷小微企业创业创新基地、江门临港物流园中岸跨境电子商务创新基地、江门国家高新区电子商务园、中国（江门）国际绿色光源博览交易中心、江门北斗卫星应用小微企业创业创新基地、开放式创新空间6个基地被认定为江门市小微企业创业创新示范重点基地。引进清华科技园启迪之星团队进行孵化器运营，依托其在园区招商引资、人才引进、资本管理、创新创业企业孵化、园区管理与运营等优势和资源，推动全区科技自主创新，并举办多期创业营活动。江门市高新技术创业服务中心、江门市云谷科技企业加速器有限公司、江门市石赢千秋科技企业孵化器有限公司及江门市科恒实业股份有限公司等4家单位被推荐认定为“江门市科技企业孵化器”。全市小微企业创业创新“1+15”扶持政策出台以后，落实普惠性政策，引入阿里巴巴江门产业带、阿里巴巴1688进口货源平台2个电商项目。其中阿里巴巴·江门产业带项目入驻上线的小微企业1300家，上线产品23万种，成为江门市上线企业最集中、实现交易额最大的电子商务平台。全区小微企业营业收入290亿元，增长16%；新增就业人数8239人，增长15%；技术合同成交额500万元；企业拥有授权专利191个，增长19%。

【先进装备制造业】 为落实江门市和高新区珠西行动工作纲要及五大行动计划，出台《江门高新区（江海区）发展先进（装备）制造业实施方案（2014—2020年）》，包括1个总方案和5个行动方案；重点发展以LED绿色光源产业为主的战略性新兴产业，做大做强以电子信息、机电制造、汽车零部件为主的高附加值先进制造业。为地尔汉宇争取到800万元开展工业机器人产业化项目；总投资3.5亿元的德尔福汽车线束项目落户江海区；组织发动40多个中外客商参加首届珠海“装洽会”，包括奥斯龙机械公司（高端数控机床）、地尔汉宇公司（工业机器人）参展；组织奥斯龙、银特银、亚泰机电等企业参与首台（套)装备的研发与使用、实施先进装备保费补贴，工作母机类制造业发展等专项资金申报工作。

【园区扩能增效】 出台《江门高新江海区推进产业平台扩能增效行动工作制度》《2015年度高新江海区产业平台扩能增效行动实施方案责任分工表》《2015年度江门高新区产业园区扩能增效考评责任清单》等文件，落实全区扩能增效专项行动，全区盘活闲置工业用地370.392亩、空置厂房39万平方米，为企业实现“零增地”增资扩产项目提供条件。其中威铝铝业利用103亩闲置地，投资1.35亿元与日本顶级铝表面处理技术公司合作，引进汽车装饰件项目；天钇金属公司投资1.2亿元利用闲置厂房进行摩托车整车生产线技改项目。全区综合服务中心7月17日实现园区“一条龙”服务。先后组织、参加多项大型招商活动，针对目标企业和意向引进项目进行招商考察，新增招商线索29条，计划总投资额100亿元。引入中电（江门）天然气分布式能源项目，项目动态总投资14亿元，首期投资7.3亿元；投资额3.5亿元的德尔福派克线束生产项目以及投资额2.68亿元的地尔汉宇工业机器人加工基地项目，在珠西先进装备制造业投资洽谈会上促成沈阳机床和威铝铝业签订合作框架协议，并与中位协、新松机器人等签订合作框架协议。

【工业企业技术改造】 全年完成工业投资35.19亿元，其中技术改造投资12.66亿元。重点推进年主营收入超5000万元以上的115家工业企业开展新一轮技术改造；全区完成工业投资26.4亿元、技术改造投资10.77亿元，完成全年技术改造目标任务的124.94%。推动企业应用新技术和新工艺实行增资扩产，项目投资10亿元的信义玻璃二期超白玻璃项目完成并投产。企业实现“机器换人”升级改造，推进三菱重工、地尔汉宇、大冶摩托等企业应用工业机械人、机械手、数控加工装备等智能测控装置，优化生产工艺技术，其中大冶摩托车公司投资2.7亿元引进重型铸造、机加工设备、机器人自动化焊接系统等实现生产自动化整体改造提升。

【高新区企业服务中心筹建】 为深化行政审批制度改革，优化营商环境，打造“一门式”服务平台，在江门市江海区中小企业服务中心和江门高新区光电行业协会的基础上，成立高新区企业服务中心（创新创业中心），该中心设置投资服务部、创新发展部、综合行政部、培训交流部等4个部门，为高新区企业提供政策引导、创业指导、投资协调、项目申报、信息资源共享和培训交流等服务。与顺德区企业服务中心合作设立高新商学院，开展高新区总裁办、企业经理人MBA研修班、企业财务管理专题研修班、高新区企业发展论坛、高新区企业对外交流培训工作。

【节能增效】 全区规模以上工业综合能源消费量下降3.25%，规模以上工业增加值增长10.3%，单位工业增加值能耗下降12.28%，6大高耗能行业（石油加工炼焦及核燃料加工业、化学原料及化学制品制造业、非金属矿物制品业、黑色金属冶炼及压延加工业、有色金属冶炼及压延加工业、电力热力的生产和供应业）的综合能源消费量下降2.47%。全区总用电量17.18亿千瓦时，增长4.3%，其中工业用电量13.82亿千瓦时，增长3.14%，非工业用电量3.3678亿千瓦时，增长9.35%。江门市下达全区单位GDP能耗下降3.31%节能目标，全区能源消费总量107.21万吨标准煤，增长4.2%；工业等价值能耗70.39万吨标准煤，上升0.44%；单位GDP能耗每万元0.9612吨标准煤，下降5.74%。每月监督重点用能企业做好能源消费总量直报，对企业实施能耗数据在线实时监测。制订电机系统节能改造资金扶持方案，对全区电机能效提升情况和落后电机淘汰情况进行专项监督监察。组织16家企业参加江门市2015年电机能效提升暨节能管理培训班。提前完成市下达的5.12万千瓦时电机能效提升任务。集中实施电机、变压器和燃煤锅炉三大重点装备节能改造工程。围绕重点技术装备和工艺改造，引导企业加大节能减排技术研发投入，提高能效，减少污染物排放。

【园区产业发展】 落实珠西行动工作纲要及龙头企业培育、企业改造升级、产城融合振兴、重大项目突破、产业平台扩能增效五大行动计划，制订发展先进（装备）制造业实施方案和光电谷发展规划。引进德尔福汽车线束项目、LED封装企业等先进制造业项目。组织奥斯龙、银特银、亚泰机电等企业参与各类专项资金申报工作并获得省装备制造业各类专项资金838万元。制订电商谷发展规划，引进阿里巴巴江门产业带项目、阿里巴巴1688全球货源平台、中国网库等电商项目。其中中国网库完成摩托车、树脂等4个单品平台，1200家本地企业进驻阿里巴巴江门产业带；55家特色品牌本地进口贸易企业进驻阿里巴巴1688全球货源平台。盘活高路华地块，推进建设高新区电子商务园。加快高新区公共码头和港口物流园区的建设，推进供港标准食品交易中心项目和农副产业（冷链）配送中心等项目进度，其中供港标准食品交易中心项目开展北京地区产品试销测试。

【扶持企业创新】 制订《江门高新区小微企业创业创新基地城市示范建设工作方案》，组织企业申报小微企业认定，落实各项扶持政策，重点推进年主营收入超5000万元以上工业企业开展新一轮技术改造，应用新技术和新工艺以及实现“机器换人”升级改造。信义玻璃和崇达电路实施18亿元的技改项目。组织20个技改项目申报省技术改造专项资金、企业转型升级专项资金等资金专项扶持，3个项目获得1000多万元的扶持。发动一诠科技、科世得润、量子高科等企业入资增资2364.3万美元。

【创新平台建设】 创建珠三角（江门）国家自主创新示范区、全国小微企业创业创新示范城市核心区、国家创新型特色园区和中国江门“侨梦苑”华人华侨创新产业聚集区4个国家级平台，实施创新驱动发展战略，拓展创新空间，加速创新资源要素聚集。全年认定13家国家高新技术企业，全区拥有的国家高新技术企业数量位居全市首位。发动企业申报各级科技项目52个，共获得1140万元资金扶持。打造孵化培育创新体系，把综合服务中心大楼、孵化大楼、火炬大厦以及码头大楼整合，打包申请国家级孵化器培育单位。引入清华科技园启迪之星（北京）科技企业孵化器有限公司,并举办2次创业营活动，设立天使投资基金，建立全新的科技创新服务模式。广东华科新材料研究院有限公司获得组建省新型研发机构的立项；组织14家企业申报市级工程技术研究开发中心、7家企业申报市级新型研发机构，11家企业通过省工程中心认定。

□ 商贸

【商业网点建设】 以中环广场为核心，以东海路、麻园路、滘头路、胜利南路商业街为支架组成江海新商业中心。东汇城项目（春燕棉纺厂“三旧”改造工程）为2013年启动的“三旧”改造项目，是富港集团和广东春燕纺织有限公司联手打造的城市综合体，总投资20亿元。集大型购物中心、精品住宅、LOFT公寓、商务酒店及甲级写字楼于一体，占地面积10万平方米，总建筑面积50万平方米。2014年12月23日奠基，分3期开发，第1期为2幢27层高的洋房、体验式商铺和1幢LOFT商务公寓，第2期为购物中心及商务酒店，第3期为商业步行街及高档住宅。投资800多万元改造建设麻三嘉福市场。按照《高新区（江海区）家禽“集中屠宰、冷链配送、生鲜上市”经营档口改造工作方案》要求，对5个农贸市场共22户经营户进行档口改造。

【重点项目建设】 组织召开高新区电子商务规划调研会，邀请相关政府部门、企业和专家共同探讨电子商务规划工作，推动中国网库及阿里巴巴跨境电子商务项目进展。引进的阿里巴巴电子商务平台、中国网库“江门电商谷”电子商务平台等项目。阿里巴巴电子商务平台建立阿里巴巴1688·江门产业带和1688进口货源江门站2个平台。举办阿里巴巴1688·江门产业带上线仪式，入驻江门LED、水暖卫浴、不锈钢五金制品、红工家具、农副产品等5类行业，1312家企业入驻阿里巴巴1688·江门产业带平台；举办阿里巴巴1688·进口货源江门站平台上线仪式，55家企业进入；中国网库项目举办（江门电商谷）暨“腾计划”启动仪式。江门网库完成20个单品平台建设。推荐德邦物流公司申报2015年市级流通业扶持专项资金；推荐中国邮政速递物流股份有限公司江门市分公司、江门市江海区外经企业有限公司、江门盈信创展网络技术有限公司申报2015年广东省出口企业开拓国际市场专项资金。推荐贝尔斯顿公司申报2015—2016年度广东省电子商务示范企业，完成大冶摩托广东省电子商务示范企业验收工作。

【物流业】 区内物流主要是以服务当地工业发展为主，消费类散件物流（如网购快递）运输占比不高。随着互联网的发展和电子商务兴起，全区物流行业逐步从制造业中分离发展。全区散件物流以出口清关为主，由省邮政速递物流有限公司江门分公司与江门中岸集团共建的江门市跨境电商清关分拣中心项目于2014年10月启动建设至2015年2月运行以来，验放个人进、出口邮件5986万件，位居全国第2。

【消费市场】 全年实现社会消费品零售总额38.02亿元，增长12.2%。分行业看，批发零售业实现零售额34.19亿元，增长14.9%；住宿餐饮业实现零售额3.83亿元，下降7.25%。分商品类别看，在限额以上批发零售业零售额中，文化办公用品类增长38.69%，汽车类增长32.45%，石油及制品类下降14.77%。

□ 对外经济贸易

【完成主要经济目标】 全年外商直接投资合同外资金额累计完成16264万美元，下降25.94%，完成年计划72.89%，全市排名第四。外商直接投资实际吸收外资金额累计完成10519万美元，增长77.3%，完成年计划的100.18%，全市排名第四。外贸进出口总额1883580万元，增长17.6%，完成年计划的112.23%，全市排名第一。其中出口1403228万元，增长22.92%；进口480325万元，增长4.4%。

【开拓国际市场】 加强与省、市贸促会和香港贸发局的沟通联系，开拓港澳以及海外市场，发动企业参加中国加工贸易企业产品博览会、海上丝绸之路国际博览会、中国（广州）国际采购博览会、中国（东盟）贸易博览会、上海时尚电子展、上海尚品家具及装饰品展览会等。全年组织各类型产品展示会9个，包括组织企业参加广交会、香港春秋季灯饰展及电子展、澳门环保展、中国中小企业博览会、意大利米兰国际摩托车展览会、柏林国际电子消费品及家电博览会（IFA）等；参加非洲、南美、中东、东盟、东南亚等新兴市场国家举办的国际性展会，如南非约翰内斯堡展、印度孟买展等。

【引进外资项目】 新设立外资企业13家，其中超500万美元的项目共3个，分别是广东正大康地生物营养科技有限公司、江门市绿源财富环保科技有限公司、中电（江门）综合能源有限公司，分别贡献817.13万美元、6987万美元和2645.88万美元的合同利用外资。

【扶持外贸出口企业】 第117、118届中国进出口商品交易会（广交会）分别于4月15日—5月5日、10月15日—11月4日在广州琶洲会展中心分3期举行，全区23家企业参展，参展企业数与品牌摊位数均为历届最多。组织广东大冶摩托车技术有限公司、江门健威国际家具有限公司申报中国出口质量安全示范企业。发动沃得进出口、柏明贸易、盛泰工贸等3家外贸综合服务企业申报江门市外贸综合服务试点企业。协助企业申报企业提升国际化经营能力项目资金（原中小企国际市场开拓资金）、进口贴息资金、广东省开拓国际市场专项资金、江门市外贸发展资金等10多项扶持资金。兑现企业各项扶持资金20个批次、1092万元，受惠企业206家次。鼓励企业开展商标和专利注册，全区专利申请数784件，授权数569个。

【江门市跨境电商清关分拣中心建成】 2月10日，清关中心投入运营，实现海关、国检等口岸联检部门的“联合查验、一次放行”的“一站式作业”工作模式，提供进出口快件（邮件）报关、清关、结汇、退税、物流等多功能服务，率先建成全国首个跨境电子商务领域的“单一窗口”而成为“江门模式”。该项目位于高新区中岸公共保税仓内，占地2.5万平方米。其中清关中心（一期）由中岸集团和中国邮政速递物流公司江门市分公司共同投资，运营场地4200平方米，可同时容纳20辆通关车辆进出作业，投入运营6条检测线，每天可验放进口快件6万件。清关中心（二期）项目由中岸集团独资建设，运营场地5000平方米，内年投入运营。清关中心一、二期项目合计投入运营

14条分拣线，是全国单一围墙内规模最大的跨境电商快件清关中心，主要以江门及周边地区的线路板等高科技商品为主。全年经清关中心验放的进口个人邮件、快件450万件；验放出口个人邮件、快件5536万件。

【大项目招商】 引进投资3.5亿元的的德尔福派克汽车线束生产项目，总投资2.68亿元的地尔汉宇工业机器人加工基地项目、总投资2亿元的阿里巴巴电子商务平台（含江门产业带和全球进口货源2个平台）、投资1.7亿元的现代照明LED封装应用项目等4个亿元以上项目。促成威铝铝业和沈阳机床下属企业智能云科合作，共建固定资产规模达7亿元的智能云制造基地项目。完成项目准入评审的工业项目4个，包括3亿元的现代农业集团动物营养生物科技项目、2.1亿元的欧溢科技汽车胎压监测系统项目、1.32亿元的普加福光电纳米晶荧光粉材料生产项目和1.3亿元的聚科照明LED封装照明项目。动态投资14亿元（首期投资7亿元）的中电国际分布式能源站项目、投资3亿元的广东浩科水性涂料生产项目和1.1亿元的炜盛五金烤箱炉取暖炉生产项目进行项目准入评审。

【产业招商】 对先进（装备）制造业、健康制造业、现代服务业，特别是汽车零部件、智能装备制造、卫星技术应用、医药企业、健康食品企业和电子商务企业开展招商引资，先后赴深圳、杭州、上海、北京、沈阳、长沙和港澳台等地拜访意向企业30家次，与商务部下属中国国际贸易学会国际品牌管理中心签订“供港食品交易中心”项目的合作协议，与新松机器人公司签订战略合作协议。先后邀请或接待德尔福、中位协、沈阳机床、长沙创芯、中岸集团、德昌电机、圣原集团和省物资集团等企业到江海区进行投资环境考察，并与中位协签订共建北斗应用技术产业基地的合作框架协议。承办2015年江门市引资引智创业创新推介会高新区（江海区）分会场活动，邀请400多位企业、金融机构、协会、商会等各领域的嘉宾参加，签署合作意向或框架协议项目27个，投资总额290.68亿元；国家小微企业创业创新基地核心A区等4个项目揭牌、珠西云谷小微双创基地等3个项目动工、火炬大厦启用；举办或承办香港、澳门新春招商会。

【外商投资与进出口贸易】 鼓励企业增资扩产，发动一诠科技、科世得润、量子高科等企业入资增资2364.3万美元。扶持扩大企业进出口贸易，兑现企业各项外贸扶持资金962.78万元，受惠企业164家次。组织企业参加香港春季灯饰展及电子展、加博会以及第117届广交会等展览会，推广企业品牌和产品。跨境电商快件清关中心率先建成全国首个跨境电子商务领域的“单一窗口”，实现海关、国检等口岸联检部门“联合查验、一次放行”。清关中心验放进出口个人邮、快件2440万件，其中出口值20亿元人民币，占全区出口总额的18.9%。

□ 信息化

【政府网站普查】 根据国家、省、市有关网站普查工作要求，组织开展整改，完善网站管理规章制度。应用蓝太平的网站检查软件，对全区政务信息网进行扫描，准确定位错误，细致排查故障，使政府主站的网站可用性达到99%，首页响应总时间是133.172毫秒；首页更新量230个，首页错误率1.1%。组织专人对信息内容逐篇检查，更正网站错误内容，共修改各类网页错误1000多个。江海区上报全国政府网站普查分表评分97分。

【新OA系统上线】 为实施行政业务移动办公，推动OA办文标准化，建立内部信息共享平台，组织开展新一代办公自动化系统软件建设工作。由广东同望科技股份有限公司进行新OA系统开发工作，10月，上线运行。10月15日，开展13期新OA上线培训，完成区直部门和街道800多人次的培训任务。会同软件开发公司组成新OA系统技术支援小组，收集各单位、各部门的反馈意见，解答疑问，提出新OA系统的修改意见，使新OA系统在运行速度、系统稳定性、使用规范和使用实用性、OA系统移动办公等各个方面达到系统设计的要求。

【网上办事大厅江海分厅建设】 完成网上办事大厅江海分厅建设工作，其中一照一码联合办理、企业专属网页平台建设在试运行。配合做好区综合服务中心的窗口服务网络的建设工作，为行政服务中心、小微企业服务中心、创新创业服务中心、人才技术服务中心、就业服务管理中心、职介服务中心已全部进驻综合服务中心做好网络服务。区综合服务中心首批设置窗口44个，进驻35人，进驻事项167项，实现园区“一条龙”服务。协助区级综合服务中心完成政务网络建设，为40多个服务窗口接通政务专网。协助完成政务专网延伸到村居工作；协助建设镇街综合服务中心，为实现政务“一门式”服务提供信息技术保障。

□ 科 技

【四大国家级平台建设】 全年参与四大国家级平台的申报工作，包括向国务院申报创建国家自主创新示范区，向科技部申报建设国家创新型特色园区，向财政部、工业和信息化部、科技部、商务部、国家工商行政管理总局等五部委申报建设国家小微企业创业新基地示范城市，向国侨办申报建设“侨梦苑”。

【落实企业研发费用】 全年省级企业研究开发财政补助资金项目，区内10家企业获得扶持资金637.57万元。组织区内企业申报广东省高新技术产品88项。

【国家高新技术企业】 全年国家高新技术企业认定申报21家，其中重新认定6家；复审申报4家，23家通过认定和复审。新增国家高新区企业13家。申报省项目高新技术企业入库36家，其中不重复计算33家，获批26家，其中第一批23家获省扶持资金334.32万元。市级3家申报，全部通过认定。

【发明专利申请量】 全区发明专利申请量784件，增长40%。其中发明专利158，增长102%；授权量569件，其中发明专利授权数68件。有效发明354件。百万人发明专利请量601.22件，完成进度34.73%；万人发明专利拥有量12.47，完成进度95.67%。组织江门市优巨新材料有限公司申报省专利实施计划；区知识产权局申报的《重大经济科技活动知识产权评议试点工作》项目获得省扶持资金10万元；组织崇达、科恒申报市PCT资助；组织崇达、量子、艺光等6家企业申报市知识产权示范企业。

【科技项目申报】 组织申报省计划科技项目52个，获得省扶持资金1140万元。执行市科技创新“1+8”政策（1个实施意见、8条实施细则），申报市级项目33个，包括创新券、市创新创业大赛等。申报广东科学技术奖3个，市科学技术奖13项。组织广东华科新材料研究院有限公司、优美科长信表面技术（江门）有限公司、江门市优巨材料有限公司企业申报省级新型研发机构，其中广东华新材料研究院有限公司获得组建省新型研发机构的立项。组织7家企业申报市级新型研发机构。组织广东奇德新材料股份有限公司、量子高科（中国）生物股份有限公司开展广东省创新型企业试点认定。全区12家企业申报省工程中心，11家通过认定。组织14家企业申报市级工程技术研究开发中心；量子、聚科2家企业申报市级科技特派员；73家企业进入科技型小微企业库，67家入库。组织贝尔斯顿参加省科技厅开展的2015年科技创新人才推进计划组织推荐工作。

【孵化器建设】 把综合服务中心大楼（5000平方米，偏重服务类项目）、孵化大楼（5200平方米，偏重研发）、火炬大厦（12000平方米，偏重金融、互联网、电商项目）和码头大楼（6100平方米，偏重LED项目）整合，打包申报国家级孵化器培育单位，由创业中心统一配置载体、研发、金融等资源，争取建成为国家级孵化器。10月23日，火炬大厦启用，建设银行、民生银行进驻；启迪之星（江门）基地启用，伟创科技、方木创想等孵化项目入驻。与清华启迪之星共建的启迪之星（江门）基地，集聚一批高科技创业项目在区内发展并举行创业营活动，聚集北京、广州、深圳不同地区的投资人、创业项目与区内企业对接。

【完成主要指标】 2014年全区科技研究开发经费占GDP比重为2.4%，比目标值2.1%超出0.3个百分点，全市第一。高新产品产值占规模以上工业总产值比重39%，比目标值38.5%超出0.5个百分点，全市第一。

【发动企业申报科技计划】 根据《江门市科技局关于组织申报2015年度江门市医疗卫生领域科技计划项目的通知》要求，上报江海区人民医院的针刀结合臭氧局部注射治疗神经根型颈椎病临床研究、基层医院住院患者对延续护理的需求调查2个项目，获得市级科技计划项目立项。向区内100多家科技型企业下达《关于申报2015年度区级科技计划项目的通知》，共收集项目31个，经评审获得立项16个。

【推动科技金融工作】 会同市金融局、江门银监分局推动中国银行在继建行、融和高新科技支行后设立的第三家科技支行，并引导出台创新科技金融产品。其中与融和农商科技支行、中国财产保险公司三方共同开发第一期的江门高新区科技“政银保”融资项目，帮助小微企业缓解融资难题。培育企业上市，意向进入“新三板”挂牌融资10家，与券商成功签约4家，其中励福（江门）环保科技股份有限公司10月9日挂牌新三板。在三大股交中心挂牌（注册）企业30多家。其中江门市江海区汇通小额贷款股份有限公司在广东金融高新区股权交易中心通过“2015汇通小贷债”形式融资3000万元。13个项目通过江门市级科技金融扶持资金贷款贴息项目备案，科技贷款金额1亿多元。通过平台举办“江门高新区中小企业政银保推进专场”“江门高新区科技金融综合服务分中心互联网金融专场活动会”“江门市北冶科技中心有限公司新三板签约仪式”活动，开辟创新科技融资道路。协助科力新材料办理股权质押融资7000万元、普加福获得风险投资4500万元。推动启迪孵化器合作设立江门启迪之星天使投资基金基金。

【科普活动】 举办各种科普活动、科普演练、科技下乡40场，涵盖健康、农业、防灾减灾、气象、禁毒等多领域的知识宣传与推广。建设科普画廊、宣传栏，派发科普宣传资料和书籍，着力提高全民科学素质。发挥专业技术协会的桥梁纽带作用，通过举办各项活动加强行业自律和技术交流，促进水产、腊味、花卉和葡萄等产业的发展。

安全监督管理

【机构调整】 2015年，江门市工商局江海分局职责并入区市场安监局。1月27日，区政府与江门市工商局签署《关于流通环节食品安全监督管理职责履行协议书》，明确从3月1日零时起将江门市工商局江海分局承担的流通环节食品安全监督管理职责划入区食品药品监督管理局。3月6日，区政府与江门市工商局签署体制调整交接协议书，标志着江门市工商局江海分局实行16年省级以下垂直管理体制调整为地方政府分级管理。4月20日，原市场安监局入搬迁原江海工商分局办公楼。8月28日，区政府发布《关于江门市江海区市场安全监督管理局有关事项的公告》，除了公告有关职能调整情况以外，明确9月1日起所有对外业务含营业执照统一使用“江门市江海区市场安全监督管理局”印章。9—10月，按照“三定”（定机构、定职能、定编制）方案设置副科级内设机构及执法局10个，整合、调整在编在岗工作人员。

【安全法制建设】 围绕安全生产综合监管、职业健康监管等职能，编制行政权责事项“1+3”清单，推进安监系统执法体制改革，进一步完善执法体系建设，在机构改革中设立综合法规科，专门负责法制工作。组织开展一月一法、两月一考等学法活动，学习新修订的《中华人民共和国安全生产法》《广东省生产安全事故隐患排查治理办法》《广东省生产安全事故调查处理办法》等20部法律法规。加强与检察、公安机关沟通，防止涉罪案件移送不及时和应当移送而未移送现象的发生。开展权责清单的梳理和公开，行政执法信息公示等工作，完成“1+3”清单编制工作包括行政许可、行政处罚、行政强制、市场监管等14类权责清单1964项，对101宗行政处罚案件进行信息公示。做好执法证换证、申领等工作。

【基层队伍建设】 根据《关于建立健全专职安全生产监督检查员队伍加强镇（街）园区安全监管工作的意见》（粤安〔2015〕10号）《江门市人民政府办公室关于印发关于建立健全镇（街）、园区监督检查员队伍的实施意见》要求，做好街道、高新工业园区专职安全生产监督检查员队伍组建工作，向区编委申请各街道安全生产巡查队人员编制增加17名。区编委同意增加外海街道安全生产巡查队事业编制9名、礼乐街道安全生产巡查队事业编制3名。至此，全区安全生产巡查队共有事业编制36名，属公益一类事业单位。

【危险化学品安全监管】 根据2015年危险化学品年度检查计划，完成全区13家危险化学品生产企业、36家危险化学品经营（带储存）企业、22家加油站的查检、核查及复查工作。按照市安监局《安全生产重点督察检查工作指引》，督促企业按照新修订的《中华人民共和国安全生产法》要求，修订本企业安全生产责任制，层级签订安全生产责任书，落实安全生产责任体系规范要求。加强非药品类易制毒化学品安全监管，督促企业做好非药品类易制毒化学品管理信息系统应用及其季报、年报数据审核和上报工作。全区有非药品类易制毒化学品企业33家，确定金属制造业企业粉尘危害企业14家，从而建立涉及粉尘生产经营单位信息台账。确定安诺特厨具有限公司为全区粉尘专项治理示范企业。以购买社会服务形式，聘请具有粉尘防爆专业技术的广东金方圆检测有限公司，对全区14家可燃金属粉尘企业进行检查，排查隐患87项，对存在问题建立台账，指导企业整改隐患和建立健全粉尘防爆及职业危害等相关管理制度，组织检测和验收并督促企业整改。

【企业安全生产标准化建设】 开展安全生产标准化建设及“回头看”工作，督促开展标准化的企业进行每年自评并网上录入、单位内部公示和3年期满申请换证等工作，建立一企一档。

【重点监控企业及部位监管】 根据《江门市安全生产重点监控企业（部位）监督管理办法（试行）》的要求，与区内4家重点监控企业签订《重点监控企业（部位）责任书》并进行挂牌公示，悬挂“重点监控企业（部位）”标志牌，定期每季度对重点监控企业（部位）进行督查。督促重大危险源企业网上录入上报到广东省重大危险源监督信息系统、申报及审核工作，完善全区重大危险源档案资料。

【工作场所职业卫生监管】 开展职业病危害项目申报工作，全区新增488家企业申报备案，累计申报备案企业588家。开展15类重点行业工作场所职业病危害、有机溶剂生产或使用企业职业病危害、粘胶剂生产或使用企业职业病危害的专项治理和职业卫生执法监察、职业卫生监督执法年等专项行动，检查各类企业689家次，发现问题或隐患4136项，要求立即整改425项、限期整改3711项；立案查处违反《中华人民共和国职业病防治法》的企业2家，实施经济处罚0.8万元、警告1家。对1100多家企业调查筛选出31个行业465家存在职业病危害的企业并及时上报，为职业病危害分级分类监管、技术服务支撑体系建设等工作提供依据。督促指导电子制造等重点行业企业，对照《职业卫生基础建设达标要求》做好职业卫生基础建设工作，进一步提高职业病危害因素检测率、职业病危害警示标识与作业岗位告知卡设置率和劳动防护用品发放及使用率。开展职业卫生管理示范企业创建工作、督促企业对照考评指标、创建内容和标准逐项落实，江门谦信化工发展有限公司、江门福宁电子科技有限公司、华福涂料（江门）有限公司3家企业通过市安监局验收，命名为“江门市职业卫生管理示范企业”。

【行政执法】 全年行政处罚安全生产违法违规行为企业或个人44宗，其中事前立案44宗（2宗属职业健康类违法）。完成安全生产执法监察企业106家，监督检查各类生产经营单位（场所）165家次，发现一般安全隐患352处、当场整改113处、责令限期整改239处；发出责令限期整改指令书127份、现场处理措施决定书10份、整改复查意见书137份。建立健全安全生产投诉举报制度，建立投诉事项来电或转办登记本，完善投诉举报事项登记处理机制。全年接到投诉、举报安全生产事故隐患类事项21项并按照时限处理、回复。

【安全生产应急救援指挥】 制订《江门市江海区安全生产应急救援指挥中心应急处置实施

办法》和生产安全事故应急预案、危险化学品生产安全事故应急预案备案，备案企业478家，其中危化企业129家。联合江门市崇达电路技术有限公司举办2015年度危险化学品泄漏事故双盲演练（事前不通知参演单位演练时间、地点和内容所进行的信息传递、职责明确和操作处置的检验）和江门市第十一中学2015年防空疏散应急演练。开展安全生产应急救援专题行动期间演练场次25场，参演单位26家，参演4084人。

食品药品监督管理

【机构设置】 2015年6月5日，区食药监局与高新区江海区市场安监局分开，各自独立办公。区食药监局（加挂江海区食品安全委员会办公室牌子）核定机关编制34名（含派出机构），设置正股级内设机构7个和正股级派出机构3个，编制15名。设局长1名、副局长3名，其中3个派出机构为外海食品药品监督管理所、礼乐食品药品监督管理所、江南食品药品监督管理所。

【餐饮服务食品安全监督】 全区餐饮服务单位1082家，年内检查各类餐饮服务单位476家次。完成428家餐饮单位的量化分级评定工作，其中评定餐饮服务食品安全量化A级单位5家、B级单位198家、C级单位225家，量化分级率90%。推进“明厨亮灶”建设工作，开展“千叟宴”等集体聚餐餐前监督并指导基层做好重阳节、老人节等集体聚餐保障工作，指导6所学校食堂完成江门市示范学校食堂创建工作。查处无证集体食堂123家、无证餐馆及小餐饮经营单位68家。

【药品流通监管】 全区药品零售企业114家，其中连锁药店32家，单体药店82家。开展药品流通、中药饮片质量、GSP跟踪检查等专项整治行动，检查药品零售企业285家次、各类医疗单位45家次，对国家基本药物、广东省增补基本药物和市民常用药品进行抽样抽验77批次，抽检命中率20.78%。查处不合格药品案件4宗、货值金额1182.5元，罚没1621元。年内实施药品网格化监管并悬挂“江海区食品药品监督管理局药品网格化监管人员公示栏”。

【医疗器械监管】 全区二类医疗器械经营备案企业80家，三类医疗器械零售门店17家，医疗器械批发企业17家。开展医疗器械经营监督检查、在用医疗器械监督检查和注射用透明质酸钠监督检查，共检查医疗器械经营企业112家、医疗器械使用单位38家，发出整改通知书65份，限期整改安全隐患17处。

【保健食品监管】 全区保健食品经营企业128家，其中批发企业8家、药店兼营108家、专营店12家。实现监管100%覆盖，审批100%现场核准，整改100%组织复核。日常监管保健食品经营企业128家次，现场审核保健食品经营企业16家次，核发保健食品经营卫生许可证16份，发出《责令整改通知书》并整改复查28家次。

【化妆品监管】 全年对全区化妆品经营企业924家监督检查201家次，其中药店兼营108家、批发企业8家、专营店14家、大型商场16家、美容美发店34家次、商铺36家，发出《责令整改通知书》39份、《监督意见书》42份。

【专项行动】 年内开展一系列专项整治行动，包括打击保健食品“四非”专项行动检查保健食品经营企业35家，对19家发出《责令整改通知书》《监督意见书》；校园周边食品安全专项检查食品流通环节经营单位731家次，抽检校园周边流通环节食品26批次，发出监督意见书53份、责令整改通知书23份，立案3宗，处理各类投诉举报事项36件；蔬菜质量安全专项整治行动检查蔬菜生产经营单位555户，抽检211批次，对检出超标蔬菜的产品下架封存做无害化处理或销毁；糕点食品专项检查经营主体94户，抽检19批次，立案查处经销包装标签标识不符合国家规定的糕点1宗，涉案货值3930元；农村食品安全专项整治检查食品生产单位56户次、食品销售者426户次，查处假冒伪劣食品案件3宗，查扣假冒伪劣食品5.7公斤；打击假酒类经营行为专项检查酒行、酒厂21个次，农贸市场19个次，超市、食品加工企业等31个次，发出监督意见书9份；食用植物油生产行业专项整治为期3个月，在生产、销售、餐饮环节开展针对性检查，加强索证索票和台账登记，完善食用油质量安全溯源管理措施；食用大米专项监督检查农贸市场18个经营大米单位和学校食堂265家、大米生产企业1家，抽检10批次，合格8批次，不合格2批次；食品小作坊专项整治，指导食品小作坊软硬件升级改造；含铝食品添加剂专项检查经营主体94户，抽检19批次，未发现违法使用含铝添加剂的行为。

【食品药品监管体制改革】 根据国家、省和市关于食品药品监管体制改革的指导意见，江海区承接市食药监部门下放的食品安全监管职能，并整合原区农业、市场安监、工商行政管理等部门的食品安全监管职能，组建区食品药品监管部门，作为政府工作部门之一。在街道设置食品药品监管派出机构，对食品药品实行集中统一监管。

【行政审批】 1月，区食药监局行政审批业务受理窗口设在江门市行政服务中心。7月，入迁江门高新区综合服务中心二楼，窗口设置3人，全年受理许可审批事项1448个、核发许可证或准予登记通知书1215个。

【家禽集中屠宰冷链配送生鲜上市试点】 江海区划定原江南、滘头、滘北街道为活禽经营限制区。9月，限制区内的滘北市场、江南市场、滘头市场、中沙市场、银沙市场等5个农贸市场按时完成升级改造。10月12日起，活禽经营限制区实施家禽“集中屠宰、冷链配送、生鲜上市”试点工作，实现家禽来源可追溯，有效预防和控制禽流感的发生和传播。

【宣传教育】 开通政务微博、微信公众号并完成政务网站建设工作。全年刊发《江海区食品药品监管局工作动态》29期、《江海区食品安全工作简报》26期、《食品安全应急信息》12期。结合食品安全宣传周、安全用药月、平安进村居和消费者权益保护日等宣传活动，发放宣传资料，接受群众咨询3500多人次。每月举办食品药品监管业务知识培训1次，举办腊味专项培训班2期、食品药品监管培训班1期，派员参加省、市组织举办的业务培训班。全年举办新《中华人民共和国食品安全法》《广东省食品生产加工小作坊和食品摊贩管理条例》宣贯培训班3期，受训880人次。

【药品网格化监管】 出台《江门市江海区食品药品监督管理局药品安全网格化监管试点实施方案》《江门市江海区食品药品监督管理局药品安全网格化监管工作制度（试行）》，建立街道药品监督协管员队伍，对每个单元网格（街道）指定相应监管执法人员负责，张贴药品网格化监管责任人公示栏，公布投诉举报电话，落实监管责任。

【婴幼儿配方乳粉电子化监管】 创新监管模式，推进婴幼儿配方乳粉电子追溯系统建设，实现从生产到流通、销售的全环节电子追溯。完成婴幼儿配方乳粉电子追溯系统建设全年工作目标，实现区内的婴幼儿配方奶粉经营者100%加入追溯系统，100%上报婴幼儿配方乳粉相关数据，做到全区婴幼儿配方乳粉情况全面网上监管。

【食堂管理】 以高新区、礼乐街道企业食堂和所有学校、托幼食堂为重点监管对象，检查企业食堂128家次、学校和托幼机构食堂242家次，发出《监督意见书》152份。

【食品安全预警】 出台《江海区食品安全预警信息发布制度》《江海区食品安全预警信息发布操作规程》，及时向社会发布与公众有关的食品安全预测信息和分析评估结果，全年向社会发布食品安全预警信息4期次。

【抽样检测】 全年以抽检化验，覆盖生产环节、流通环节、餐饮服务环节中的重点产品，共抽检腊味制品、食用油、大米、蔬菜、月饼等11个品种、75个样品并送江门市质监局食品检验所检验，合格率90%。

工商行政管理

【市场主体登记管理】 全区新增各类市场主体3335户，其中内资企业新增47户，增长17.5%，新增注册资本14648万元，减少41.19%；私营企业新增770户，减少4.35%，新增注册资本113802万元，减少6.47%；个体工商户新增2514户，减少0.51%。全区实有各类市场主体18321户，增长14.97%，其中内资企业486户、私营企业5327户、个体工商户12459户、农民专业合作社49户，增长分别为7.76%、14.78%、15.37%、8.89%。

【商事登记制度改革】 4月1日起，在全区范围内实行工商登记注册区域通办管理模式，解除工商登记注册管辖区域限制，全年办理区域通办登记业务833宗。9月1日起，实施“五证合一”登记制度，在“三证合一、一照一码”登记模式的基础上，纳入社保登记证和刻章许可证，实行“五证合一”。改革以后，企业原由工商行政管理部门核发工商营业执照、质量技术监督部门核发组织机构代码证、税务部门核发税务登记证、社保部门核发社保登记证、公安部门核发刻章许可证的流程，改由区市场安监局核发统一代码的营业执照。企业的组织机构代码证、税务登记证、社保登记证不再发放，企业原需要使用以上证照办理相关事务改为使用“五证合一”后的营业执照办理。企业和农民专业合作社的组织机构代码证和税务登记证不再发放。全年，新办“五证合一”营业执照270户，换发“五证合一”营业执照411户。12月28日，在区综合服务中心办证大厅颁发全区首张全国统一标准的电子营业执照。至此，新登记各类市场主体3335户，减少1.21%，其中新登记个体工商户2514户、减少0.51%；新登记企业817户，减少3.31%。全区市场主体总量18321户，增长14.97%。

【守合同重信用企业公示】 开展“守合同重

信用”企业创建活动，帮助企业规范合同管理制度，提高企业风险防范意识，全年85家企业获得“广东省守合同重信用”企业称号。

【查处取缔无照经营】 开展无照经营专项整治行动，对校园、市场周边等重点区域和无照经营废品回收、网吧、餐饮、食品和危险化学品行业的突出问题，检查各类市场主体10027户次，立案查处无照经营70宗。

【商标管理】 结合专项执法行动，查处侵犯驰著名商标、涉外商标、销售假冒伪劣商品的违法行为，加大对重点行业和领域的市场巡查和监管力度，全年立案查处各类商标违法案件2宗。

【推动企业实施商标带动战略】 加强对企业的回访和交流，指导企业建立健全商标使用管理、商标重大事项预警等制度；引导企业在提高产品和服务质量的基础上，不断丰富商标内涵，增加商标附加值，提高商标知名度。全年新增广东省著名商标2件。

【广告管理】 结合新《中华人民共和国广告法》的实施，把医疗、药品、保健食品、医疗器械、化妆品等5类虚假违法广告和网络广告作为重点，强化整治。全年登记户外广告73条次，查处户外违法广告案件2宗。

【查处制售假冒伪劣商品行为】 结合创建“全国文明城市”“平安江海”活动和社会诚信体系建设等工作，开展打击制假售假违法行为，检查各类经营场所4158户次，查处涉假案件5宗，查获的假冒伪劣商品有酒、红牛饮料、电工胶布、灯饰等，销毁的假冒伪劣商品货值4.68万元；公安机关立案查处打假案件3宗、破案3宗，刑事拘留6人、提请批准逮捕5人、起诉5人，收缴假币4280元；检察院机关提请审查逮捕假冒注册商标案件，受理4件5人，移送审查起诉打假案件5件9人，其中生产、销售有毒、有害食品案1件3人，假冒注册商标案3件5人，侵犯著作权案1件1人；法院受理侵犯知识产权案件17件，审结6件，标的额64万元，依法惩处制售假冒伪劣商品犯罪1件，判处犯罪分子2人，罚金6万元。

【消费维权】 围绕“携手共治畅享消费”的年度主题推动消费维权协同共治格局，宣传消费维权社会共治理念，全年受理消费投诉177宗，受理举报117宗，调解131宗，调解率74.01%，为消费者挽回经济损失281.46万元。

国有资产管理

【管理模式】 根据发展需要，为加强国有资产管理，健全资产管理架构，建立创新、高效的管理体制，对高新区（江海区）资产实行三级管理，即江门高新区资产管理委员会（决策机构）、江门高新区资产管理委员会办公室（监管机构）、江门高新区管委会属下企业（运营机构）。

【深化国有资产改革】 是年成立江门高新区资产管理委员会并设立办公室，负责日常工作。制订《高新区公有资产管理暂行办法》，明确资产管理事项范围、资产管理审批程序、审批权限。制订企业运营管理方案，如按照“大稳定、小调整”、政企相对分开和公司化运作原则，从管理体制、运营业务、管理架构等要求出台《江门市高新技术工业园有限公司运营管理方案》。

【盘活闲置国有资产】 加强资产运营，通过多种途径对资产物业进行盘活，提高资产使用效益，实现国有资产增值，年内，完成年度租金收入1071万元。

【财务监管】 配合做好重点项目资金安排工作，争取上级财政资金支持落实项目资金。为缓解政府债务压力，筹措和安排财政资金，加强偿债情况的动态监控，确保依期偿还债务，年内偿还各种债务6436万元。

财政

【地方公共财政预算收支执行情况】 2015年，完成地方公共财政预算收入103201万元，为区人大通过全区调整预算的101568万元的101.61%，超收1633万元，比上年同口径收入完成数增长11.6%，排在全市第二，其中税收收入增长8.21%。税收占公共财政预算收入比重80.99%。完成地方公共财政预算支出142394万元，为区人大通过全区调整预算的117162万元的121.53%，比上年同口径支出完成数117092万元增加25302万元，增长21.61%。

【深化财政制度改革】 开展街道国库集中支付制度改革，搭建街道集中支付平台，建立规范的支付方式和支付程序；推进公务用车制度改革，制订公务用车制度改革车辆处置办法、执法执勤用车制度改革实施办法、公务交通补贴管理办法、定向化保障车辆管理办法等制度；推进预算绩效管理改革，建立全区项目支出事前评审、事中监控、事后评价的预算绩效管理机制。

【区街财政管理体制调整】 按照“三保一激励一转移支付”“责权利相统一”的原则，结合市对高新区江海区财政体制的调整，2014年，对街道的财政管理体制做出相应调整，新体制一定3年（2014—2016年）。收入：新财政体制街道财政收入按照属地划分，各街道公共财政预算收入的增值税、营业税、企业所得税、个人所得税、城市维护建设税、房产税、印花税、城镇土地使用税和耕地占用税，列为区域收入（其中二手土地出让、拍卖产生的税收收入按照项目属地计算）。相应调整街道公共财政预算收入分享比例，以2013年各街道区域收入为基数，年度完成基数内区域收入，公共财政预算收入按照核定的分享比例分成；区域收入对比基数增减部分，统一按照67%核定分享比例。支出：根据事权核定区与街道财力，把相关区、街共同负担的事权下划到街道，以2013年各街道该项事权的支出数作为下划基数，以后年度可用财力为上一年财力基数加增收分成。属地范围内的相关支出，根据财权事权相对应原则，由街道财力解决。参照市对江海区事权财权下移做法，把区级公共财政预算收入有关非税收入30%部分，按照2013年街道一定比例补助街道，把相应事权下放街道，补助资金由街道统筹并专款专用，区本级不再负担基层相关支出。为调动街道积极性，激励其增收，财力增收分成根据财力基数按照区域收入增幅递增分成，并且统筹街道增收分成的20%作为区级财力，专项用于重大项目推进和平衡全区基本公共服务均等化支出。对出口退税，以2013年出口退税和超基数上解额核定固化额，年度超过出口退税固化额部分按比例分担。

【基本公共服务均等化综合改革试点】 印发《高新区江海区全面深化基本公共服务均等化综合改革试点方案（2014—2015年）》《高新区江海区推进基本公共服务均等化综合改革总体思路和实施路径》并组织实施，推进综合改革试点工作；制订基本公共服务均等化项目清单，根据项目在均等化中的作用和重要性加大投入，提高各类民生保障标准。

【民生保障支出】 全年全区民生项目投入资金64248万元，占一般公共预算支出45.12%。其中10件民生实事支出6309万元，增长23.95%。

【财权事权改革】 做好工商、食品药品监管、环保等部门职能承接和法院、检察院上划实施省财政物统管准备工作。根据有关文件精神，2016年1月1日起，区住建水务局（区城市综合管理局）负责城市综合执法的6名公务员随执法中队委托各街道管理；2名事业单位人员连编制一并划转街道；有关执法人员的公用经费、人员经费和事业包干经费定额补助划拨各街道。

【政府购买社会服务】 联合区社事局、区社工委制订《高新区江海区政府向社会购买服务实施办法》《高新区、江海区政府购买服务操作指引》《高新区、江海区实施政府购买服务采购操作规程》和具体流程图，明确主体单位责任，购买服务纳入政府采购预算统一管理。同时，推进第三方评估体系建设。

【财政绩效管理】 组织2014年2个绩效管理试点项目开展事后自评，委托第三方机构实施重点评价，促进部门加强项目资金管理。2015年实施预算绩效目标管理项目增至6个，项目申报金额2301.25万元。结合部门预算编报，2016年度预算绩效管理项目增至15个，项目申报金额9094万元。15个项目涉及12个预算单位，内容覆盖残疾人服务、公共服务、市政设施、绿化养护、电子商务、地名普查和公益创投等方面。项目现场评审环节邀请区人大、区政协的有关负责人参与。

【收支两条线管理】 加强与执收执罚单位和代收银行的联系，及时了解和掌握每项收费收入的入库情况，确保非税收入应收尽收。对所有应缴库款进行全面梳理，确保应缴收入款项及时缴库。加强非税POS缴费的协调工作，创新非税收入征管模式，推进非税收入POS机刷卡收费的力度，加强与邮储银行江门分行和银联沟通联系，确保POS机缴费有序运行。

【国库管理】 完成高新区国库集中支付调试工作并进行清算，保障财政资金的正常拨付。推进公务卡强制结算目录制度，逐步扩大公务卡使用范围，印发《关于完善公务卡信息变更手续的通知》，规范公务卡的使用和管理。参照省、市最新预警条件，结合全区实际，重新设定动态监控预警条件，确保动态监督发挥作用。

【基金管理】 全年全区基金收入2193万元，加上上年结余3250万元、上级补助2620万元、调入土地出让金收入15万元，当年全区基金总收入8078万元。全年全区基金支出5435万元，调出资金2189万元。总收入和总支出相抵后结余454万元，全部结转下年支出。基金专款按照专款专用原则作相应安排，主要用于残疾人事业、城市公用事业、民政和教育等方面支出。

【财政核算中心】 组织开展区直机关事业单位会计核算情况的调研、举办区直财务管理信息系统操作和新会计制度年度账务结转培训，提高单位会计核算水平。中心建立全区集中财务的交流群，定期了解会计核算情况，指导单位开展会计核算工作。通过财务管理信息系统实现对预算单位会计信息的集中和监管，定期对区直77个单位99套账的会计核算情况进行通报，督促区直各单位及时入账。

【会计管理】 组织会计从业资格考试4期，参加考试人数1399人，通过考试合格262人，合格率19.8%。新办会计从业资格证书301个，办理会计人员有关资料调入和调出40人，旧证换新证828人。组织初、中级会计专业技术资格考试报名工作，其中初级考试报名431人，通过52人，通过率12.06%；中级考试报名137人安排2016年考试。完成2016年会计初级专业技术考试报名现场确认392人报名。确定7家继续培训机构，发动全区6000名持证人员分类参加继续教育培训；印发《高新（江海）区区属会计人员继续教育培训机构公布规则》，规范培训机构管理。规范会计代理记账资格管理，开展会计代理记账单位2014年检工作，启用会计代理记账信息系统，对代理记账资格管理实行信息化、规范化管理。组织全区农村财会人员245人开展支农财政政策培训，培训内容包括财政支农政策解读、会计法律制度、涉农资金管理制度、农村工程项目管理、农村经济合同管理和农村集体经济组织会计基础知识。

【财政投资评审】 全年累计支付工程资金25898万元；工程预算43284万元，核减1398万元，核减率3.13%；审定工程结算7941万元，核减402万元，核减率4.82%。主要完成大项目包括礼乐中心河综合整治工程、江门港主城港区江海作业区高新区公共码头（首期项目）工程（第一阶段）、柏凌路道路拓宽改造工程、云沁路（江睦路至柏凝路段）道路工程、江门市彩虹路（江睦路—连海路）道路升级改造工程、江门高新区科技创新创业大厦装饰工程、麻园初级中学2号教学楼工程等预算编审；江门市江海区府西小区填土工程、南山路跨麻园河桥工程、江海区农科中心威西、敬和无公害蔬菜基地建设工程等结算编审。

【财政监督检查】 全年检查11单位，纠正违规金额221.19万元。组织2015年一般性转移支付自查、盘活财政存量资金自查和省级专项资金自查工作，提出相关规范管理意见和建议，进一步规范专项资金管理，确保专项资金符合规定并有效使用。

【预算编制】 2016年高新区、江海区部门预算编制总体原则坚持依法理财、统筹兼顾，优化财政支出结构，激活存量，用好增量。全区一般公共预算收入安排112489万元，同口径对比增长9%。地方一般公共预算收入加上预计税收返还、其他专项转移支付、上年结余、调入预算稳定调节基金、调入资金和国有资本经营预算收入，减去各项上解款以后，预计可支配财力130197万元。

【行政事业资产管理】 根据资产管理要求组织开展全区141个在册登记的行政事业单位进行资产年审工作。经审定，2014年全区行政事业单位资产总额97883万元，负债总额22175万元，净资产75708万元，固定资产40547万元。

【落实重大财政政策】 是年起推进全区

2015年预决信息公开工作，进一步细化公开的内容，支出科目公开细化到项级科目。按时把财政预决算、部门预决算以及“三公”经费〔因公出国（境）经费、公务车购置及运行费、公务招待费〕预决算向社会公开。根据省财政厅的工作部署，完成试编全区2014年度权责发生制政府综合财务报告工作，准确反映政府财务状况和运营情况。

【政府债务】 健全地方政府债务管理机制，把地方政府债务纳入预算管理。2015年市下达到江海区第一批地方政府存量债务置换债券额度2427万元，全部为一般债券；第二批地方政府存量债务置换债券额度1988万元，全部为一般债券。在做好研究工作基础上，制订2015年第一批、第二批债券置换财政资金使用方案，完成广东省第一批、第二批地方政府存量债务置换债券工作。

【重点项目支出管理】 全年支付健乐路新建工程245万元、富民路东段195万元、礼乐社会福利综合服务中心111万元、横沥路整治工程580万元、连海北路246万元、连海苑小区3363万元、连海路（新港路—南环路)北段工程征地拆迁36万元、胜利南路延长线征地拆迁补偿3714万元、南山路（江海路—五邑路）建设征地拆迁2000万元、礼睦路扩建工程项目征地补偿2500万元、滘头小学教学楼470万元、礼乐中心河857万元。

【税费改革】 根据上级文件精神，把江门市下达2015年度农村税费改革专项补助分别分配给外海街道20万元、礼乐街道30万元，以减少税费改革对基层的影响。继续实行“营改增”，试点范围扩至交通运输业、部分现代服务业、邮政服务业和电信业。

【创新投融资模式】 通过股权融资等方式，筹措资金保证重点项目需要。以股权投资方式引进建信资本，支持府西小区的建设；在正常企业债券额度已满的情况下，协助工业园公司开展私募债发行工作，用于建设高新区科技创新创业孵化基地。以财政划拨1000万元设立“政银保”风险担保资金池，引领科技型中小微企业走出融资困境。探索实施“科贷通”项目，建立“以政府科技和产业政策为导向，以财政投入的资金做担保，以银行贷款投入为基础，以担保机构或保险机构为保障”的科技型企业融资模式。推进探索PPP合作模式和探索政府和社会资本合作模式的投融资改革，引入社会资本参与全区基础设施建设，并与社会资本签订全区基础设施建设框架协议。

【工程项目规范管理】 加强工程项目评审，跟进工程的具体进度，保证资金及时足额拨付。跟进高新工业园区内市政道路升级改造工程，对配合高新工业园公司孵化器创新创业园二期工程全过程实施现场造价监控的管理机制。提前介入工程评审，推动高新区公共码头工程项目、高新区科技创新创业大厦装修工程、创智城工程项目等区重点项目加快实施。拟定全区交通大会战资金管理制度，配合交通大会战项目建设，落实资金推动项目开展。

税务

□ 国税

【税收收入新突破】 全年组织工商税收收入180713万元，增长11.45%，增幅在全市八个征收单位中排名第二，增收18566万元，完成市任务的106.3%。其中增值税收入134637万元，增长13.02%，增收15506万元；企业所得税收入45660万元，增长7.34%，增收3123万元；剔除免抵调库37100万元，实现直接税收收入143613万元，增长9.59%，增收12565万元；区级一般预算收入首次突破3亿元大关，达到30006万元，增长12.09%。

【税源挖潜】 按照“摸底、谋划、定措”三步走的方法，对重点企业开展实地调研，摸清税源底数，制订专项管理办法，设立动态管理台账，全区重点监控税源企业共有223户，全年实现税收入库141590万元。以挖掘新增税源为突破口，配合招商政策，加强新办企业税收政策宣传，开展对外支付核查，对在境内取得股息红利、股权转让、特许权使用费等收入的非居民企业加强核查，深入挖掘非居民企业所得税税源。全年实现非居民企业税收入库2240.52万元。通过培植后续税源，引导企业加快转型升级步伐，江门福宁电子科技有限公司、江门安磁电子有限公司等一批大型加工企业陆续加入转型升级企业行列；18户来料加工贸易企业已有三分之二确认转型意向，其中完成转型升级6户，在出口销售下降的情况下增加税款超过3000万元，增幅161%。

【纳税评估】 以堵漏增收为目标，创新应用以电评税，采取案头分析、实地核查、举证约谈等方法，提高企业税收遵从度，堵塞税收漏洞。全年重点对房地产企业、线路板行业、化工行业、制衣行业和电子设备所得税低税负的企业进行纳税评估核查，共查补税款1986.36万元。

【征管改革】 通过做好数据清理、硬件准备、软件测试、教育培训、模拟演练、双轨试运行、应急保障等工作，1月8日金税三期核心征管软件上线。按照分批推广、全面覆盖的原则开展增值税发票升级版推行工作，为2638户纳税人完成升级。全面落实《全国税务机关出口退（免）税管理工作规范（1.0版）》《全国县级税务机关纳税服务规范2.0版》《全国税收征管规范（1.0版）》，推动税收工作走向规范化。作为全市唯一的试点单位，加强与国库、银行的沟通协调，做好无纸化电子退税、更正、免抵调库业务测试工作，推动“税库银”信息实时传送，实现无缝连接。利用邮政网点众多、服务便利的优势，为纳税人就近办理代开发票946笔，代征税款100.4万元。推行“一照一码”税收登记制度改革，办理“三证合一”税务登记654户。通过自主开发综合数据分析系统，实现各个税收业务系统数据的互联互通和深度应用，为管理决策、税收征管、税收分析、纳税评估、纳税服务提供数据支持。

【增值税管理】 在“营改增”扩围工作上提前谋划，为房地产、建筑安装业、金融保险业以及生活性服务业纳入“营改增”范围做准备。开展“营改增”试点效应分析，全区纳入“营改增”试点范围的纳税人共1217户，推行小规模纳税人按季申报试点工作，推广应用“亿业车购税网络办税系统”，由车企代征车购税。

【企业所得税管理】 坚持预警评估、跟踪监控与优化服务相结合，重新对实行核定征收的企业进行核定征收方式鉴定，贯彻“分类管理、优化服务、核实税基、完善汇缴、强化评估、防范避税”的工作方针并完成2014年度汇算清缴工作。2014年度应汇缴户数3294户，汇缴面100%，实际应纳企业所得税额37892.1万元,增长45.03%。

【出口退免税管理】 简化退税程序，加快审批进度，优化退税服务，实行出口退（免）税企业分类管理，推行出口退税资格认定“一窗式”办理，全年共办理出口退税8.55亿元。支持跨境电子商务行业发展。

【税收执法督察】 围绕国务院决策部署和有关税收政策措施落实、税收执法、进出口税收管理执行、房地产行业税收管理等方面开展自查，规范执法督察工作。对行政许可案卷、行政处罚案卷、纳税评估资料等进行自查，强化内部监督管理。成立反避税工作团队，培养和储备反避税人才，提升反避税工作水平。开展法治税务示范基地的创建工作，推行法律顾问制度，加强执法内控管理。

【落实税收政策】 落实小微企业优惠政策，确保纳税人充分享受税收优惠政策，全年全区享受小微企业增值税优惠政策的企业7034户，减免增值税税额2064.58万元；享受小微企业所得税优惠1479户，受惠面100%，减免企业所得税898.87万元。

【提升外优服务质量】 在全市率先实现国地税联合办税服务，落实国地税合作工作规范，以纳税服务为切入点，在办税服务厅互设自助办税终端机、互设办税窗口，代征地税“一税两费”业务，实现自助办税业务“一厅通办”、代征税费“一窗通办”和涉税业务“一岗通办”。加强纳税信用等级评定和运用，对不同级别的纳税人实施分类服务和管理，为诚信守法的纳税人提供更多办税便利，全年评出纳税信用等级A级企业107户，其中AAA级企业59户；B级企业4550户。推广多元化办税方式，向全区纳税人推广应用手机APP和E-TAX平台等新方式，增进税企互动交流。完善导税服务，设立导税台，引导纳税人到相关区域或窗口办理涉税事项。全年办税服务厅共为纳税人办理税收业务92786笔，平均办理时间2.86分钟，纳税人窗口评价满意率99.92%。是年12月，办税服务厅荣获全省国税系统“五星级办税服务厅”称号。

□ 地税

【简述】 2015年，全国宏观经济增速放缓、营改增扩围、落实小微企业税收优惠政策、房地产税源萎缩、一次性税源锐减等减收因素明显。全区地方税务工作坚持税收改革、税收法治，加强绩效管理，全年组织税费收入240977万元，增长6.64%,其中税收收入123212万元，增长5.83%。

【税收管理】 落实土地增值税管理工作，开展企业所得税汇算清缴工作。落实年度所得12万元以上纳税人自行纳税申报工作，超额完成申报任务，申报进度率119%。落实保险机构代收代缴车船税，启动保险机构代收代缴车船税和实现门前直征。开启国税、邮政代征模式，先后委托国税、邮政代征增值税发票环节相关税费。实现POS机刷卡税款直解国库，建立征稽联动机制。深化涉税信息交换共享机制，共取得外部涉税信息58674条，产生税收349万元。推动数据监控中心运作，推广应用电子办税厅。全年日常纳税评估收入5585万元。

【社保费征收】 社保费征缴率99.75%，收入

99711万元，增长7.54%。建立和完善社保费管理制度和业务流程，实现税费非正常户同质化管理。加强欠费业户的追踪管理。开展社保“全员、足额”参保工作，完善扩面措施。全面使用社保协同平台工作，配合开发、完善社保费地税、社保、财政三方对账管理工作平台，实现对账工作信息化、部门信息完全共享。

【依法治税】 落实各项税收优惠政策，全年享受税费优惠44716户次，减免税费1.17亿元，为首次突破亿元大关。其中小微企业税收优惠覆盖面100%，2015年度享受小微企业所得税优惠518户次，减免税额377万元。推行《征管规范（1.0）》《纳服规范（2.0）》，实施《广东省地方税务局个体工商户定期定额征收管理实施办法》，完善税费征管档案管理，规范征收管理。制订《江门市江海区地方税务局强化有关税种管理工作方案》，规范税种管理；取消非行政许可审批事项或者依法调整为行政许可，实行行政审批目录化管理与动态调整机制。年内稽查局挂牌运作。

【纳税服务】 深化国地税合作，共建联合办税模式，率先上线应用办税服务综合管理系统。推广应用市局移动纳税服务平台，实现移动预约办税、办税互动等14项功能。推行“税融通”服务，联合银行为1户A级纳税人提供税银互动融资服务，融资贷款2亿元。

【税收信息化】 金三系统上线，保障征收管理有序开展。扩大实体办税服务厅同城通办的业务范围，进一步实现电子办税与实体办税服务同质化，完善网上办税功能，加大自助办税终端推广力度，推广财税库银横向联网等多种电子缴税方式，推进手机APP等移动互联网办税应用，在办税服务大厅上线办税服务综合系统。继续推广使用CA电子办税服务厅。

审计

【审计成果】 全年实施审计项目21个，通过审计发现管理使用不规范金额12507万元，提交审计报告20份，提出并被接纳合理化建议28条。

【财政审计】 对区本级2014年度预算执行和其他财政收支情况进行审计，查出管理不规范资金11440.48万元，提出审计建议6条。审计查出往来款未能及时清理、补助资金未能及时拨付、预见性支出没有纳入年度预算、公务卡结算比例总体较低、超范围安排残疾人就业保障金、部分行政性收费资金未纳入预算统一管理和专项资金管理欠规范等问题。对基层单位、区直部门财政财务收支，审计查出预算编制不够完整细化、未能严格执行年初预算、内部控制管理未够完善、会计核算和财务管理不够规范、往来款未能及时清理、“三公”经费（政府部门人员因公出国出境经费、公务车购置及运行费、公务招待费）和会议费支出管理不够严格等问题。

【经济责任审计】 年内对9名领导干部进行经济责任审计，查出管理不规范金额19万元，向纪委移送违法违纪线索1条。发挥经济责任审计联席会议作用，注重成员单位之间的信息沟通，拓宽工作思路，加强对掌握重要经济决策权、执行权、管理权和监督权等关键岗位领导干部经济责任审计，把债务管理、民生改善、生态保护等指标和实绩作为重要评价内容，强化对权力运行的制约和监督；加大对落实“八项规定”“三公”经费使用、会议费和培训费支出审计力度；经济责任审计结果反馈给相关部门，推动经济责任审计结果与干部提拔、作用、管理和责任追究等工作的对接。

【专项审计】 按照区委区政府中心工作和上级审计机关的工作部署开展专项资金审计，先后开展2014年度保障性住房建设资金跟踪审计、城市基础设施配套费的审计、农村“三资”（农村集体的资金、资产、资源）管理情况审计调查。

【政策跟踪审计】 按照上级审计机关的统一部署要求，每月围绕全区稳增长促改革调结构惠民生政策措施落实情况的一个重点事项开展跟踪审计，分别对江海区盘活财政资金存量、江门大道配套道路建设项目、养老服务业发展相关的民生政策、创新驱动发展战略和工业转型升级、防范政府债务风险和地方金融风险、简政放权等政策的落实情况进行审计；审计涉及部门单位18个，查出非金额计量问题15个，出具审计报告9篇，提出并被采纳建议15条。通过审计，推动中央和省委省政府关于稳增长、促改革、调结构、惠民生政策措施落实和完善，并为领导决策提供参考依据。

城乡建设

CHENG XIANG JIAN SHE

基本建设

【重点项目建设】 2015年重点建设项目10项，其中2项为预备项目，年度计划总投资152300万元，占全区计划总投资的18.1%，配合参与项目59项。全年累计完成投资148611万元，占比97.6%，列入区政府工作清单工作任务12项、民生实事7项，除了鹿茵酒店和连海路（五邑路—金瓯路段）进度滞后以外，其他任务全部完成或超额完成，包括：

金瓯路（江门水道—港澳码头）改造工程，6月竣工并通车。

江睦路（五邑路—金瓯路）工程，10月完成主体工程并主线通车。

连海路（新港路—南环路）一期工程，6月施工，完成征地拆迁交地和道路工程9%。

连海路（五邑路—金瓯路）改造工程，完成工程可行性研究报告报市发改局待批复；完成初步设计评审，开展施工图设计。

礼睦路扩建工程，6月施工。

广中江高速江海段，完成交地，大牛山隧道工程完成62.17%；全面开展沿线桥梁工程，基本完成龙溪路管线迁改，辅道工程正在施工。

胜利南路（新中大道—金瓯路）工程，6月竣工并通车。

【建筑工程】 区属建筑业企业完成产值7.53亿元，增长36.2%；在建工程369项，建筑面积410.6万平方米。发放施工许可证137项，面积139.24万平方米，增长17.7%，造价25.71亿元，增长17.3%。办理建筑工程竣工验收备案56项，建筑面积74.5万平方米，对外来施工、监理、设计等企业进行登记备案54项。

【建筑工程招投标】 做好工程招投标监管，完成招投标30项，最高限价22345.45万元，中标价21561.43万元，节约资金6784.02万元。

【建筑施工安全】 每季度召开防范较大及以上安全生产事故会议，开展安全大检查、节日期间的安全巡查工作，检查工程项目147项次，排查安全隐患621条，局部停工通知21份，全面停工通知书16份，下发扣分通知书51份。开展建筑施工“打非治违”专项行动，检查在建项目99个，排查安全隐患466处。开展建筑消防安全专项检查，抽查在建工程项目43项次，排查发现消防安全隐患59项，下达整改通知书18份。开展建筑起重机械专项检查，全区共有塔吊58台、施工电梯45台、物料提升机72台。全区建筑起重机械安装告知、检测率、持证上岗率均达到100%。加强深基坑、超高支模、超高外脚手架等危险性较大工程监督管理。全区监督管理危险性较大工程36项次，其中22项次正在施工，监督跟踪施工单位组织的专家论证26项次，如文华豪庭、汇嘉南湾、天海电子项目的深基坑支护，名派研发中心和礼乐二中项目的超高支模，星海湾和富港天悦湾项目超高外脚手架，光博汇玻璃幕墙吊船和西江电厂烟囱拆除工程等，督促责任单位做好方案的编制、论证和落实。开展安全生产月活动，以“建筑施工安全生产知识宣传”为主题，向社会广泛宣传安全生产有关法律、法规，解答建筑施工安全生产问题。督促指导施工企业制订防触电、防坍塌、防火灾、防高处坠落、防起重机械伤害等专项应急救援预案134份，开展应急演练的工程项目119个；开展应急救援物资集结演练，通过社会储备方式，与3家企业签订临时征用物资补偿协议，落实15吨挖掘机1台、30吨吊车1台、3吨铲车1台、移动抽水机3台、移动发电机3台。

【建筑工程质量】 推进质量治理，落实质量主体责任，抽查12项工程的分包行为，补签授权书、承诺书24项；新办监督手续并签署授权书、承诺书47项；办理竣工验收73项，设立永久性标牌73项。开展质量大检查2次，发出工程质量整改通知书45份，质量问题整改意见215条；抽检在建工地建材产品68批次，抽检建筑材料全部合格。加强工程质量检测工作，完成桩基静载试验项目136项、地基压板试验项目10项、高应变检测项目2项，对检测不合格项目，依规交给相关责任主体按照规范进行处理。

【建筑设计审查】 全年完成施工图设计审查项目141单项，面积108万平方米。加强建设工程初步设计审查管理，特别是社会公共利益和公众安全的大中型基础设施、公用事业等项目。推行竣工后永久性标牌制度，工程在竣工后设置永久性标牌，载明参建单位和项目负责人姓名，提高相关人员的质量终身责任意识。

【建筑节能】 全年进行144个项目备案，建筑节能审查率100%；新建建筑工程施工阶段节能强制性标准执行率99.5%以上。继续加强建筑工程应用环节监管，把推广应用新型墙体材料、禁止使用实心黏土砖等内容纳入到工程项目设计、施工图设计文件审查、施工监理监督和竣工验收备案等环节。

【房地产开发管理】 全区新报建房地产项目面积72.82万平方米，商品房完成投资28.44亿元，住宅销售面积32.83万平方米，销售金额19.48亿元,均价每平方米5935元。做好物业管理指导监督，开展小区物业管理专项整治行动，解决物业管理难题，加强规划、物价部门和街道、社区的协调，以行业指导和监督为主导，属地管理为依托的多方联动管理体系，全年处理化解矛盾167宗。

【住房保障】 全年建成公租房92套，落实2015年公租房新开工建设175套，超额完成保障性住房建设任务。受理审核公租房（含廉租房）保障资格申请115户，实物配租90户，发放41户、80人、货币补贴14603.40元。对各街道危房进行排查，检查出存在安全隐患的房屋633间，其中全危房屋281间、局危房屋352间，并提出解决方案，建立危房排查、防患、解危长效机制。

【市政设施建设维护】 做好社区道路维修改造项目，完成江南街道红门楼65—70号道路、滘北街道平乐里道路、江南市场后街道路、东海路滘头段人行道、礼乐街道乐祥东路（一期）等道路维修改造工程。全年维修道路5305平方米，新建水泥路面4697平方米，清疏下水渠道3110米，清疏运身渠（建筑物四周的暗渠）11米，更换沙井套485套，更换沙井盖68个，清疏沙井2635个，维修（新建）沙井99个，维修、安装“四防”装置107个。完成新南小区、东华桥底、新中里等路灯改造加装工程16项；光源一路、东宁南路、永宁路等路段的路灯更换和线路防盗工程。高新产业区内路灯亮灯率90%，市政路灯亮灯率95%以上。

【城市管理综合执法】 全年受理来信、来访、来电、数字城管平台及12345政府热线平台的信访件10778件，办结率100%。开展市容市貌专项整治，清理横幅650余条，规范各类广告牌登记管理296块，清理“牛皮癣”5.4万张，查处违规乱张贴41宗，利用城管语音提示系统进行户外违规广告查处34宗，拆除各类户外违规广告960平方米，处理乱倾倒建筑垃圾行为46宗。开展违章建筑清拆行动23次，查处各类违章建筑近62宗，拆除临时违章建筑构筑物3450平方米，雨篷棚架520平方米；遥感督查图斑立案调查18宗，处理结案17宗。

【公园城市建设】 外海街道金溪公园、华亨休憩公园、清兰白米公园、石鹤利公园；礼乐街道镇龙村河边公园、东红村河边公园和滘头街道建星公园等16个村居公园，以及外海街道体育公园、礼乐街道新民体育公园和江南文化广场等3个镇（街）公园升级改造工作全部完成。加快白水带龙头公园建设，作为全市龙头公园之一，白水带风景区完成100亩林相改造、映月桥扩宽工程、景区监控升级改造工程、景观路建设和桃源浦小溪景观带清淤工作，逐步完善风景区配套设施。

【城市绿化管养】 做好白水带风景区内的绿化管理养护工作，按照市事权下放“管养护水平不下滑”目标要求，探索自主管养与市场化养护结合模式，先后完成50.77公顷城市公共绿地市场化任务。完成南山路、彩虹路、江睦路、江南路、江海路、江翠路、活力路以东华桥底、江海绿化广场等主要节点绿地升级改造。

【环境卫生管理】 督促、协调各街道完成环卫基础设施的升级改造，新建和改造垃圾中转站10座、新装果皮箱500个；完成高新垃圾压缩站的建设和投入运行形成，全区生活垃圾以东（高新压缩站）西（礼乐乐华压缩站）两翼为支撑的垃圾压缩中转运输模式处理，日产日清生活垃圾270余吨，年均无害化处理生活垃圾9万余吨，垃圾无害化处理率100%。是年，全区环卫作业人员521人、村级环卫作业人员307人。

【户外广告管理】 严格做好广告审批工作，加大广告整治清理力度，累计清理灯杆广告405杆、楼顶广告牌3宗、各类霓虹灯和LED招牌29宗、指示招牌861宗，整改各类招牌38宗、督促广告牌业主排险加固排险8宗。受理同意新设各类户外广告32宗。

【燃气安全监督管理】 加强区内5个瓶装石油气供应站和1个储气站的安全生产检查工作，督促燃气企业落实安全生产主体责任，打击燃气非法经营的行动，捣毁非法经营点多个，收缴钢瓶300多个。

【公交路线调整】 协调相关部门先后优化调整、新增公交线路15条，全区公交线路增至34条、营运车辆186台，其中服务高新工业园区线路6条，覆盖金瓯路、高新路、江睦路等道路。加强公交站场基础设施建设，光博汇公交首末站、连海路公交首末站、LNG加气站完成征地工作，临时站场交付公汽公司，其中连海路临时站场开通运营。

【民生水利工程】 推进全区农村重点易涝区整治工程，包括新建南冲电排站、南口电排站、闪滘电排站，项目估算总投资1.38亿元，工程实行整体设计、整体立项，按照先急后缓、分步实施计划推进。

【三防工作】 开展汛前大检查，检查水闸24座、电排站10座、堤围54公里；开展水闸除险加固工程，完成对礼西、礼东围建造的12座水闸灌浆加固处理；补充三防（防旱、防汛、防风）编织袋2.1万个，木桩160条，修建防洪通道300米，对堤围河滩地砂场乱堆放、堤面坎坷不平、连海路水浸黑点、三防物料补充、滘北电排站泵房监控及防洪通道等问题进行整改。协调做好年内“0516”强降雨和台风“美莎克”“鲸鱼”“彩虹”等有关防御工作。

【农田水利设施建设】 完成礼乐街道武东东四河清淤工程、雄乡东口围电排站工程等小型农田水利设施项目15个，完成河道疏浚清淤1.99万米，重建维修农排泵站18座。

【河涌整治】 7月22日，召开2015年高新区江海区环境大整治工作会议，确定潭江流域治理“河长制”的河长、段长责任人，推动麻园河、马鬃沙河、龙溪河等3条重点河涌流域的工业、生活污染综合整治前期工作，制订《江门高新区(江海区)黑臭水体综合整治工作方案》，组织开展测量、可行性研究和设计方案等工作，研究、探索PPP融资建设方案的可行性。加强对区内8条主要河涌共25公里实行专业化日常保洁管理。

【水行政执法】 加强对区内河道利用管理、涉河建设、水工程管理、河道采沙管理、水资源管理等方面进行检查监督，对没有按照规定提交水土保持方案的25家建设单位发出责令限期改正通知书。

国土资源管理

【土地登记】 全年完成区内土地登记发证7961本，其中国有土地使用权证6654本、集体土地使用权证1205本；土地权属调查完成查询116份，其中涉及国有土地48份、集体土地62份，为法院出具查询6份。协助司法机关办理查封19宗、解封6宗；协助司法机关办理协助登记9宗。

【土地变更】 对全区2014年157个监测图斑、面积1263.6亩，完成按照图斑实地拍照、外业调查和资料收集等工作，上报2014年土地变更调查全部成果并通过广东省国土资源厅的检查验收。通过国土资源部组织开展的内、外业抽样检查，有关工作成果获得国土资源部确认。

【重点建设项目】 是年，高新区2、3、4号地完成投资1.08亿元；府西小区整合开发项目完成投资1.1054亿元，需要收回土地的业主单位7家，签订5家。明泰项目完成投资1.02亿元，南山路完成投资1.13亿元，超额完成政府年度目标任务。

【盘活闲置土地】 采取调查摸底、建立台账、制订方案和督促约谈等措施，推动威特铝业、天华电子等9家企业全面动工建设，盘活闲置工业用地386亩，完成年度目标任务135.4%；对尚未动工的怡德国际、登莱特照明等4宗涉及的175.125亩闲置用地，按照《高新区（江海区）闲置土地盘活和处置工作方案》要求报请市国土资源局依法追究闲置土地责任。

【基本农田建设】 2014年市下达全区高标准基本农田建设任务1000亩，全部分布在礼乐街道，由省财政按照每亩1500元、市财政按照每亩800元、区财政按照总投入的5‰配套工作经费进行建设，项目投资233.15万元。项目完成立项，施工图设计方案通过专家评审、完成招投标工作并开工建设。

【基本农田划定】 江海区城市周边永久基本农田划定初步任务核实举证不宜划为永久基本农田的耕地面积1466.1399公顷（21992亩），其中根据《国土资源部办公厅农业部办公厅关于切实做好106个重点城市周边永久基本农田划定工作有关事项的通知》明确可不划为永久基本农田的耕地面积55.1095公顷（837亩）；根据全区实际以其他理由核实举证的不宜划为永久基本农田的耕地面积1411.0304公顷（21165亩）。

【查处违法用地】 查处违法40宗涉及202.75亩违法用地目标，通过发通知、没收、拆除和补办手续等措施，按照国土资源部《查处土地违法行为立案标准》立案处理，违法用地立案率、查处率和结案率均为100%。全区2014年土地卫片执法和治理违法违规用地治理专项行动成果通过省政府的检查验收。

【历史留用地】 全区需要安排的历史留用地3770亩，安排解决3022亩，其中办理供地手续2171亩、未办理供地手续851亩、需要安排留用地763亩。制订并出台《高新区、江海区计算历史留用地面积的原则》《高新区解决历史留用地总体方案》，计划5年解决，为全区历史留用地问题的解决提出系统可行方案。全面清理历年征用农村集体土地，1992年以来征收外海、礼乐、滘头街道集体土地33041亩，其中外海街道28850亩、礼乐街道3350亩、滘头街道841亩；高新区征地26902亩，江海区及其他主体征地6139亩。

【土地征收】 按照省、市要求上报江海区2015年度中心城区规模，涉及新增建设用地面积1083亩、农用地面积1083亩（其中耕地659亩）。根据2013年度余下用地指标和2014年广东省国土资源厅下达的新增建设用地指标规模，分13个批次组织安排重点项目以及农村留用地的用地征转手续，使用新增建设用地指标2270亩，按照计划组织余下610亩用地报批工作。

【土地供应】 全年供应土地14宗，面积1339.1361亩（规划面积1497.1772亩），其中挂牌出让用地2宗，面积298.4781亩（规划面积384.1137亩）；协议出让公共管理与公共服务用地4宗，面积580.76亩（规划面积660.9531亩）；划拨国有建设用地1宗，面积37.953亩（规划面积47.1369亩）；划留留用地7宗，面积421.945亩（规划面积485.1666亩）。划拨村集体用地11宗，面积99.5亩。全年办理农村宅基地131宗，其中新建110宗、补办21宗。

【地质灾害防治】 做好强台风“彩虹”吹袭和特大暴雨期间的地质灾害应急管理工作，及时清理塌方山泥排除险情。完成滘头街道樽山地灾隐患点整治工程预算编制、招投标等开工前期工作，督促江南街道银星村工程整治范围内的土地移交给中标单位使用，主汛期结束前完成该地灾隐患点整治工作任务。

规划管理

【建设工程规划管理】 全年办理各类业务案件769项，比增30%，其中审查建设工程项目设计方案141项；核发建设工程规划许可项目（包括更改施工图、建设工程规划许可证）217项，建筑面积197.7万平方米，其中商业和住宅及公建等建筑面积84万平方米、工业项目建筑面积113.6万平方米；办理临时建设工程项目12项；办理规划验收101项，验收建筑面积62.8万平方米；办理建设开工放线、验线31项；办理村民住宅建设用地规划申请255项、村民住宅建设工程规划许可证93项、村民住宅建设工程规划验收34项；发出查处违法案件通知书26项。做好高新区（江海区）规划展示厅建设工作，展示厅10月23日开放，接待40批次、600人次。

【规划遥感督察】 是年第一期规划遥感督察违法图斑涉及全区管理范围需要核查情况的图斑53个，其中重点图斑6个、违法建设4宗。通过现场核查每个图斑建设情况并实地照相，核定为违法建设项目及时移交区住水局执法部门处理。

【城市基础设施配套费】 全年核收城市基础设施配套费5156万元，比增60%。

环境保护

【环境监察管理】 按照《饮食业环境保护技术规范》《建设项目竣工环境保护验收管理办法》对“六种行业”（饮食业、文化娱乐业、洗车场、机动车维修、建筑材料、废品回收）进行环境监督管理。全年办理“六种行业”环保验收42项，其中机动车维修洗护项目20项、饮食项目11项、公共浴室和旅业项目11项。加强排污许可证管理，结合环保验收工作，全年核发广东省污染物排放许可证183个，其中新办24个、变更17个、换证142个。

【环境安全排查管理】 全年对区内284家企业进行环保监督检查，通过现场查阅资料、查看油气回收装置等，对区内22个加油站进行排查，经查4个加油站尚未安装油气回收装置。督促区内17台锅炉进行淘汰或改燃清洁能源的整改工作。

【环境信访处理】 全年接收、查处环境信访案件251件，其中废气48宗、噪音84宗、废水9宗、其他10宗，均已全部办结，办结率100%。

【大气污染防治及减排管理】 推动完成养殖场减排项目24项、排放挥发性有机物（VOCs）的汽车修理行业、洗衣行业统计、工业锅炉淘汰、黄标车淘汰1724辆等减排工作。年内完成市级生态村的创建目标，外海街道七西村，礼乐街道丰盛村、雄乡村通过市环境保护局“市级生态村”考核验收并完成命名。

【专项资金申报】 指导并组织各街道开展潭江水资源保护专项资金申请工作，完成礼乐街道中心河（英北桥—合萝冲桥）综合整治工程、中福社区垃圾中转站和江南街道麻园河中环广场前箱涵段清淤工程等项目的资金申报工作。完成2014年省级环保专项资金的项目立项、招标和合同签订工作。

【排污申报登记】 按照《排污费征收使用管理条例》要求，做好排污申报登记、排污费核定与征收加强排污收费，全年计征收“六种行业”（饮食业、文化娱乐业、洗车场、机动车维修、建筑材料、废品回收）排污费项目185家、排污费33.5万元。

【建设项目环评审批管理】 按照相关法律法

规对涉及的环境保护行政审批项目执行环评审批和“三同时”（同时设计、同时施工、同时投产使用）制度，严把环保准入关。推进标准化建设，开展深化行政审批制度改革、行政审批标准化建设和“1+3”清单（1权责清单，3负面清单、审批清单、监管清单）编制工作，全年建设项环评审批办理98项，完成环境影响报告书初审意见9项、“六种行业”联合审批84项。

教育·文化·卫生

JIAO YU · WEN HUAI · WEI SHENG

教育

【启动十一项基建项目】 推进滘头小学、礼乐第二初中教学楼、外海中学宿舍楼、礼乐中学食堂、华兴小学教学楼、礼乐中心小学教学楼建设，改造麻园中学和礼东小学运动场等11项工程建设。启动华侨中学、天鹅湾小区、兴南小区教育用地调整和教育建设相关项目。完成学校食堂第三期改造，新建成麻一小学食堂，新民小学、江南幼儿园、浩瀚幼儿园改建成省级示范性食堂并通过省级验收。全区学校实现大型体育场免费开放，学校体育场馆向公众开放率50%以上。

【中小学经费保障机制】 免费义务教育范围扩大到全部就读学生，春季和秋季学期分别有26220、27259名小学、初中学生（含送教上门10名）享受免费义务教育，财政投入资金3426万元；城乡免费义务教育生均公用经费补助标准小学从950元增至1150元，初中从1550元提至1950元，残疾生增至不低于每年6000元。

【创新教师激励机制】 制订全区教师评聘工作方案以及资金预算，加大招聘研究生教师力度，巩固研究生教师队伍，建立研究生联络员机制，研究生座谈会常态化，协调解决研究生工作、生活上的困难，稳定研究生队伍。全年新增省级骨干教师、校长培养项目第二、三批培养推荐对象8人；第二批中小学幼儿园校（园）长进入省校（园）长工作室培养对象1人；2015年南粤优秀教师2人；第二届江门市基础教育系统“十大杰出教师”1人；江门市教师类别首批“江门教育专家”培养对象1人；向市推荐第四批市名师培养对象124人。

【教研教学】 区教育局荣获2015年江门市教育质量管理一等奖。全区高考报考入围率89.75%，全市排名第二；本科入围人数254人，比增57人，年度增加人数全市排名第三，增加率28.73%，礼乐中学首次突破入围人数三位数大关，江门市十一中学首次获得大面积江门一中保送名额。教研工作形成听课、交流、点评三个新常态。举办系列教研活动，3000多人次参与听评课，组织骨干教师参加各种学习研讨会600多人次。加强对科研课题的管理和指导，全年申报立项1个省级课题、4个市级课题、48个区级课题，11项市区级课题结题。15个科次参加优质课展评活动，获得6个一等奖、11个二等奖。

【教育十三五规划编制】 根据全区“十三五”规划，做好发展高新江海区教育发展规划，先后召开“十三五”规划教育布局暨天鹅湾教育用地调整专家咨询会、小区居民意见征询会和相关联席会议，通过协调会议和专题会议对规划进行讨论完善，形成江海区“十三五”规划征求意见稿。

【校园安全德育工作】 组织开展中小学校园禁毒教育工作，举办优秀禁毒教育漫画展作品评选大赛等各项活动40多项。以建设“和谐校园”和创建“平安校园”为重点，开展学校安全隐患排查、整改和安全生产月督查专项行动，联合交警、卫生等部门联合开展护校安园行动。全省首创聘请检察院检察官为学校法制副校长，加强学校法制教育。会同有关单位开展禁毒和反邪教宣传教育活动、社会主义核心价值观实践教育活动等各类德育实践体验活动20多项；为银泉小学烧伤学生全慧子募得500多万元善款。出台《关于建立健全江海区学校法律顾问制度的工作方案》，开展依法治校示范学校创建活动，完善学校依法办学的保障与监督体系，江门市第十一中学通过省专家依法治校示范校的推荐、督导和迎检工作。与区文化广电体育局合作，江海区青少年业余体育学校和江海区青少年体育俱乐部11月揭牌；举办2015年江海区中小学生艺术展演大赛等各级各类文体活动10余项。市文化城展馆举办华兴小学师生艺术作品展，展出书法作品、画作、轻黏土手工制作等200多件。

【教学常规管理】 深化课堂教学改革，制订《江海区义务教育阶段学校作息时间安排表》，《江海区中小学教育教学视导工作实施方案》和《江海区中小学教学视导实施细则》等文件；对江门市第十一中学等10所学校进行教学视导，推门听课；建立教学质量监测与评价体系，修订《江海区义务教育阶段教学质量目标暨实施方案》并对相关学校和学科组予以抽检。制订《江海区普通中小学期末考试命题管理方案》，组建江海区中小学教师期末考试命题教师库，全面实现电子阅卷，远程连接至区评卷中心，实时监控评卷情况。

【教师交流】 下发《关于2015年江海区中小学校教师交流工作任务的通知》，全年结对交流42人，互派交流40人，挂职锻炼10人，共占教师人数的6.8%。选派教师2名到印尼支教交流工作、教师2名到恩平市支教。

【教师专业化】 根据《广东省教育厅关于印发2014年度“一师一优课、一课一名师”活动方案的通知》要求，组织各学科教研员进行“一师一优课、一课一名师”活动的“优课”推荐评选工作。从400多节晒课中评选出41节优课上送市和省参评。组织小学语文等3个学科、初中语文等9个学科、高中语文等9个学科500多位教师参加“江门市2015年义务教育新课标教材培训”和“江门市2015年普通高中新课标教材培训”；组织188位教师参加新高考培训；组织全区省名师工作站的小学名师培养对象30多人赴四川成都师范大学参加为期7天的跟岗研修学习。举办“江海区、新会区同课异构暨外海中心小学教学开放日教学研讨活动”；在银泉小学举办江海区教师专业化发展行动研究课题研讨会暨银泉小学教师发展联盟学校教学论坛，广州市、蓬江区、新会区等地参加1000多人次。根据省、市下达的培训任务，组织教师参加“国培”“省培”“市培”等形式的项目24项，其中全员培训2项、校长任职培训5项、新教师培训1项、心理教师培训1项；各级各类学科（中小学及幼儿园）骨干教师培训15项，参加培训1626人次，全员培训覆盖率100%。通过培训推荐评选，全年新增省级骨干教师、校长培养对象等骨干教师和优秀教师137人。

【民办教育】 引进资金和优良优质教育资源在区内办高端民办学校，同意南方求实集团筹设中小学的申请，其筹设的学校建设工程按计划推进；配合江门幼师选址工作。加强对民办学校及托幼机构的管理，对辖区内36所幼儿园、8所托儿所、3所民办学校、1所培训中心进行年度检查，查出合格单位39所，基本合格单位6所，不合格单位3所，申请终止办学机构2个并向社会公布年审结果，对存有问题的幼儿园和民办学校提出整改意见。

【普惠性学前教育】 推进学前教育改革发展实验区，做好学前三年行动计划专项督导，实施幼儿园园长、教师素质提升计划，推进普惠性幼儿园建设，力争年内基本建立普惠性学前教育体系。配合市做好社区大学建设，发挥江海区社区学院功能，开设相关课程和活动。巩固义务教育均衡创建成果，推进义务教育学校由基本均衡向优质均衡的发展，推进标准化学校建设；做好江南幼儿园、外海幼儿园申报省一级幼儿园的准备工作；完成东仁幼儿园、童乐幼儿园、星艺幼儿园区一级幼儿园的创建工作。

【落实争先创均各项整改】 完成《关于我区教育“争先”“创均”评估验收反馈意见整改工作情况的报告》和《高新区（江海区）推进义务教育均衡优质发展情况报告》，根据国家、省“争先”“创均”评估验收反馈意见落实各项整改工作；根据区人大推进义务教育均衡优质发展调研要求，把相关情况及时报告区人大常委会，根据审议意见制订整改措施。

【完善督导责任区】 制订《江海区推进督导责任区制度实施方案》，明确督学责任区范围和督学职责，执行《中小学责任督学挂牌督学办法》，落实全区中小学和幼儿园责任督学挂牌制度，从2014年12月起，由经区政府批准的24名兼职督学，负责全区63所中小学校和幼儿园的挂牌督学工作，挂牌督导覆盖率100%。通过明确责任区督学的工作职责和要求，完善工作运行机制，有效开展督学工作。

【三通两平台建设】 全区“宽带网络校校通”“优质资源班班通”覆盖率100%；“网络学习空间人人通”由市统一建立资源平台，公办学校师生账号建档上报；根据江门市创建广东省教育现代化先进市的指标要求，对全区基础教育信息网络带宽进行调整，全部学校带宽提高到100M以上，达到市的争先标准。完善全区校本资源库建设，召开学校信息化建设工作会议，通过自行开发和购买优质资源的形式，扩充和建设学校的数字资源容量并应用到班班通的共享模式中。

【法治校园建设】 根据《广东省教育厅关于建立健全学校法律顾问制度的通知》要求制订《江海区学校法律顾问制度的工作方案》，依法依规保护学生、教师和学校合法利益，促进学校决策科学化、内部治理法治化和规范办学行为。开展广东省第二、第三批依法治校示范校的创建工作，做好江门市第十一中学申报广东省依法治校示范校的推荐、督导和迎检工作并通过省专家的抽查认定；做好外海中心小学申报广东省第三批依法治校示范校的工作并通过省的抽查评估。

【教育帮扶救济】 根据《中华人民共和国义务教育法》要求和市有关文件精神，制定招生简章，按照“以流入地政府管理为主、以全日制公办学校为主”的原则，妥善解决全区外来人口子女接受义务教育的问题，秋季学期公办初中一年级入学人数1909人，小学一年级入学人数2753人，其中外来务工子女占54.3%。超出计划招生数593人，全区增加7个班。落实学前教育资助和义务教育、高中各项财政资助资金的发放，高中享受国家助学金学生全部开设资助卡。实施高中阶段残疾生免学费政策。

【全区教育系统职称情况】 2015年，全区实有中小学教职工编制1356名，实有教职工1344人。其中专任教师1183人。聘为副高级职称142人，其中中级职称630人（中学一级教师281人，小学高级教师349人）；初级职称412人

（中学初级教师182人、小学初级教师230人）。

文化

□ 文化体育

【与江门一中共建江海区图书馆】 年内争创国家一级图书馆，完成有关改造工作，11月举行江海区图书馆启用仪式。江海区图书馆面积4500平方米，藏书23万册并配备相关功能室。

【文体场馆建设】 年内与江门一中达成共建江海区体育馆意向，投入50万元改造各项体育设施，11月挂牌以后，由社会机构进行社会化管理并向社会开放。区文化馆在红门楼一号建设新文化馆，完成新文化馆设计和改造方案，2016年6月前完成搬迁。新文化馆建成面积2900平方米，有独立大院，配备各项文化服务功能室。投入25万元对江南文化广场进行升级改造，新增篮球场2个、羽毛球场8个、乒乓球台3张、健身路径20站和淋浴室、足球场、风雨篷等配套设施，建成全区首个社区体育公园；新建成江南街道新南全民建设广场。至此，全区全民健身广场9个、文体小广场53个，达到全区全覆盖，走在全市前列。

【文化馆艺术培训】 区文化馆面向社会开办免费艺术培训班8期，聘请江海区曲艺家协会、舞蹈家协会、音乐家协会、书法家协会的技术骨干任课，共授课168课时、培训2000人次。区文化馆编制“人人跳原创艺术广场舞”视频教材，共向舞蹈爱好者免费发放500套教程光盘；开设“人人跳师资班”，培训体育（广场舞蹈）指导员100多名。

【全区运动会趣味运动会等活动】 年内举办的高新区、江海区合署办公以来首届运动会，项目包括篮球赛、羽毛球赛、乒乓球赛和青少年足球赛等。全年共举办趣味运动会活动60场，在各社区文体小广场和厂企内举行各种趣味体育活动，倡导市民参与全民健身。“体彩杯”趣味运动会成为全区体育活动品牌。继续扶持外海中学、礼乐中学等10家学校的田径、篮球、羽毛球、太虚拳等特色体育项目；扶持各中小学足球进校园等特色体育项目，联系专业团体进行17周的足球培训。

【陈少白文学艺术奖】 参照省市区的奖项设置的陈少白文学艺术奖，每2年举办1次。4月17日，召开首届陈少白文学艺术奖颁奖会议，对全区文学艺术界两年来文艺创作成果进行集中检阅。经审定《绿化树》等29件作品获奖，曾小洁等3人被评为群众文化先进个人。

【基层广电网络改革重组】 礼乐广播电视站2月28日完成改革重组工作，次月挂牌，命名为广东省广播电视网络股份有限公司江门分公司礼乐站。外海广播电视站的评估工作正在进行。

【成立体育彩票管理中心】 江海区体育彩票管理中心成立以后，出台区、街道两级体彩公益金的管理办法，规范业务管理，通过超市、电信店、加油站等开展增机扩点工作，提前完成市中心下达的全年净增14家的工作任务。

【成立体育总会青少年业余体育学校和青少年体育俱乐部】 由江海区龙狮武术协会、江海区跆拳道协会、江海区信鸽协会、江海区舞蹈协会、江海区游泳协会共同发起成立江海区体育总会。相继成立江海区体育总会、江海区青少年业余体育学校、江海区青少年体育俱乐部，为开展群众体育和全民健身运动，推进体育社团组织提供保障。

【筹建国民体质监测中心】 为推动国民体质测定与运动健身指导工作常态化，发挥政府公共体育服务职能，筹建江海区国民体质监测中心，选址区文化馆新址。中心成立以后每年组织1000人常态化开展体质与运动能力测试，为受试者的体质状况和健身指导建立档案，出具运动处方，向受试者反馈体质评价结果和健身指导，并举办各类科普讲座。

【文化行业行政审批】 全年共受理印刷企业审批20宗、办结13宗，其中企业变更8家，新增5家；受理出版物经营许可证审批5宗、办结5宗，新增书店4家、注销1家。

【文体精品】 年内，区文联选送的小戏《镇店之宝》和美术系列作品《中国侨乡—印象江门》获得市委宣传部2015年文艺精品创作扶持立项；区文化馆选送的粤曲表演唱《老年乐》和话剧小品《抉择》，入选广东省第8届戏剧曲艺花会总决赛并分获银奖和铜奖。派员参加江门市青少年体育锦标赛的乒乓球、跆拳道、篮球等比赛项目并获金牌6面、银牌8面和铜牌10面。2015年“中国体育彩票杯”小学生足球锦标赛上，外海中心小学代表队荣获季军。江海区农民运动员代表江门市参加在惠州市举办的广东省农民体育乡镇田径特色项目比赛获得道德风尚奖。

【旅游】 根据《江门市加快建设旅游强市工作纲要（2015—2020）》要求，开展创建乡村旅游示范镇、村、点，编制江海区礼乐湿地生态公园建设规划，结合白水带3A景区改造工作，对江海区步行径进行规划设计，完成全市下达的旅游厕所建设任务，整合并推广本土旅游与休闲资源。为推进乡村旅游，会同礼乐街道举办礼乐葡萄旅游节，并通过电台、报纸、微信等传媒对葡萄节进行宣传报道。6月27日，举办开幕仪式；活动期间吸引本地、周边地区游客前来采摘和品尝美食，产生经济效益4000万元，其中葡萄采摘收益3000万元，带动餐饮及其他消费1000万元。区内主要旅游景点包括白水带风景区、茶庵寺公园、陈少白故居、外海五大祠。按照是年市乡村旅游示范创建工作任务清单，全区要完成打造乡村旅游示范镇、村、点各1个，确定礼乐街道办事处为乡村旅游示范镇（街）、礼乐街道向民村委会为乡村旅游示范村、江海区和苑农庄为乡村旅游示范点，制订工作方案并按照创建标准进行改造。11月，市旅游局联合相关部门对创建工作进行验收，礼乐街道、礼乐街道向民村和江海区和苑农庄被评为乡村旅游建设示范镇、示范村和示范点。

□ 档案

【档案基础设施建设】 针对区档案馆馆舍面积不达标的现状，根据省档案局《档案行政执法检查反馈意见书》，拟定《江海区档案馆馆舍建设整改情况报告》提出借办公用房调整，扩大馆库面积；拟定《关于重新启动档案馆大楼建设项目的请示》提出重新启动江海区档案馆大楼论证筹建程序，做好江海区档案馆大楼立项工作。完善库房的硬件设施，新增手推式灭火器一批、档案柜60套、防磁柜1个、目录柜2个。加强库房安全管理，专人对库房温湿度进行每天记录，定期更换防霉杀虫药，及时更换防火遮光窗帘和库房旧空调设备，对新增入库及借出的档案进行全面消毒，共消毒档案738、卷19315件。

【档案馆业务建设】 加大档案接收整理工作，全年接收文书档案206卷13315件，公证档案1617卷，水利普查档案84卷，污染源普查档案728件，审计档案29卷。接收特殊载体档案中，照片档案1482张，光盘档案13张，实物档案56件，征集档案26件。开展江门高新区档案整理工作，中标单位新世纪档案文化有限公司进场整理。完成区委区政府2010－2012年度和档案局2014年度文书档案整理工作，其中区委区政府归档文件13629件、档案局归档文件349份；完成区委区政府2008—2010年照片档案和荣誉实物照片档案整理工作，共整理照片档案40卷、2046张，荣誉实物照片档案82张。

【档案信息化】 推进数字档案室建设，实行档案存储数字化、利用网络化，实现全区档案数据共享。印发《关于开展档案室信息化工作调查的通知》，对区内各单位档案信息化建设基础情况进行调查摸底，为研究拟定推动江海区档案信息化建设的工作方案提供依据。建立江海区电子档案数据中心（数字档案馆），纳入电子政务建设项目，争取财政资金完成系统采购程序，与珠海市泰坦软件系统有限公司签订合同完成江海区电子档案数据中心系统建设。进一步完善江海档案信息网站建设，丰富网站内容，新增局馆介绍、区情新闻、通知公告、规划计划、人事信息、政务咨询和意见征集等多项栏目内容。及时更新网站信息及动态，全年网站上传动态类信息110条、已、开放档案卷内目录564条、江海百态图片429幅，组织机构、规章、业务指导性文件共81件，资料下载15次。

【基层档案管理】 深入机关事业单位区纪委、区经科局、区文化馆、礼乐小学等单位开展档案管理工作指导。1月，礼乐街道新民小学档案综合管理通过省市评审小组考核认定，被评为省特级机关档案综合管理单位。加强对高新技术企业和民营企业的档案管理工作，联合区经济科技局开展高新技术企业与民营科技企业档案工作情况问卷工作，选定朗天照明有限公司和凯立信电气科技有限公司为江海区重点指导建档企业，并对该企业档案管理工作情况分别进行调研。配合开展农村土地承包经营权确权登记颁证工作，及时跟进江海区农村土地确权工作的进展，会同区经济科技局联合开展全区农村土地承包经营权确权登记颁证档案工作情况调研活动，形成调研报告报市档案局。与区发展改革和统计局联合下发《转发关于加强广东省重大建设项目档案工作监管的通知》，指导各单位做好全区范围内重大建设项目档案监管工作。

【档案利用】 做好档案鉴定开放工作，对外海街道1950—1985年的档案重新审核，重新鉴定档案753卷，其中开放档案356卷、不开放319卷、开放文件级目录11657条。全年接待来访来电利用档案资料917人次，提供档案资料860卷件，配合婚姻登记处核实有关人员婚姻资料405人次、提供档案资料复印件4738页。配合做好国家重点档案抢救调研工作，对档案馆藏重点档案进行分析，形成《江海区档案馆馆藏重点档案抢救情况报告》报市档案局。

【档案宣传培训】 “6·9”国际档案日期间，参与由江门市档案局牵头，蓬江区、江海区、新会区档案局以及市有关部门联合举办的主题为“档案——与你相伴”的国际档案日宣传纪念活动。通过电子政务平台发布档案信息宣传标语，普及档案信息和档案知识。配合市档案局做好档案业务人员岗位培训工作，7月，发动区直各单位组织档案人员参加市档案局举办的档案岗位培训班，18人参加并取得档案专业人员培训证书；10月，组织相关人员参加江门市农村、社区非公有制经济组织档案培训班和江门市农村土地承包经营权确权登记档案管理工作培训班。

□ 地方志

【地方志年报与年鉴编纂】 按照地方志规定收集年鉴和年报资料下发《关于报送江海年鉴稿和年报资料的通知》，完成各有关单位报送2014年的年鉴稿和年报资料以及2009－2011年的年报资料。江海区第二部地方综合年鉴《江海年鉴（2011－2012）》公开出版，全书31.3万字。江海区第三部年鉴《江海年鉴2014》的编纂工作开展并实行一年一鉴。《江海年鉴2015》完成资料收集工作，进入编辑阶段。

【地方志资源开发利用】 以市级非物质文化遗产外海面制作工艺作为调查研究对象，向省地志办提出地方志资源开发利用项目立项申请。项目主要通过对外海面的历史、现状、制作及特点等情况进行调查研究，分析其生产模式、行业建设、产品推广和产业发展等问题，提出破解外海面发展瓶颈，扩大知名度，提高市场竞争力的建议，最后形成专题调研报告。项目通过省级论证并成为江门市唯一通过省立项的项目。开展自然村落历史人文与现状普查工作，组织各街道开展调查并填写调查表，为编写广东省自然村落历史人文通典打下基础。配合广东省家谱家训家风展览，挖掘本地历史人文资源，开展优秀家谱、家训、家风征集活动。为纪念中国人民抗日战争暨世界反法西斯战争胜利70周年开展专题编研，搜集档案馆馆藏抗战档案史料市档案局。

【地情网站建设】 按照全国政务网站自查的要求，对江海区地情网改进网页设计，科学设置栏目，清除无效链接和错误页面，加强地情资料数字化和日常更新维护。全年发布综合志书1部、地情书1本、文章1233篇、图片361幅。其中一级栏目江海新闻198篇、工作动态20篇、走进江海185篇、大事回顾539篇、网上展厅2篇、业务学习6篇、图说江海265篇、信息公开18篇，网站访问数16.5万次。

卫生

【卫生医疗机构改革】 2014年重新核定区人民医院机构编制方案，2015年重新核定区中西医结合医院机构编制方案，按照二级医院的定位，对医院职责、科室设置床位数等重新理顺，重点保障群众常见病、多发病、部分疑难病的诊疗。纠正社区卫生服务中心加挂区级医院导致基层职责混乱状况，实行加挂医院的社区卫生服务中心全部单独设置。结合街道行政区域的调整，对全区各社区卫生服务中心的机构编制方案进行核定，设置外海、礼乐、江南3个社区卫生服务中心。

【妇幼保健和计划生育机构】 根据国家卫生计生委、中央编办《关于优化整合妇幼保健和计划生育技术服务资源的指导意见》精神，制订全区优化整合妇幼保健和计划生育技术服务资源实施方案并完成资源整合，撤销区人口计生服务站，设立区妇幼保健和计划生育中心加挂在区人民医院；街道计划生育技术服务工作由属地医疗机构承担；村级计生服务站和卫生室（站）共享共用。

【理顺医疗点设置】 根据公立医疗单位主要为群众提供低费的基本医疗服务、免费推进基本公共卫生服务的性质，竖立以“公立医疗单位保基本、社会办医为补充”工作思路，对全区公立医疗点进行全面梳理，在执行上级规定的基础上，对原来布点过于密集、建设不规范、设备差和环境差的医疗点进行撤并；对服务人口密集的医疗点按照规定和实际需要进行规范化建设，优化服务环境，增配工作人员，打造“一路一带”（江海路和人口密集带）医疗保障服务网络。

【卫生资源一体化管理】 整合区内医疗卫生服务资源，年内把试行江海区社区卫生服务中心（更名为江南街道社区卫生服务中心）委托区人民医院管理。在试行的基础上，把外海、江南社区卫生中心纳入区人民医院管理，礼乐社区卫生服务中心纳入区中西医管理；实行人员、业务、后勤、药品等统一管理、调配；保持两级单位行政建制、财政供给、公共卫生服务职能不变。

【医疗卫生应急防控】 完善《高新区江海区突发事件医疗卫生救援应急预案》《高新区江海区突发公共卫生事件应急预案》，开展防控应急演练。针对上年疫情发生情况和地域特点，及早制订防控方案，重点加强对H7N9禽流感、登革热、中东呼吸综合征、手足口病、麻疹等急性和季节性传染病的防控，开展结核病、艾滋病等传染病防治知识宣传和咨询服务，实行宣传指导、完善登记和报送制度、落实医疗救助。全年全区无疫情爆发流行和甲类传染病发生。

【爱国卫生运动】 坚持突击性和经常性相结合开展病媒生物防制工作，3月—9月，在全区范围内开展“清死角除四害保健康”“病媒生物防制暨登革热防控”等的爱国卫生运动，投入30万元，对辖区公共环境下水道口安装“四防（防老鼠、防蟑螂、防蚊虫、防臭外溢）装置”1862个、在住宅小区安装“灭鼠屋”5487个。年内通过省爱卫会对江门市国家卫生城市病媒生物防制4项达标复查考核。在除四害监测防控管理上，建立蚊媒监测长效机制；派员参加全市登革热媒介监测技术培训班，建立覆盖各街道的监测网络；下发《关于切实做好登革热媒介监测工作的通知》并购置专业设备，开展蚊媒密度监测工作。全年全区报告登革热1例并已康复出院。

【红十字会工作】 与市红十字会联合开展“红十字博爱送万家”活动，送出慰问金、慰问品价值11万多元，全区300多名贫困老人受惠。对7例临时救助申请给予救助金2万元，对“6·8”东宁路爆炸受灾群众给予扶助。与区教育局在校园开展“天使总动员--红十字爱心储蓄罐”活动，募集捐款12万元。下发《2015年江海区开展“博爱家园——红十字应急救护志愿服务进社区”活动方案》并开展培训工作，组织应急救护培训和初级急救员培训

5期，500多人参加，发放初级救护员培训证54个。

【打击非法行医】 开展打击非法行医活动5次，依法取缔非法行医窝点6个，收缴药械一批，遏制非法行医势头，有效规范全区医疗市场秩序。

【二甲医院创建】 推进区人民医院“二甲”创建工作，力争2016年年底内完成创建任务。对照标准及群众实际需求，对医院科室进行重新设置，增加业务用房面积；对医院下设医疗点重新布局，围绕“一路一带”建设服务网点；巩固医院核心业务科室建设，壮大原有专科并培育新专科。加大医院与基层单位的业务承接，推进分级诊疗。加强内部规范化管理，推进人事改革、薪酬方案改革和规范业务流程等建设，增加先进医疗设备，多渠道筹资加快医院业务用房建设。

【基本公共卫生服务均等化】 推进12项国家基本公共卫生服务项目，全区居民健康档案建档232062人份，其中农村居民164815人份，建档率90.61%；城市居民67247人份，建档率85.7%。开展规范化电子建档182271人份，其中农村122663人份，建档率67.43%；城市居民60174人份，建档率76.7%。继续做好儿童计划免疫建证、重性精神病人、老高糖（老年人、高血压、糖尿病）规范化管理。

【平价医疗体系建设】 开展平价医疗服务以来，江海区人民医院和江海区中西医结合医院平价门诊10000多人次、住院1000多人次，各基层医疗机构发放“平价药包”15000多个。

【社会办医】 制订全区医疗机构设置规划（2015—2020），鼓励有资质的高级医疗专家、中医专业技术人员特别是名老中医个体行医、开办中医诊所，允许符合条件的药品零售企业举办中医坐堂诊所，并依法加强非公立医疗机构监管。是年5月民营医疗机构下移江海区管理审批以来，发出《设置医疗机构批准书》9份、新注册登记社会办医疗机构4个。

【农村卫生站建设】 根据国家、省、市要求，2015年起3年内完成村卫生站公建民营转变，消灭空白村卫生站。与区发改局、区财政局联合下发《关于印发高新区（江海区）农村卫生站规范化建设实施方案的通知》，进一步规范各村卫生站的布局、标识和配备要求。全区共有村卫生站31个，纳入今年空白村卫生站建设的礼乐街道镇龙村卫生站通过设置审批并投入使用。

【家庭医生式服务试点】 根据《关于印发广东省城乡家庭医生式服务试点工作指导意见的通知》，江海区被确定为全省城乡家庭医生式服务扩大试点联系地区。通过指导医疗单位落实人员配备，加强业务培训，完善服务模式，优化服务流程，开展试点工作。制定区级激励机制，家庭医生式签约服务每签约1份并给予相应团队人员5元补助，全区建立家庭医生式服务团队18个、医师31人、护士26人，其中全科医师11人、公卫医师5人、全科护士10人；签约服务1540户、总计服务3240人。

【无偿献血】 全年区无偿献血量511510毫升，完成年度目标献血量的89.55%，居市直单位和各市、区首位。

【妇幼保健】 开展婚前孕前健康检查和落实地贫筛查，全年共有707对夫妇进行免费孕前检查，目标人群覆盖率101%；地贫筛查732人，筛查率93.37%，录入地贫系统率100%；孕产妇系统管理率90.27%，孕产妇住院分娩率100%；产后访视率95.58%，全区孕产妇死亡率为0。开展预防艾滋病母婴传播检测378人，检测率100%；没有艾滋病、梅毒感染孕产妇及其所生婴儿，乙肝感染孕产妇所生婴儿24人。为1072名农村育龄妇女增补叶酸。加强对幼儿园开展预防接种证查验，落实新生儿访视，儿童信息录入，新生儿访视率95.58%，7岁以下儿童系统管理率98.13%，3岁以下儿童系统管理率93.25%，均达到全市妇女儿童发展规划2020年目标要求。做好区级病残儿初审和申报工作，经市病残儿鉴定小组鉴定全区参加市病残儿鉴定11例，确定为病残儿8例，其中可以再生育5例、需要做产前诊断1例。

【卫生监督执法】 根据市卫生计生局《关于移交江门市江海区卫生计生监管工作的通知》要求，2015年5月1日起，区公共卫生、医疗卫生、计划生育相应审批、监督和具体执法事权15大项25小项，下移江海区承接管理，并以区卫计局为执法主体，在全区范围内全面开展卫生监督执法工作。会同区食药、公安等职能部门以及街道卫计局推进卫生监督工作到村居，提高监督覆盖率。年内实施区内80家医疗机构监督检查，对存在问题发出卫生监督意见书限期整改；公共场所卫生监督采取许可审查、日常巡查和专项检查相结合的方式进行监督检查；联合区教育局、街道卫计局、区人民医院、区中西医结合医院开展学校、托幼机构卫生监督检查，基本实现监督工作全覆盖。

【全民健康教育】 推进礼乐、滘北街道创建和巩固亿万农民健康促进行动省示范镇（街）活动。外海街道银泉社区创建江门市健康社区活动，举办健康知识讲座、派发宣传资料。全年全区开展公众健康咨询活动75次，参加活动10277人次；举办健康知识讲座66次，参加讲座6686人次。礼乐、滘北街道分别通过创建亿万农民健康促进行动省示范镇（街）调研和复核；外海街道银泉社区通过市健康社区工程试点建设考核评估。

【计生基层群众自治示范项目创建】 江海区是2015年全省唯一一个中国计生协计生基层群众自治示范县项目点，围绕“幸福计生”为主题制订实施方案，开展春风送温暖、五上门（婚育知识宣传、政策法规讲解、生殖保健服务、生育关心访问、计生药具分送）服务、“5·29”会员日等宣传活动；围绕“幸福计生”，各街道除打造一街一品牌以外，还打造各具特色的计生自治示范村居3个，通过以点带面，提升全区村居的计生基层群众自治水平，把社会组织的服务引入计生基层群众自治。

【人口计划目标管理】 落实层级工作责任制和挂钩帮扶制度，区政府与各街道、各综治成员单位签订责任书，强化领导责任追究制；落实区级领导到计生后进村（社区）开展帮扶活动，指导后进村（社区）扭转落后局面。通过加强重点指标监控，召开每月例会，对重点指标进行通报、分析，有效提升人口各项指标，完善人口数据信息化管理质量。

【流动人口管理】 联合区财政局联合《关于印发江门高新区江海区流动人口卫生和计划生

育基本公共服务均等化试点方案的通知》，推进流动人口管理服务，以样本点落实流动人口动态监测。以原滘北街道为试点，落实好流动人口健康档案、健康教育、儿童预防接种、传染病防控、孕产妇和儿童保健、计划生育等6项基本公共服务，全力推进流动人口基本服务均等化。

【完善计划生育利益导向机制】 落实“惠一生”完善利益导向机制，按照上级要求提高优抚标准，农村部分计划生育奖励标准从每人每月80元调至120元，独生子女特殊扶助标准从每人每月150元、200元提高至500元和800元。全年发放农村部分计生家庭奖118.85万元、城镇独生子女父母奖197.56万元、计生家庭特别扶助66.35万元、农村计生家庭节育奖78.93万元。政府财政投入13.64万元，为全区4546户计划生育家庭免费购买意外伤害保险。

社会事务

SHE HUI SHI WU

优抚安置救济和社会福利

【救灾救济】 开展防灾减灾知识宣传教育，指导礼乐街道五四村、滘头街道正南社区创建全国综合减灾示范社区申报。为抗击22号强台风“彩虹”，根据《江门市江海区防汛防旱防风防冻应急预案》迅速启动防风Ⅲ级应急预案，全区受灾农作物面积3.3万亩，受灾205人，转移48人，造成直接经济损失2600多万元。

【抚恤优待】 根据《广东省民政厅广东省财政厅关于调整部分优抚对象等人员抚恤和生活补助标准的通知》《江门市民政局江门市财政局关于建立江门市优抚对象抚恤补助标准自然增长机制的通知》要求，从2015年10月1日起提高部分优抚对象等人员抚恤和生活补助标准，烈属增加额度城镇11.5%、农村21.3%；因公牺牲军人遗属增加额度城镇11.5%、农村21.1%；在乡复员军人省调整增加27.1%、区增加20.6%）、参战涉核退役人员生活补助标准省调整增加25%，区增加20.8%；提高从1954年11月1日试行义务兵役制后至《退役士兵安置条例》实施前入伍、年龄在60周岁以上（含60周岁）、未享受国家定期抚恤补助的农村籍退役士兵老年生活补助标准，每服义务兵役1年每人每月提高5元；对参战涉核退役人员基本养老保险、基本医疗保险继续进行补助；对困难优抚对象子女上大学发放助学金补助。完成重点优抚对象二代身份证和户口信息需要录入全国优抚信息管理系统采集工作。

【五保供养】 落实五保供养标准自然增长机制，从2014年6月1日起，集中供养标准由每人每年9720元提高至10515.6元，分散供养标准由每人每年9480元提高至11040元，达到不低于当地上年度农村居民人均纯收入65%的要求。全区保障农村五保对象55人，其中集中供养10人，分散供养45人，共发放资金52.4万元。

【医疗救助】 配合做好市医疗救助和医疗保险同步结算平台建设，与市定点医疗机构签订服务协议，理顺6家市直大医院就诊的医疗费用结算工作。按照新修订的《高新区江海区城乡困难群体医疗救助实施办法》解决城乡困难群体因病致贫的医疗问题；对农村五保供养对象和城镇“三无”（无劳动能力、无收入来源、无法定赡养人）人员因患疾病门诊或住院自付费用给予全额资助，扩大救助对象的范围和提高救助比例。全年救助特困居民227人次，支出医疗救助金117.6万元。

【城乡居民最低生活保障】 从7月1日起，城镇低保标准由每人每月500元提高至550元，农村低保标准由每人每月500元提高至550元，实现城乡一体化，超过城镇人均补差水平不低于384元、农村人均补差水平不低于186元的任务水平。全年保障城乡低保对象1214户、2842人，其中城镇低保对象399户、801人；农村低保对象815户、2041人，发放低保资金684万元。全年发放困难群体临时救助245人次、临时救助金31.2万元；出台《高新区江海区免除殡葬基本服务费用实施办法》，在免除低收入群体殡葬基本服务费用的基础上，覆盖全区户籍人口，免除遗体接运、存放、告别、火化、公益性生态葬等5项费用，最高免费限额1300元；免除低收入群体丧葬基本服务费用21宗、户籍村（居）民殡葬基本服务项目经费955宗。救治流浪精神病人65人次，依托市救助站救助生活无着落流浪乞讨人员24人次。

【社会福利机构和企业】 全区社会福利企业2家、员工558人，共安置残疾人227人，残疾职工月均收入1837.3元。

【村社区建设】 建设“区—街—村（社区）”三级公共服务平台，完成全区5个街道级公共服务中心和62个村（社区）公共服务站的建设，实现区级和各街道行政服务中心与村（社区）公共服务站的网络对接。拓展社区服务范畴，开展社区饭堂建设。滘北街道富横社区饭堂为辖区内有需要的居民提供助餐服务，日均服务200人次。

【殡葬管理】 制订殡改宣传月宣传工作方案，定期组织殡葬执法队和殡葬管理信息联络员巡查区内平坟区，防止复坟，全区火化率保持100%。《高新区江海区免除殡葬基本服务费用实施办法》实施以来，全区免除殡葬基本服务费用46.4万元，惠及371人。

【慈善事业】 6月26日，以“共筑高新梦”为主题的高新区江海区慈善公益晚会在江门一中举行；慈善公益月活动共筹集善款1120.5万元。

【社会组织登记管理】 全区共有社会组织165家，每万人拥有社会组织10.3家，位列全市前列。采取区、街道、村（社区）三级各出一点的办法，实施政府购买服务的方式，由当地专业社工机构承接政府职能开展服务。2013年起，设立社会组织扶持发展专项资金，当年专项资金不少于30万元，各街道专项资金不少于3万元；往后5年内每年增长不低于10%。

【社工队伍管理】 加强社区“社工+义工”服务队伍的建设，邀请专家开展专业业务培训，解决全区专业社工人才素质偏低、数量不足的问题。实行报考社会工作者职业水平考试的激励政策，各街道、各村（社区）工作人员通过考试，取得助理社会工作师、社会工作师资格的，给予一次性1000—2000元奖励。依托社会组织孵化基地开展社会工作师资格考试考前培训，共培训250多人次。全年全区社工报考120人，31人通过，其中中级7人、初级24人。

【社工机构设置】 坚持机构、人员、服务本土化的原则，培育本土机构以本地人服务本地人，常规化购买服务项目的6家社工机构中，5家为本地组织，占比83.3%。参加江门市“养老助残”公益创投活动，在街道内完成1个中心拖6个服务站点的社工服务，实现养老助残等13类服务对象的社工服务全覆盖。

【婚姻登记与收养登记】 执行《婚姻登记条例》《民政部关于进一步做好婚姻登记工作规范化建设工作的通知》精神，加快婚姻登记信息化进程，实现网络化登记、归档操作和管理的学习培训，提高登记质量，2015年江海区婚姻登记处创建成为国家3A级婚姻登记机关。高度重视离婚调解劝和工作，连续4年以政府购买服务的方式，在婚姻登记处开展婚姻家庭心理咨询服务并取得成效。全年依法办理收养登记审批2宗。

【军转退役人员安置】 深化自谋职业、技能培训和推荐就业服务“三位一体”的退役士兵安置模式改革，接收2014年冬季退役士兵32人、转业士官1名。开展退役士兵免费职业技能培训，参加培训16人。按照省、市把复退军人服务管理体系建设列入“双拥模范城”评比内容，利用外海街道信访维稳站便于开展工作的有利条件，开展全区复军人服务管理建设试点工作以后，实现5个街道复退军人服务站挂牌运作。

【双拥工作】 春节、“八一”节和中秋节期间开展走访慰问驻军单位，协调和组织召开军政军民座谈会等“双拥”（拥军爱民、拥政爱民）活动，全年开展各类走访慰问活动23场次，为驻军发放各类慰问品（金）87万多元。按照每人购买100元意外保险标准，继续为辖区123名现役军人购买人身意外保险。为驻军部队未就业随军家属1人发放生活补助费7000元。在江海区人民医院开展“关爱功臣，送医送药”活动，为烈士家属、因公牺牲军人遗属、病故军人遗属、残疾军人、在乡（孤老）复员军人、带病回乡退伍军人等重点优抚对象和国民党抗战老兵进行义务诊治和送药。

【社会组织孵化基地】 以孵化基地为载体，对区内社会组织开展形式多样的专题培训；邀请省内社会组织专业人士，成立江海区社会组织评估委员会，推行社会组织等级评估、购买服务绩效评估等工作。

【创新社区网格化管理】 选取外海街道银泉社区和江南街道富横、北湾、仁美社区作为试点推行社区网格化管理，委托五邑大学开发江海区社区网格化智慧社区服务管理平台，逐步构建全区统一信息共享大数据平台。

【适度普惠型儿童福利工作】 作为全省第二批试点在全市率先建立适度普惠型儿童福利制度，重点保障困境儿童和困境家庭儿童的生活、医疗康复以及教育。印发《江门高新（江海）区适度普惠型儿童福利制度建设试点工作方案》，完成全区困境儿童情况摸底排查工作。

【扶贫工作】 根据《高新区江海区2015年城镇扶贫工作实施方案》《高新区江海区城镇扶贫“一对一”结对帮扶工作方案》要求，加强对城镇低保、低收入家庭的识别、帮扶和管理，实现帮扶到户，为92户对象实行定点定人定责对口帮扶。全年增加无劳动能力家庭150户，并把13个市直单位与无劳动能力家庭结对，调动两级扶贫的积极性。创新“互联网+”交流新模式，建立江海区城镇“一对一”扶贫信息微信共享群，对扶贫对象动态开展掌握和分析，出台《高新区江海区2015年城镇精准扶贫工作专项扶贫资金使用实施方案》，通过助学、助医、助就业创业、助生活等方式给予帮扶。全年走访困难家庭968人次，为87名符合条件的精准扶贫家庭子女提供助学资金9.5万元；经推荐就业296人次，28人实现就业。至此，全区92户扶贫对象37户实现脱贫，占有劳动能力结对家庭的40.2%，位居各市区前列。

【银龄安康行动】 开展“银龄安康”计划，辖区内80岁以上的户籍老年人、60岁以上五保户、城乡低保户老年人的参保标准每年每人10元，全年4298位80岁以上的户籍老年人、60岁以上五保户、城乡低保户老年人购买意外伤害保险。

劳动和社会保障

【劳动监察执法】 全年处理来电、来访、来信案件737宗，处理群体性突发案件40起，涉及4580人，劳动监察行政立案109宗。开展专项检查7次，包括开展农民工工资支付情况、清理整顿人力资源市场秩序、春季用人单位就业用工备案、劳动保障信息采集登记暨就业用工备案申报、用人单位遵守劳动用工和社会保险法律法规、农民工工资支付和建筑施工单位遵守劳动保障等专项检查。引导企业新签劳动合同306余份，督促72家用人单位为306余名劳动者参保。区劳动争议仲裁院全年处理劳动争议案件1392宗，涉案金额2451.8万元。

【劳动者权益保障】 完善工资监控机制，从源头堵截欠薪隐患。根据欠薪类型案件占劳资纠纷比重较大的情况，利用每次专项检查和日常巡查，结合劳动保障监察“两网化”（网格化和网络化）建设优势，完善工资监控机制,基层劳动保障监察协管员分片包干，对所属企业和建筑工地进行排查、登记，把经营困难、欠薪、关（倒）闭、有资产转移迹象或欠薪逃匿等4类企业列为重点监控对象，要其定期向企业所在街道人力资源和社会保障服务所报送工资支付情况，以做好日常基础排查和重点企业监控工作。通过日常巡查、专项突击检查、来电来访群众投诉举报等方式，并结合社保扩面下企业的契机，开展打击使用童工的违法行为。实行劳动保障监察“黑名单”管理制度，加大企业违法失信成本。对重大违法行为在社会产生恶劣影响的企业，通过门户网站、政务微信平台和主流媒体向社会曝光。

【社会保险执法】 全年因违反劳动监察法律法规被行政立案处理109宗，其中涉及社会保险61宗。通过日常巡查和专项检查，对用人单位实行《中华人民共和国社会保险法》落实情况检查，重点检查劳动密集型加工制造、餐饮服务等行业企业和外向型重点行业，日常巡查603户次、专项检查7次，督促72家用人单位为306余名劳动者参保。

【就业培训和职业技能培训】 根据省人力资源和社会保障厅、省财政厅《关于进一步落实劳动力技能晋升培训政策的意见》，持有2014年5月1日后核发的职业资格证书，不限等级只限工种，即可申请200元至3500元不等的技能晋升培训补贴。全年全区1322人申请技能晋升培训补贴，发放金额238.65万元。区总工会联合举办“免费职业技能培训”，由江门市巾帼职业培训学校承办，培训采用集中面授与学员自学相结合的方式，培训项目包括养老护理员、家政服务员、育婴员、中式面点师和烹调师。为全区首次以联合形式举办。

【完善创业机制】 以落实各项优惠扶持政策为中心，以就业援助为重点，落实就业扶持政策。全年认定就业困难人员1075人，发放就业困难人员灵活就业社会保险补贴255.64万元，发放企业招用就业困难人员社会保险补贴3.82万元，涉及2684人次。发放科技型小微企业吸纳大学生就业社保补贴0.33万元，涉及企业4家、5人；发放创业带动就业补贴3万元，涉及企业1家、11人；发放自主创业补助11.5万元，涉及23人；发放创业租金补贴6万元，涉及20人次。全年发放小额担保贷款49万元，涉及7人，兑现小额担保贷款贴息3.12万元。

【农村实用人才管理】 通过评审农村实用人才进行奖励，奖励标准中级每人800元、初级每人400元，申报11人，通过评审9人，其中取得初级职称资格6人、中级职称资格3人，通过率

81.9%。农村实用人才推进、完善规范评审动态管理，组建农村实用人才中级评审委员会库，人员入库19名。

【专业技术人员继续教育】 委托五邑大学、江门职业技术学院、江门电视大学开展公需科目培训，全区人参加培训2119人。2011年起，专业技术人员继续教育情况登记统一使用“广东省专业技术人员继续教育管理系统”系统注册、申报、审核，专业技术人员完成年度继续教育任务以后，登录管理系统进行登记申报，经审核认定管理系统自动生成当年的继续教育证书。

【专业技术资格评审】 对辖区145人进行初次考核认定，申报卫生系列高级评审5人，通过1人；申报中级评审39人，通过31人；申报初级评审7人，通过7人。

【人事档案管理代理服务】 及时做好有关人员档案接收工作，相关信息导入档案查询系统。人事代理工作作为人才中心的传统人才服务项目，全年区人才中心存档案7360份，其中新增代理数900人，转出档案37份，审核工龄5人，办理退休1人。通过工作平台对2014年毕业生发信息提示办理大中专转正定级手续，办理106人。

【人力资源市场管理】 全区人力资源市场体系以公共就业服务机构为主，民营职业介绍机构为辅，统一使用就业实名制信息平台系统，通过企业用工平台开展求职登记、招聘信息发布、职业介绍、用工登记备案、用工申报等就业服务项目，实现公共服务信息化，数据共享，形成统一、规范、灵活的人力资源市场体系。区职业介绍服务中心主要开展“南粤春暖”“民营企业招聘周”和专场招聘会等公共就业服务活动，全年举办大型招聘会3场、劳务集市79场，进场企业累1230家，提供岗位18150个，进场8510人次，初步达成就业意向4110人；发布招聘信息3650条，提供岗位20600个，求职登记6560人，推荐就业21500人次。组织4家企业赴广西桂林灌阳县对外劳动对接；组织江门谦信化工发展有限公司和江门市得实计算机有限公司赴西安、成都、武汉、长沙等地参加重点高校毕业生招聘会。每月对企业常规性用工调查，了解企业用工情况，及时为企业登记发布招工信息。对90家企业实行招用工动态和企业失业动态监测，形成省、市人力资源市场供求状况分析报告。

【博士后工作站】 10月23日，江门市委市政府举办“珠西策源地·江门再出发——2015年江门市引资引智创业创新推介会”，高新区江海区负责“博士后服务创新驱动江门行”分会场活动，协助带领12名博士后到区内4家企业实地考察、洽谈，其中7名博士与企业初步达成意向并签订合作协议。经省人力资源社会保障厅批准，量子高科（中国）生物股份有限公司获批设立博士后科研工作站，10月23日授牌。对建立博士后科研基地的博士后研究人员进行考核，发放1名博士后生活经费补贴费3万元。

社会保险

【概况】 全年全区企业养老保险缴费137199人，医疗保险缴费201915人，工伤保险缴费78575人，失业保险缴费79598人，生育保险缴费78637人，累计征收企业养老保险基金

47071万元,完成目标任务109.72%。参加城乡居民基本医疗保险90542人。参加养老金调整14334人，调整后平均养老金每人1498.46元，人均增加153.38元。新农保参保登记人数52209人，参保率99.99%。全年实际参保人数47611人，发放养老待遇178055人次，发放金额1151.93万元。

【扩大社会保险覆盖面】 通过各种渠道、各种方式进行社会保险的宣传工作，包括安排人员到各个招聘会现场进行政策咨询、解读工作，派发宣传单张到相关部门、街道及劳动所，组织人员配合外海街道推动全征地政策解释工作。

【养老保险】 全区参加城镇职工基本养老保险14.18万人，基金征收62399万元，支付40899万元。其中参加企业职工养老保险12.11万人，缴费人数8.85万人，基金征收61976万元，支付40788万元。在领养老金21253人，月人均养老金1890.02元。根据《关于2015年度调整企业退休人员基本养老金的通知》（粤人社发〔2015〕64号），全区参加养老金调整20807人，调整后平均养老金1887.80元，人均增加197.51元；2015年6月30日前（含当日）满75周岁退休人员3237人，一次性发放每人1200元。

【医疗保险】 全区参加城镇职工基本医疗保险11.91万人，基金征收27668万元，支付26606万元。其中享受城镇职工基本医疗保险住院待遇14099人次，发放待遇12381万元。参加城乡居民基本医疗保险8.4万人，基金征收4441万元，支付4700万元。其中享受城乡基本医疗保险住院待遇10292人次，发放待遇4231万元。职工医保参保人住院医疗费用年度最高支付限额为范围内费用60万元，范围内费用报销比例最高85%；到定点门诊机构就医，范围内门诊医疗费用最高可报销70%，年度报销限额最高600元。在25种特定病种范围内患病享受最高每月3000元的门诊医疗费用补助。城乡医保参保人住院医疗费用年度最高支付限额30万元，连续缴费满2年以上的范围内费用报销比例最高85%；到定点门诊机构就医，门诊医疗费用可报销55%，年度报销限额最高150元。门诊特定病种补助将造血干细胞移植后（移植物抗宿主病及感染的治疗）和艾滋病新增纳入特定病种范围。在27种特定病种范围内患病的享受最高每年4万元的门诊医疗费用补助。

【工伤保险】 全区参加工伤保险8.4万人，基金征收1341万元，支付1356万元，享受工伤保险待遇714人次。根据《印发江门市人力资源和社会保障局关于调整我市工伤职工住院床位费工伤保险基金支付标准的意见的通知》，2015年7月1日后普通病房床位费（含门、急诊留观床位费）支付限额标准由每天每床35元调整为45元。根据《关于2015年度调整我省工伤伤残津贴的通知》（粤人社发〔2015〕73号）要求提高一级至四级工伤伤残人员伤残津贴。

【生育保险】 全区参加生育保险8.4万人，基金征收1221万元，支付559万元，享受生育保险待遇2262人次。根据《广东省职工生育保险规定》《关于贯彻落实广东省职工生育保险规定的意见》（江人社发〔2015〕136号）和《江门市职工生育保险经办业务管理规程》等规定，开展生育保险待遇工作。

【完全被征地农民基本养老保障】 在全征地

农村经济集体组织资格申请中，外海街道中东村委会、马鬃沙农场，江南街道明星社区、联星社区被纳入全征地保障范围。全年全区共有外海街道沙津横、四大、金溪、石鹤利社区，麻一、麻二、南山、清兰、中东和马鬃沙农场；江南街道红星村、正安村、南雄村、明星村、永星村、联星村16个全征地集体村组织，全征地村民18379人，完全被征地农民参保补助和基础养老金支出56808人次、金额7087.33万元。

【城乡居民社会养老保险】 全区城乡居保续保缴费人数10829人，续保缴费率40.71%。城乡居民参加社会养老保险5.01万人。城乡居民参保补助和基础养老金(含一次性丧葬抚恤金)支出24.78万人次、金额2488.44万元。根据《关于转发人力资源社会保障部财政部关于提高全国城乡居民基本养老保险基础养老金最低标准的通知》（粤人社发〔2015〕17号）要求，2014年7月1日起，居保基础养老金最低标准提高至每人每月95元。根据《关于调整城乡居民基本养老保险基础养老金标准的通知》（粤人社函〔2015〕1357号）要求，2015年7月1日起，城乡居民基本养老保险基础养老金最低标准提高至每人每月100元。

【基金管理】 严格执行基金财务管理制度，实行收支两条线管理，规范基金支出操作流程。按照有关财务制度分设账簿，专项核算，做到专款专用，不与其他社保基金相互挤占和挪用。提高对社会保险基金的监管能力，提高资金使用效率，确保社会保险基金安全运行，加强基金宏观监控，防范风险，保证各项基金的正常支付和社会化发放。

外事侨务

【对外联谊交流】 与海外和港澳地区的侨、商、政界重点人士建立关系，构筑对外联络的工作网络，配合区委区政府中心工作，联络、组织100多个团组赴海外开展侨务拜访、经贸交流、投资洽谈等活动。全年参加香港江门同乡会、侨港新会商会等侨社组织的就职典礼等活动10多批次；在香港、澳门举办招商推介会。邀请美国硅谷市长访问团到江海区访问；粤澳合作联席会议前期工作组、省粤港澳合作促进会和澳门特首崔世安、省港澳办公室主任廖京山等先后到江海区参观考察。接待印尼广肇总会、美国IPR公司代表等参观访问团和海外社团和侨领14批、279人次。

【港澳台海外联谊活动】 依托世界江门青年大会活动平台，加强与华裔新生代、新华侨华人、传统社团中新生力量的联谊工作，推动海外五邑青年互动交流。筹备成立外海、礼乐澳门同乡会，加强江澳行业协会、商会和社团组织之间的合作交流，创新江澳民间交流对接机制。

【侨情调查】 根据市政府、市外侨局的工作部署，开展全区侨情调查工作。共录入海外华侨华人港澳台重点人士71人，其中外海街道34人、礼乐街道14人、江南街道6人，区直17人。重点人士以香港、澳门为主67人，占总94%。全区共有旅港新会外海同乡会、香港礼乐同乡会。海外（归国）留学生37名，其中外海街道14名、礼乐街道1名、江南街道22名；赴香港、澳门留学生人数较多，其次为美国、澳大利亚与挪威等地。华侨华人港澳台同胞捐赠兴办公益事业侨捐项目29项，其中外海街道18项、礼乐街道11项。全区海外侨胞及港澳同胞87211人，其中外海街道70858人、礼乐街道13430人、江南街道2923人。主要分布在世界31个国家及地区，其中以香港、澳门为主，其次为美国、加拿大、澳大利亚、中国台湾地区、英国、新西兰、新加坡、马来西亚等。

【慈善公益活动】 按照《广东省扶持贫困归侨专项资金管理暂行办法》，对特困归侨形成长效机制予以扶持，全年发放困难归侨救助金3.05万元，救助15人次；在春节、中秋等节日对贫困归侨进行走访慰问、扶贫助学等活动。旅港乡亲区修远向礼乐中学捐款150万港币兴建图书馆，捐款7万多元港币慰问礼乐街道镇龙村老人；市侨商总会慰问江海区困难归侨10名，发放慰问金和慰问品3000元；侨资企业凌志餐厨房用品有限公司在江海区慈善晚会上捐款1万元。

【侨联工作】 健全困难归侨侨眷救助制度，对特困归侨侨眷登记资料及时更新并上报。建立全市首个困难归侨侨眷救助站，设立专项救助基金。开展侨资企业调研工作，了解侨资企业的动向和访求；组织对侨资企业进行拜访慰问。发挥侨刊乡讯优势，利用微信公众号等新媒体平台宣传江海区。做好广东（江门）“侨梦苑”创业创新集聚区的创建工作，挂牌成立“侨之家”综合服务中心。

【因公出国和赴港澳台人员管理】 继续完善因公出国（境）管理制度，严格执行计划报批制度，有效控制因公出国人数与出国经费。全年办理赴港澳证件254批、344人次，办理外国入境70批、92人次。

【涉台服务】 开展暖企活动，与江门市台湾青年委员会联合举办“亲子趣味篮球赛”；协助江门杰利信抛磨材料有限公司完成二期厂房建设；为赴台人员做好行前辅导工作；办理赴台行前辅导22批22人次，政府人员赴台1批、7人次，企业赴台5批、11人次。

民族宗教

【创建活动】 推进以“教风”为主题的和谐寺观教堂创建活动，对茶庵寺进行复检，全区6个宗教活动场所全部达标。根据江海区推进“平安细胞”建设工作部署和市民族宗教局《关于开展创建平安宗教场所的工作方案》，按照“活动有布置、创建有计划、工作有检查、考核有结果”“四有”要求，指导各宗教场所按照《宗教事务条例》的规定和创建工作方案的要求，建立健全人员、财务、治安、消防、文物保护、卫生防疫等管理制度，制订完善大型活动应急预案及有关措施。加强对各场所创建工作开展情况及时跟进督促检查并提出意见，对检查中发现的问题当场责令整改。

【少数民族工作】 按照市民族宗教局工作部署，制订江海区开展民族团结进步创建活动进机关事业单位企业街道社区村学校实施工作方案，确定在外海街道银泉社区开展创建省民族团结进步模范社区、外海街道永康社区开展创建市民族团结进步模范社区活动。加强与当地阿訇和外来少数民族骨干的联系，关注穆斯林群众的动态，协助做好开斋节和古儿帮节有关工作。慰问少数民族困难户3户、少数民族经营店铺3家。办理更改少数民族成分2宗，接待少数民族群众来访、咨询10人次。

【捐赠活动】 在区慈善总会举办慈善募捐活动中，各宗教场所捐款7.25万元。其中江门雪峰寺2万元、茶庵寺2万元、法华庵2万元、清莲庵1万元、基督教外海堂1000元、基督教礼乐堂1500元。

【重大宗教活动监管】 落实大型法事活动报备制度，及时做好活动方案和应急预案。1月1日、4月19日—26日，茶庵寺管理方在寺内举办“千叟宴”和2015年“水陆法会”，指导制订茶庵寺应急处置方案、落实安全隐患排查工作，会同外海街道和区公安、消防、卫生等有关部门，加强对活动的治安、食品、卫生、安全等工作环节进行监管、指导，及时对存在问题提出整改要求。

江海区宗教活动场所情况表

表6

场所名称	教别	场所类别	登记机关及时间	主要教职或负责人（法人代表）	教职人数	教徒人数	建筑面积（平方米）	占地面积（平方米）	地址
江门市雪峰寺	佛	寺院	江门市民宗局 2007.4.20	释明生	7	300	21000	66666	白水带旅游风景区
外海茶庵寺	佛	寺院	江海区民宗局 2011.2.1	释登觉	13	500	7847	92766	茶庵公园
外海法华庵	佛	寺院	江海区民宗局 2006.5.19	释严光	2	100	886	10867	外海街道莞草塘46号
外海清莲庵	佛	固定处所	江海区民宗局 2006.5.19	释安慧	2	80	300	150	外海街道沙津横塘边坊直街13号
外海基督教堂	基	教堂	江海区民宗局 2006.5.19	李炳光	2	250	182	203	外海街道直冲平安里涌边街1号
礼乐基督教堂	基	教堂	江海区民宗局 2006.5.19	梁务超	2	250	612	1338	礼乐街道英北村民乐里162号

街道

JIE DAO

外海

【简述】 外海街道东与中山市古镇隔河相望，南与新会区睦洲镇相连，是高新区江海区发展重镇、江门市的“东大门”和“桥头堡”，连接珠三角核心区与江门主城区的重要节点。辖区面积47.1平方千米，现有户籍人口50706人，流动人口59000人。有华侨、旅港澳同胞4万余人，辖21个村（居）委会。外海街道地理位置优越，交通便利。陆路方面，江中等4条高速道路贯穿全境，广珠轻轨江门支线在外海设置江海站；作为西江和江门河交汇点，外运码头、江门市全通关港澳港口江门港就设在外海西江河边。

【完成主要经济指标】 全年实现地区生产总值82亿元，增长8.5%；地方公共财政预算收入3.0637亿元，增长15.14%；规模以上工业增加值50亿元，增长7.5%；固定资产投资62亿元，增长23%；社会消费品零售总额10.6亿元，增长12.5%。

【经济发展】 外海街道辖内企业4600家，规模以上工业企业150家，2015年工业总产值217亿元，逐步形成以绿色光源、化工、汽车零部件为重点的战略性新兴产业体系。把发展第三产业作为推进城镇化进程的重要举措，先后引入海逸华庭、奕聪花园、江海海伦湾、财富海景、外海翡翠华府、江海碧桂园、珑山居、龙溪新城等一批优质房地产项目，以及江海区五星级酒店海逸酒店、碧桂园凤凰酒店和中国（江门）国际绿色光源博览交易中心。通过走访企业80家次，为32家企业化解困难和问题29个。信义玻璃二期增资扩产项目提前完成年度计划投资额10亿元；雷斯诺照明、路思拓电器、鸿荣源投资等相继投产，新增产值6亿元以上。14项重点项目完成投资20.7亿元，完成年度计划的100.77%，排名全区第四，其中一诠科技一期项目完成生活楼（员工宿舍）及污水处理工程；外海副中心西江新城片区基本成型；碧桂园二期、财富海景小区一期、珑山居一期主体工程完成并开盘销售；海逸酒店项目完成20层楼面混凝土浇筑捣。凤凰酒店工程完成主体工程建设；连海苑小区对外销售；LED博览交易中心首期进入设备安装、外墙装饰阶段。辖区空置厂房面积69532平方米，通过招商选资盘活空置厂房47560平方米。配合完成清兰机耕路工程，中东机耕路工程和34号地麻园河边机耕路工程基本完成主体建设。完成社区绿化公园升级改造6个，包括外海横沥河边公园、金溪绿化公园、华亭休憩公园、石鹤利社区公园、麻三元山公园和清兰白米公园，投资225万元，绿化面积12300平方米。其中金溪绿化公园建设档次较高。

【村级经济】 全年村级集体净收入1.8亿元，增长12.45%，麻一、麻二、麻三、东南、金溪、沙津横、直冲等7个村（居）超过1000万元，其中麻一村首次超过2000万元、直冲村首次超过3000万元。引入LED、制造类等小微企业34家。麻二村通过拆迁、改造，自行招商的村级商业中心开业。直冲股份合作经济联合社投资的龙溪新城动工建设。麻一、直冲工业园区一期工程完成，沙津横厂区完成工程量70%；头股围工业区“三旧”改造项目完成供地手续。

【基础设施建设】 南山路、广中江高速公路、连海南路等年内完成征地111.19亩，收地37.49亩，拆迁厂房20间，拆迁面积37000平方米。完成连海路（新港路—南环路）收地和高新区公共码头首期项目征地拆迁。推进云沁路、南山路、七东5、6号地以及2、3、4号地征地工作。街、村投入资金637万元建设28项村级基础设施项目，工程陆续施工。被列入区民生工程的横沥河边绿化工程、桃江路（外海排粉厂至江海路段）改造工程已完成。连海北路项目完成主体工程的80%；完成中华路口至麻园路口段沥青铺筑工程。高新区压缩垃圾中转站投入使用。建成龙溪污水处理泵站一座及截污管网22公里。通过政府购买服务的方式，投入160多万元用于“牛皮癣”清理、购置垃圾桶等项目。争取市、区级资金支持，建成金溪、麻一等多个特色主题村级公园。

【垃圾中转站】 高新区江海区垃圾中转站工程项目为市、区重点工程，为BOT项目，占地12874平方米，建筑面积2237平方米，总投资2000万元，江门市江海区绿然环卫运输有限公司中标并投资建设，2014年9月动工建设，2015年10月投入使用。日处理生活垃圾量200吨。垃圾压缩转运模式彻底避免二次污染，改变垃圾露天堆放方式，通过压缩以后由密闭车辆运输至市旗杆石垃圾填埋场进行无害化填埋处理，整个过程实现生活垃圾密闭式运输。推进村级垃圾中转站建设，每个站投入30万元，共建成并投入使用的村级垃圾中转站有7座。

【宜居村庄生态村创建】 通过考核麻三村评为“江门市宜居村庄”。至此，共获此称号有中东村、七东村、麻一村、麻二村、银泉社区、金溪社区、石鹤利社区和沙津横社区。按照有关奖励政策，获奖的村庄由区、街道奖励6万元，社区奖励4万元。七西村创建“江门市生态村”。通过验收上年麻二村获此称号，奖励5万元。

【民生事务】 推进农村福利院“全覆盖”，沙津横、东升、南山、麻二、麻一、七东等6个村（居）的农村幸福院全面完成。推进广东省省级居家养老服务示范中心沙津横家庭综合服务中心建设，全街道建成12个养老服务站。彩虹社区挂牌运作，投入150万元的街道“邑门式”公共服务中心启用。银泉社区“邑家园”、沙津横社区“邑家园”作为全区社会服务综合平台建设试点稳步推进。外海街道人民调解中心上半年建成使用。组建全区首支街道专职消防队，并为各村配备消防摩托车21台，其中麻三村、中东村、东南村各配备2台消防摩托车。完善视频监控体系，投入500多万元，建成摄像头577个，基本实现治安视频监控全方位、无缝隙、全覆盖。建设外海街道康园中心，并建设各片的残疾人康复站。对街道有股份分红的全征地、未全征地及入户外海并连续住满7年以上60周岁老年人排查核对，8580人符合条件，发放春节慰问金295.77万元。继续落实和做好高龄老年人政府保障工作，对80岁以上老人进行摸底核查，经核实符合领取江门市政府高龄津贴的百岁老年人5人、90岁以上182人、80岁以上1128人。推进创文常态化，聘请志愿者、清洁工进行无缝隙常态保洁，对12个村居、7个市场进行每周1次考核测评。开展慈善捐助活动，为急需解困的学生全慧子、伍颖雯进行募集捐款，其中全慧子100多万元、伍颖雯10多万元。

【文化娱乐】 围绕街道的中心工作，开展丰富多彩的文化体育活动，包括组织各种文体、宣传演出活动，举办元旦、春节、国庆文艺晚会，春节期间举行书画、摄影展、中国象棋赛、篮球赛、乒乓球赛等活动。国庆期间举办外海第八届农民运动会，共有来自23个村（居）单位的200多名运动员参赛，并组织太极拳、太虚拳和粤曲表演。组队代表江海区参加2015年“中国体育彩票杯”江门市第11届农民运动会，荣获得1项第1名、5项第3名、3项第5名。投资110万元，建成外海聚贤坊和乡情展览馆。全年举办文艺晚会、书画摄影展、象棋赛等各种文体、宣传演出活动33场次，组织送戏下乡活动4场、免费播放电影328场。街道共有民间社团协会11个，分别为外海龙溪诗社、外海书画研究会、外海文化站曲艺队、外海中国象棋协会、外海乒乓球协会、外海太极拳协会、外海太虚拳协会、外海摄影协会、外海欣来曲艺社、外海盆景协会、外海羽毛球协会等。为传承本土武术文化，6月成立外海六踭逼打拳协会。

【村社区简介】 麻一村　位于外海街道西南3.5千米、麻园市场东侧，西与麻二村接壤，东邻南山村。麻一村由9个自然村组成，分村民小组14个。主要姓氏有林、李、邓等。2015年年底，户籍人口4366人，非户籍常住人口7101人，80岁以上107人，最年长者年龄101岁。麻一村交通方便，省道五邑路贯穿全村，邻近城轨江门站。按照“以工业立村、科技兴村、商贸活村”思路调整经济结构，完善村的总体规划，以土地为资本发展集体经济。村内设有麻一佑启小学、麻一幼儿园、麻一灯光球场，麻一老人活动中心、东山公园、东冲公园和双龙公园等文体设施。2015年，村级经济收入2038万元，人均分红2453元。

麻二村　北接白水带旅游风景区，东接麻一村，西连麻三村，南接五邑路、中心路，面积3.17平方千米。主要姓氏有马、汤、陈、刘、柳等。973户、户籍人口2647人，非户籍常住人口3943人。下辖村民小组4个。村内电网、水网、路网、通信网、市场、运动场、卫生所、公园等基础设施齐全，建有老人活动中心2间、麻二金紫学校、麻二幼儿园。村内有前湾马公祠、耀台马公祠等明、清代的祠堂，有历史名人马天保、马玉麟等。麻二村是典型的城乡交会点，五邑路、金瓯路贯穿全村。村集体经济收入以物业出租为主，利用区位优势，发展村集体经济。2015年，被广东省住房和城乡建设厅评为广东宜居示范村；村级经济收入1798万元，人均分红3775元。

麻三村　东接麻二村，北靠白水带旅游风景区，中心路、五邑路、金星路纵横贯穿全村，面积3.6平方千米。主要姓氏有李、周、梁等。2015年户籍人口3710人，非户籍常住人口7307人。村委会设有由5人组成的村务监督委员会，对村集体的财产和经济支出和收入进行监督。村级集体经济以工业厂房、商铺等村级物业出租为主。村内设有银泉小学、青云幼儿园、社前第篮球场、元山篮球场、社前公园、元山公园、古巷公园、环溪公园、麻三老人之家和麻三农家书屋等文体设施。2015年，村级经济收入2950万元，人均分红5100元。

南山村　位于外海街道西面，东接东南村，西至麻一村，南至外海中心路、北与金溪社区相连，总面积1.6平方千米，下辖村民小组5个。主要姓氏为伍姓。2015年，户籍人口1796人，非户籍常住人口4517人。南山村为城乡交会点，五邑路、金瓯路贯穿全村，现有工业用地150亩，发展工商业和建设工业园区，村集体收入以厂房出租为主，现有厂房3万多平方米、企业50余家。南山村是太虚拳宗师伍雪波的故里。村内建有南山幼儿园、南岗新村篮球场、南岗新村公园、南山老人幸福院和南山村农家书屋等文体设施。全村巷道水泥化，有多处休闲绿化区。组建有南山篮球队、南山舞蹈队。2015年，村级经济收入775万元，人均分红1998元，并实行发放退休老人生果金制度。

东南村　位于外海街道东北部，北接江海路，南接金瓯路，西北面与白水带风景名胜区相邻，总面积2.6平方千米，其中耕地1800亩、林地547.35亩。龙溪河、横沥河流经本村。东南村是辛亥革命先驱陈少白的故里，陈少白故居位于东南村北面，原称“白园”，始建于1929年，2年落成，是陈少白仿照北京四合院设计建造的。故居外墙呈灰色，用白色间出砖道，显出古老住宅的传统色彩，内设“陈少白先生事迹陈列馆”。东南村主要姓氏有陈、李、张等。2015年年底户籍人口4177人，非户籍常住人口2934人，设有村民小组12个。村经济以厂房物业出租为主。村内设有东南小学、东南幼儿园、新园公园、老人院、村图书室等文体设施。2015年，村级经济收入1680万元，人均分红2628元。

东升村　位于外海街道中心片区，距街道办事处0.8千米，北与外海中学、东与四大、南与直冲村、西与东南村相连，村内有江海四路、东升大街等主要道路，占地1.5平方千米，耕地面积650亩。主要姓氏有陈、梁等。有住户498户、户籍人口1941人，非户籍常住人口840人。下设村民小组8个。村内建有480平方米的东升幸福院1个，幸福院内设有老人活动中心、卫生站和东升慈善联谊会办公室，并由同善社区机构的社工进驻为失能长者服务；建有耀宗幼儿园、灯光篮球场、东升图书室等文体设施。村集体收入以厂房、物业出租为主。2015年，村级经济收入358万元，人均分红1877元。

直冲村　地处外海街道腹部，东连连海路，北接中华大道，南邻中路村，西与东升村、四大社区相连，毗邻江门港澳客运码头和外海大桥，五邑路、江海四路贯穿全村，总面积5平方千米，辖村民小组19个，主要姓氏有陈、李、黄、许、朱、陆等。户籍人口5177人，非户籍常住人口1345人。村内设有直冲幼儿园、华龙老人活动中心、荔平老人活动中心、深堂老人活动中心、牛栏塘老人活动中心和蕉地老人活动中心等文体设施。2015年，村级经济收入3035万元，人均分红2740元。每年组织发放老人慰问金，为长者举办重阳敬老活动；对本村村民子女读大学给予奖励，对特困低保户子女发放助学金补贴。

东宁村　位于外海街道东面，距街道办事处2千米，东临西江，北接直冲村，南与七西村接壤，五邑路、江睦路在村边经过。下辖村民小组7个，主要姓氏有陈、林、区、许、李、龚等。2015年，户籍人口1571人，非户籍常住人口871人。东宁村与前进、七东、七西村合办中路小学。村内设有新苗幼儿园、东宁图书室、东宁篮球场和老人活动中心等文体设施。村内有卫生站1间。2015年，村级经济收入317万元，人均分红1987元。

前进村　位于外海街道东南部，北靠江海路，东邻七东村和东宁村、南与七西村接壤，江睦路贯穿全村，由塘冲堑、塘冲围、沙罗滩、龙眼基、兰花围5个自然地域组成，总面积2平方千米。下设村民小组7个。户籍人口2056人，非户籍常住人口731人。村内设有中路小学、前进村篮球场、前进新村篮球场、前进村老人活动中心和前进图书馆等文体设施。2015年，村级经济收入325万元，人均分红2328元。

七东村　位于外海街道东部，北连江海路，西连连海路，南面毗邻江门港澳客运码头，总面积1平方千米，距街道办事处3千米。主要姓氏有张、陈、朱、黄、邓、梁、吴、谭、周、李、蔡等。户籍人口1684人，非户籍常住人口661人。下设村民小组7个，村委会设有由3人组成的村务监督委员会，对村集体的财产和经济支出和收入进行监督。村集体收入以厂房、铺位、土地出租为主。村内设有老人幸福院、七东幼儿园和七东篮球场等文体设施。2015年，村级经济收入217万元，人均分红1359元。

七西村　位于外海街道东南部，距街道办事处3千米，东连七东村，南接金瓯路，毗邻江门港澳客运码头，西连货运检查场，北连前进村，邻近为中江高速外海出入口及金瓯路。总面积1平方千米。主要姓氏有赵、梁、陈等。2015年，户籍人口1461人，非户籍常住人口294人。下设村民小组4个，设有由4人组成的村务监督委员会，对村集体的财产和经济支出和收入进行监督。村内设有七西幼儿园、七西篮球场等文体设施。建有垃圾中转站等配套设施；村办公场所设有公共服务站、会议室、民兵营和农家书屋等功能服务室。村委会现有工作人员8名。2015年，村级经济收入327万元，人均分红1409元。

中东村　地处外海街道南端，与新会区睦洲镇牛古田接壤，东邻西江，北与七西村接壤。总面积1.8平方千米，现有耕地面积1800亩。主要姓氏有梁、区、谭、陆、何、胡、刘等。户籍人口2476人，非户籍常住人口1606人。下设村民小组7个，村委会设有由3人组成的村务监督委员会，对村集体的财产和经济支出和收入进行监督。村内建有中路小学中东校区、中东幼儿园、中东文化广场、篮球场、农家书屋等文体设施。2011年，成立中东龙舟协会，组织开展龙舟活动；2015年，成立中东慈善联谊会，开展各项扶贫助困活动。2015年，村级经济收入482万元，人均分红2883元。

墟镇社区　成立于1970年1月，主要由利亨新村、赤岭新村、昔园新村、翡翠华府和帕佳图观园等组成，社区位于外海街道下街9号金居大厦首层，社区居住人口较为分散。2015年，常住人口8260人。按照要求设立社区综合治理网格化管理制度，划分为4个网格片区，由社区工作人员分管各自片区。社区设有党员远程网络学习站、社区志愿（义工）服务站、公共法律服务点、妇女维权服务站、社区警务室、综治信访维稳工作站、心理咨询室、应急物资仓库等。

彩虹社区　成立于2013年5月，管辖范围东起西江沿岸，南至外海街道与新会区睦洲镇自然分界河，西达龙溪路，北至海逸华庭北侧，有海逸华庭小区、海伦湾、财富海景和奕聪花园等住宅小区。高新区清兰路、金瓯路、明辉路、江睦路、科苑路、科苑西路、科苑东路、浩瀚工业园、北苑路、LED产业园、彩虹路、高新东路、高新区34号地、中东云沁路、东睦路、创业路、连海路等属地厂企属于彩虹社区管辖范围。是年5月18日起，社区办公地址迁至海伦湾小区旁、外海大桥侧。2015年，社区户籍人口784人，非户籍常住人口4761人。

银泉社区　成立于2009年12月，社区人口居住较为集中，总面积1平方千米，绿化率40%。社区位于江海区中心地段，由银泉花园A、B、C、D、E、翠湖湾6个商住小区组成。户籍人口2737人，非户籍常住人口3958人。银泉社区公共服务站承接政府延伸到基层的159项社会管理和公共服务职能，为辖区群众提供“一站式”公共服务。2013年筹集资金180万元，对银泉社区公共服务站进行统一规范建设，建成集社区治理、党员教育、文化娱乐、公共服务于一体的社区综合性活动场所。

永康社区　成立于2013年10月。位于金瓯路189号，面积12平方千米，管辖范围东起龙溪路，南至礼乐街道自然分界河，西达永康路，北至五邑路。常住人口9692人，其中户籍人口1448人，非户籍常住人口8244人。有江海碧桂园、君汇熙庭、汇源新苑、高新小区、新城雅苑、高路华宿舍和柏嘉阁等住宅小区。辖区企事业单位、商铺等650家。结合邑家园家庭综合服务中心建设，设有儿童超市、图书阅览室、小孩休闲室、咖啡休闲室、健身室、乒乓球室、长者休息室、430学堂、舞蹈室、多功能培训室、烹饪培训区和文体小公园。

金溪社区　位于江海三路，紧靠白水带旅游风景区，西连江南街道。辖区面积1.53平方千米，主要姓氏有陈、区、谭等。2015年，户籍人口968人，非户籍常住人口3287人。社区先后建立金溪书屋、金溪文体广场等文体设施，文体广场内设有灯光球场、乒乓球台等设施。社区交通便利，公交线路覆盖，投资1000多万元修建的金溪大道、金溪路等，相向四车道，贯通整个社区。2015年，村级经济收入1548万元，人均分红8000元。社区建立有完善的医疗保障机制，为股民购买城乡医疗保险。对股民弟子考入重点大学的奖励4000元，本科A线奖励3000元、B线奖励2000元。

石鹤利社区　位于街道办事处后面，村名由来是在石冲里、鹤湾里和利亨3条自然村各取一字而成，社区东到中华大道，南临西江，西接金溪社区，北与清兰社区相连，总面积0.8平方千米。主要姓氏有陈、梁姓。户籍人口815人，非户籍常住人口430人。社区内设有新向阳国际幼儿园、游泳池、利亨球场等文体设施。2015年，村级经济收入205万元，人均分红2100元。社区对男年满60周岁、女年满55周岁的股民每月发放老人生果金100元，春节、重阳节分别给予老人慰问金每人100元，老人生日发每人30元慰问金，重阳节组织老人聚餐；对教育考上大学的学生给予1000元的奖学金。

清兰社区　位于外海街道北面，东接沙津横社区、南至中华大道、西与石鹤利社区相连、北临西江，面积0.8平方千米。主要姓氏有陈姓。户籍人口1049人，非户籍常住人口987人。设居民小组4个，社区设有由3人组成的村务监督委员会，对村集体的财产和经济支出和收入进行监督。清兰社区邑家园服务中心占地200平方米，内设公共服务站、邑家园服务室、图书阅览室、棋牌室等。社区设有缯湾公园，青龙庄公园，更铺里公园、清兰公园和清兰康乐中心等文体设施。2015年，社区经济收入536万元，人均分红2221元。

沙津横社区　位于外海街道北部，距街道办事处1千米，占地2.3平方千米，西江从东北流经。内接中华大道，西北、西南分别与清兰社区、四大社区和直冲村接壤。辖居民小组10个，主要姓氏有陈、李等。户籍人口2287人，非户籍常住人口1017人。社区内设有陈伯坛纪念小学、沙津横幼儿园、沙津横篮球场、二岭公园、石嘴公园、中北公园、南临公园、沙津横老年活动中心和沙津横图书室等文体设施。2015年，村级经济收入1061万元，人均分红1668元。社区对村属老人每人每年每月发放生果金120元、居民生日金50元、重阳节每人100元的慰问金。

四大社区　位于外海街道北部，距街道办事处0.3千米，北与清兰社区，东与沙津横社区，南与直冲村，西与石鹤利社区相连，内有中华大道、中华路、大康路、杏林路等主要道路，总面积1.5平方千米。主要姓氏为陈姓。户籍人口653人，非户籍常住人口997人。下设居民小组4个，社区设有由4人组成的村务监督委员会，对村集体的财产和经济支出和收入进行监督。社区内有外海中心小学、昱泽幼儿园、开心幼儿园、精英幼儿园、五大祠广场、四大文体中心、外海文化中心和四大图书室等文体设施。2015年，社区经济收入402万元，平均分红2386元。社区每年为老年人发放生果金、慰问金。

礼乐

【简述】 礼乐街道位于高新区(江海区)西南面，东邻江门高新技术开发区和江海区人民政府行政中心，西接新会区，北跨江礼大桥通市区，南接新会区睦洲镇、三江镇，办事处设在礼乐街道长兴街122号。南北相距9.1千米，东西相距9.3千米，总面积50.81平方千米。下辖社区居民委员会4个、村民委员会24个。

【基础设施建设】 礼乐片区污水管网工程完成礼乐路、乐祥东路的干管、支管铺设；中心河截污支管结合礼乐中心河综合整治工程同步施工；礼乐中心河综合整治工程投资1886.39万元，7月施工以来完成1.8米高挡墙工程；礼乐社会福利中心二次装修及饭堂建设竣工并对外开业。社区公园全面升级改造，完成墟镇乐中园、英南北律里公园、东红河边公园、威东村内公园、丰盛村广场等5个公园的升级改造。投入100万元，完成建设规模30亩的新民体育公园景观改造工程，年内竣工并投入使用。胜利南路延长线项目完成交地，礼乐大桥进行桥墩和路基施工建设。礼睦路扩建工程进入软基处理及桥涵施工。会港大道完成初步地质钻探、完成施工项目部及制梁场选址工作。乐雅苑小区销售面积10623平方米，销售额6405万元。文昌花园、乐雅苑共完成投资额6951万元，建筑面积145840平方米。完成东环路—永宁街共41盏路灯安装工程；礼乐路与乐祥东路平交口和礼东路与环镇路平交口安装交通灯灯杆；五邑路利生车城出入口进行分流渠化处理；乌纱路口安装交通信号灯；礼乐一路—五邑路匝道平交口改造工程施工。

【农民公寓】 乌纱村农民公寓楼开工建设并捣制地梁；东红村、敬和村农民公寓楼进行规划平面设计；新华村农民公寓楼办理报建。

【三旧改造】 江门造纸厂“三旧改造”项目首期清拆完成并于10月27日动工建设。江礼塑料厂“三旧”改造项目补缴土地出让金，返还土地和上盖物补偿，按规划方案实施改造。广东联合化纤“三旧”改造项目完成缴纳出让金及税费9400余万元，编制规划设计方案及洽谈合作开发伙伴。江门造船厂“三旧”改造项目确定自行改造，办理规划设计。英南旧村庄改造项目和新创股份合作经济联合社“三旧”改造项目获得用地批复。

【经济发展】 2015年，实现地区生产总值22.15亿元，增长12.74%；完成基层区域地方库税收收入1.28亿元，增长19.81%；完成规模以上工业增加值5.51亿元，增长17%；实现社会消费品零售总额15.69亿元，增长16.81%；完成固定资产投资9.35亿元，增长23.43%；完成进出口总额和实际利用外资年度任务的100%。长优-优美科长信扩产项目打桩施工；阪桥电子、玛尔斯厨业、春燕纺织、精美特机电、优巨新材料项目完成年度投资目标。通过举办2015年江海区礼乐首届葡萄旅游节，旅游节持续40天，吸引游客15万多人次，带来4000万元的经济效益，其中葡萄采摘收益3000万元，餐饮和其他消费1000万元。礼乐街道荣获江门市乡村旅游示范镇称号。

【教育】 街道有完全中学1所，初中2所，小学6所，幼儿园15间，托儿所1间，公办学校在校学生8445人，民办学校在校学生4336人；公办在职教师483人。2015年，礼乐中学高考本科上线率33.1%；中考成绩突出，礼乐三中平均分名列江海区第一名，16人达到江门一中录取分数线。组织师生参加专项学科比赛获国家、省、市、区级奖项300多人次，其中参加中小学艺术展演获区一等奖，参加区中小学生足球联赛，礼乐中学获中学组冠军，礼贤小学获小学组亚军。完成礼乐中学区修远图书馆和礼乐二中教学楼建设；做好中心小学新教学大楼、礼乐中学食堂、宿舍规划设计；新联小学、礼东小学各投入165万元、200万元修建塑胶运动场。

【文化】 投入30多万元，升级改造文化站功能室建设、购买设备器材、加建文化宣传阵地、做好免费公共开放项目，通过省特级文化站验收。组织举办2015年礼乐龙舟闹端阳活动，吸引3万余人到现场观看。全年开展文体活动10多场次、送戏下乡11场、举办LBA篮球联赛和村际篮球赛等；在新民文化广场举办“文明春风进基层”暨道德模范进社区文艺会演；文昌幼儿园和风采艺术团代表街道参加高新（江海）区“人人跳”舞蹈大赛并获金奖、银奖。

【卫生】 新置垃圾桶40个、果皮箱150个，改建户厕160户。全年开展统一灭蚊行动54次，投入260万元开展防控工作。2012年启动并开展全国亿万农民健康促进行动广东省示范镇（街）创建工作以来，与文明卫生创建、建设社会主义现代化新农村和城乡环境整治结合开展各项工作并取得成效，通过广东省亿万农民健康促进行动专家组验收。

【社会保障】 推进社会保险征缴工作，城镇职工养老保险参保人数15016人。全街道低保对象409户973人，城镇、农村低保均提高至每月550元；五保对象38人，供养标准提高至每人每月920元，达到不低于当地上年度农村居民人均收入60%的要求。全年发放临时救济71人次、107580元；医疗救助102人次、576766元；危房救助临时救济2户、10000元。配合完成“江海区2015年上半年参战涉核退役人员城镇职工基本养老、医疗保险补贴”申请，其中城镇职工基本养老保险申请74人、城镇职工基本医疗保险申请83人。

【居家养老服务】 推进多元化社会养老服务体系，建设居家养老助残服务设施，年内建设向民农村幸福院、东红农村幸福院、文昌沙居家养老助残服务站、五四居家养老助残服务站和镇龙村老年人活动中心。通过市公益创投活动开展街道养老助残综合服务项目，以礼乐颐养居为中心，依托文昌沙居家养老助残服务站、五四居家养老助残服务站、新兴农村幸福院、新华农村幸福院、新丰农村幸福院和东红农村幸福院，辐射服务辖区19个村居；启动向民农村幸福院“情系夕阳”居家养老助残创新服务项目，辐射服务辖区2个村；延续首届公益创投项目，英南农村幸福院、丰盛农村幸福院继续开展服务，辐射辖区7个村。引入阳光社工服务中心、向阳花社工服务中心总部为本土社工机构，培育社工、发展社会服务，持证社工

35名。

【妇儿工作】 通过党群共建加强妇女组织建设，在村居和条件成熟的非公有制企业中成立妇代会，达到妇联组织网络全覆盖。争创妇儿项目示范点，五四村创建广东省第2期“妇女之家”示范点，新联小学创建省级“巾帼文明岗”，武东村创建“江门市儿童友好社区”和第4批江门市“妇女之家”示范点，文昌中心幼儿园创建“巧玲珑”童书馆。举办妇女维权保障法律知识培训班，100余名妇女接受培训；开展“三八”法律宣传，发放《中华人民共和国婚姻法》《中华人民共和国妇女权益保障法》《遇到家庭暴力怎么办》等法律书籍。落实妇女小额贷款，协助7名农村妇女申请小额贷款78万余元，其中丰盛村吴庭晓获得贷款30万元，其生猪养殖基地被评为江门市巾帼创业示范基地。开展幸福工程活动，筹集善款20多万元帮助留守流动儿童200名、困难学生170名、困难老人40名、困难妇女34名。发动社会力量捐资1.2万元举办姐妹同乐庆“三八”游园会。开展“五好文明家庭”（平安家庭）创建和寻找最美家庭评选活动，评选“五好文明家庭”900户，并推荐3名家庭参加最美家庭评选。

【礼乐街道公共服务中心】 礼乐街道公共服务中心按照高新区江海区“邑门式”公共服务中心标准化要求建设，位于乐新街11号1幢，2014年年底筹建，建设面积1390平方米，首层办事大厅面积450平方米，开设11个办事窗口，其中3个综合窗口、2个人社专窗、6个公安专窗。服务事项涉及公安、社事、残联、社保、卫计、经科、财政、住建水务等13个部门共332项业务。是年12月31日投入使用。礼乐街道人民调解中心上半年建成使用。

【村社区简介】 英南村 距街道办事处0.5千米，东北邻东红村，西接跨龙村、东仁村，南临南冲公路、环镇路及南环公路。由南乐里、北乐里、聚兴里、西龙里和南雄里组成，有15姓村民聚居，较大姓氏为谭、胡、李3姓。辖区面积2.09平方千米，耕地面积1863亩，以种植水稻、蔬菜、甘蔗为主。有大小企业50家。全村557户、2381人，下设村民小组7个。建有一个12600平方米的文化体育广场，有北乐里公园、卫生站和老人活动中心。该村被评为广东省宜居村庄。2015年，村级经济收入114万元。

跨龙村 距街道办事处0.5千米，东邻英南村，西邻雄乡村，北邻雄光村，南面田园通往南冲公路，由忠心里、南安里、东胜里、南胜里、西安里、护龙里、龙兴里7个里组成，有36姓聚居，较大的有张、李、林、胡4姓。全村578户、2583人，有村民小组8个。全村耕地面积2196亩，其中水稻面积100亩，鱼塘面积800亩，作物面积1163亩，以种养甘蔗、养殖塘鱼为主。主要经济作物甘蔗，其中黑皮蔗品种为传统农作物；鱼塘主要养殖南美白对虾、罗氏虾及四大家鱼。村内建有礼乐第二初级中学。2015年，村级经济收入64万元，人均分红12360元。

雄乡村 东邻东仁村，南接跨龙村，北接雄光村，由西贤里、西兴里、源兴里、汇龙里、南龙里和兴龙里组成，有梁、陈、谭、李、周、区、刘、廖诸姓村民聚居，大姓为梁姓。全村512户、2329人，下设8个村民小组。总面积1.5平方千米，其中耕地面积2350亩，种植水稻、甘蔗、水果、蔬菜，兼养塘鱼以及南美白对虾。农村基础设施完成的有雄乡村西贤里旧巷改造工程、梁家围冲口至南龙里河边石堤工程、东方红文体广场工程、雄乡桥重建工程、南龙里下水道和水网升级改造工程。

2015年，村级经济收入45.8万元。

雄光村 东与中心市场为邻，西与田围接壤，南接雄乡村、跨龙村，北与墟镇社区园林新村、敬和村为邻，村址位于雄光村西昌里南巷11号，全村宅基地面积150亩，耕地面积2400亩。全村483户、2286人，下设村民小组6个。2015年，村级经济收入51.4万元。

五四村 东临张围河，西临江门水道，南邻雄乡村双桓围，北邻新民村。村委会辖下有村民小组6个，由礼和里、龙滘里、逢兴里、聚龙里4个里组成。村内建有阳光学校（原五四小学）、幼儿园、卫生站、老人之家5间、篮球场3个、休闲健身绿化公园2个。村东河旁修筑长1.2千米、高3米的五四围堤，铺设长1.2千米、宽7米的水泥路。全村面积1.25平方千米，绿化面积3400平方米。全村900户、3500人。有企业20户，三小场所15户，主要从事五金、油脂、浮皮加工生产零售。2015年，村级经济收入71万元。

东红村 东临环镇路工业开发区，南接英南村，西邻东仁村，北靠英北及镇龙村。由攀桂里、叶兴东里、叶兴西里、东兴里、英东里组成。有谭、吴、周、谢、刘、邓、梁诸姓村民聚居，大姓为谭姓。全村总面积1.4平方千米，其中耕地面积1500亩，农田保护区800亩。户籍人口2576人、595户，有村民小组9个。以果蔗、蔬菜、水稻种植为主，兼花卉种植及鱼、虾水产养殖。每个耕作区可通10吨载重量的中型汽车。工业以食品加工、纸制品和五金加工为主。村现有老人活动中心1所，500多平方米的灯光篮球场，10多套健身器材。2015年，村级经济收入72.7万元，人均分红14420元。

东仁村 位于街道中心，东面与英北村、东红村隔河相望，西邻雄光村和墟镇社区双塘里，南邻跨龙村，北邻墟镇社区。村委会辖下村民小组10个。由东仁里（镬耳围）、芳兴里、新城里（死水围）、福禄里、五福里、永兴里6个里组成，其中福禄里、永兴里为20世纪八九十年代建设的新村。村内古建筑有礼乐乐善堂、芳兴里牌坊。由于墟镇社区夹在村中，有近百户村民住在长兴街、立新街、新街、解放路。姓氏有谭、陈、李、邓、黄、区、林、刘、梁等。较大的姓氏是谭姓，源流于南雄珠玑巷，陈姓源于南雄珠玑巷、荷塘荔枝基，李姓源于杜阮松园。总面积1900亩，其中耕地面积1000亩。全村492户、2054人。以果蔗、蔬菜、鱼塘为主。工业有印刷业、食品加工业等。2015年，村集体收入68万元。

英北村 东邻乌纱村，西邻墟镇社区，南邻东仁村，北邻威东村。由民乐里、大社里、英盛里、兴盛里4个里组成。以种养蔬菜、甘蔗和养塘鱼为主。全村面积0.195平方千米，其中耕地面积1150亩。有23姓村民聚居，以朱，陈，李，黄居多。全村民492户、2136人，下设9个村民小组。村内有礼乐中心小学，大小厂房11家。2015年，村级经济收入52.4万元，人均分红12000元。

镇龙村 由九如里、镇龙里、扳龙里组成，东南邻东红村一河相隔，西邻东仁村，北邻英北村农田。宅基地面积150亩，耕地面积1370亩，工业用地面积6亩。全村252户、1064人，有村民小组4个。经济收入来源以出租厂房、耕地、鱼塘为主。2015年，村级经济收入41万元。

敬和村 东临威西村，南靠雄光村，西至五四村，北至新创村。由张围里、月塘里、敬和里、祈丰里、新塘里、金和里、祈新里、新和里组成。有21个姓，较大的有区、麦、张、吴4姓。全村面积0.198平方千米，907户、3688人，有村民小组9个。耕地面积1653亩，水产养殖面积911亩。村内有农家书屋、卫生站、幼儿园、老人活动中心等。位于敬和村和威西村的礼乐街道颐养居第二期工程2014年竣工并投入使用。2015年，村级经济收入76.6万元，人均分红12500元。

威西村　位于礼乐街道中心地带，东邻威东村，西接敬和村，南与街道办事处接近；另有新村位于乐祥东路南北两侧、乐中市场东面，环镇公路东西走向贯穿。有接龙里、迎龙里、聚龙里、东胜里、新地里、泗源里、南昌里、永胜里、永贤里、永盛里等10个里，下设村民小组7个。村内有刘家祠、区家祠（竹溪祖），姓区、刘居多。另有李、陈、黄、梁、甘、罗、潘、卢、何、邓、胡等姓。村民2563人，其中农业户557户。全村面积1.5平方千米,其中农用地面积2104亩，主要种植蔬菜、甘蔗、香蕉、花卉树木等；鱼塘面积1000多亩，主要养殖南美白对虾、罗氏虾、养殖肉猪和四大家鱼。村内有大型腊味加工私营企业11家、大型纸业制品工场4家。先后兴建村民集资楼和村民公寓综合楼各1栋，建筑面积分别为3000平方米、3200平方米。建有文化娱乐活动中心，占地面积84平方米，建筑面积360平方米，配套公厕、娱乐室、图书室和健身活动设施。建成标准的体育篮球场1个和东胜里文体公园、新地里文体公园和平安公园，公园内设置健身器材、乒乓球台、象棋台和健身路径等。2015年，村级经济收入54.8万元，人均分红14834元。

威东村　东邻乌纱村，南邻英北村，西邻威西村，北邻武东村，由中路里、荣江里、东华里和华路里组成，有李、傅、区、曾、陈、吴、卢、邓、潘、梁、林、杨、何、冯14姓村民聚居。宅基地面积210亩，耕地2325亩。全村813户、3103人，下设村民小组6个。建有老人娱乐场所、灯光球场、文化公园、农家书屋。先后完成与乌纱村交界道路24米的混凝土铺设和村文化公园重新规划建设。2015年，村级经济收入81万元。

乌纱村　东邻武东村水田，以乌纱桥涌为界；南邻镇龙村，以礼东公路为界；西邻威东村，以乌纱涌为界；北邻武东村水田，以乌纱涌为界。以曾、区、胡、付、邓姓居多，全村1848人,下设5个村民小组。村内有化工、腊味制品、五金制品、饮食等企业80多家。2015年，村级经济收入250万元，人均年分红13415元。

武东村　位于礼西片北面，东邻睦洲水道，西接威东村、威西村、新创村、新华村等；南接威东村、乌纱村；北至睦洲水道。环镇公路与乐祥东路贯穿于东西与南北，全村面积3.2平方千米,其中耕地面积1610亩，鱼塘1100亩。全村1682户、5269人，下设村民小组19个。村内有企业110多家，主要为化工、腊味制品、厨具、五金制品企业。2015年，村级经济收入249万元，人均分红13710元。

新创村　东邻武东村、威西村，西接五四村，南接威西村、敬和村，北至新丰村。有陈、李、区、张、黄、何、谭、黎、邓、吕、吴、梁、林、胡、杨15姓，较大姓氏为陈姓。全村面积1.3平方千米，其中农业用地面积1550亩。全村391户、1728人，下设村民小组4个。工业发展以建筑业、五金制品为主。乐祥东路自建商铺750平方米出租。2004年，在新创围尾塘建成体育篮球场1个。2015年，村级经济收入41万元，人均分红6800元。

新丰村　东邻武东村，南邻新创村，西靠礼乐大道，北邻新华村。由三福里、流沙里组成，有邓、梁、区、何、宋、谭、李等7姓村民聚居，较大的有邓、梁姓。以种养蔬果、养殖鱼虾为主。全村353户、1579人。有耕地面积

770亩，其中鱼塘500亩，花卉地100多亩，耕作地20亩，工业用地150亩，有企业30多家。利用东海路、江中高速公路开通的机遇，先后投入500多万元建设基础设施，先后引进民资30多家。村内有体育篮球场1个、体育健身公园1个、农家书屋1家。2012年，成立新丰联谊会。同年底，市土地管理收储中心征用村600多亩的土地作为未来城市综合体的建设用地。年满60周岁以上的老龄人可享受到每人每年1200元的生活补贴。2015年，村级经济收入180万元。

新华村　由睦洲水道分割为2块，礼西片东邻武东村，南接新兴村，礼东片位于江海区政府南面。土地面积1400亩，全村365户、2320人，下设村民小组6个。主要以鱼类养殖为主，分布礼东片永茂围、东升围、暗洲围等地方。礼西片工业园区以五金、电器加工为主。礼东片以礼东食街带动商业发展。2015年，村级经济收入216万元，人均分红11800元。

新兴村　东邻新华村，以石敢当河冲为界，南连新丰村，西靠江礼公路，北至礼义路。全村面积1.1平方千米，其中耕地面积1438亩，村委会位于新兴村西兴里37号。全村360户、1518人，下设村民小组4个。村民居住分布在仁让里、西兴里、纸扇里、仁兴里。2013年，在西兴里建有休闲公园。以水产、花卉、蔬菜等种养业为主，经济收入来源靠土地、鱼塘出租。2015年，村级经济收入70万元。

新民村　毗邻江门市区，江鹤二期高速公路和五邑路贯穿，其中广珠城际轻轨礼乐站设站在村中心。由南安里、东安里、西宁里、聚安里、五冲里、义兴里和六冲里7个里组成，下设村民小组7个。有21姓杂居，较大姓氏有李、吴、区3姓。全村面积2平方千米，其中耕地面积798亩，工商业用地619亩，公益事业用地560亩。全村4217人，农业户1054户，劳动力2912人。辖内有江门市长优实业有限公司、江门市艾加得电子有限公司、华源混凝土公司、利生机动车有限公司、天风墙体材料公司、展图不锈钢厂、典艺展示器材厂、联福纺织公司、欣福纺织助剂公司等。建有村民活动中心，配套健身室、图书室、娱乐室、音乐室、保健室、曲艺室等功能设备室，室外配套绿化、健身器材、游乐器材、羽毛球场，建有占地面积33亩的文化体育公园，综合市场和农贸市场各1个，建有新民小学、新民幼儿园、卫生站和无公害公共厕所5座。2011年成立的新民爱心协会开展帮扶、救助等爱心公益活动。2015年，村级经济收入1774.6万元，人均分红13191元。

向前村　东邻礼东主灌河，西近新华村、新创村农田，南与向民村宅基地交界，北与新丰村、新华村农田交界。由大利里、瑞利里组成，村民有20个姓氏，以梁、区、陈3姓较多。全村365户、1545人，下设村民小组4个。全村面积1.5平方千米，其中耕地面积1100亩。以种养水稻、蔬菜、甘蔗、水果和养塘鱼为主。村内有篮球场、健身场、老人之家、幼儿园、卫生站，防洪设施有电房4座、泵房5座。出租厂房用地200亩，出租铺位220平方米。村委会内设会议室、娱乐室，图书室及文化娱乐健身活动设施。2015年，村级经济收入177万元，人均分红9100元。

向荣村　东、北靠礼睦路，西接睦洲水道，由天成里组成。有22姓居民在此聚耕，大姓有陈、李、吴3姓。全村面积0.8平方千米，耕地面积636亩，工业用地面积140亩，自然村1个，下设村民小组3个，222户、1109人。有企业30家。2015年，村级经济收入136万元，人均分红12000元。

向民村　东与丰盛村相隔，南与向荣村相

近，西与向前村相邻，北面礼东青年堤与外海相望。由同丰里、同兴里、泗丰里组成，有21姓村民聚居，大姓有李、曾、陈3姓。主要种养蔬菜、水果和养殖塘鱼，总面积1.5平方千米，其中耕地面积1810亩，葡萄种植面积600亩。全村492户、2219人，下设联络组5个。有企业20多家。自建商铺720平方米，礼东市场1035平方米。建有老人娱乐活动中心、体育篮球场各1个。2015年，村级经济收入55万元，人均分红9800元。

向东村　靠近礼睦路.由东成里、合城里和永盛里组成，村民有28姓。农业以蔬菜种植、花卉栽培和塘鱼养殖为主，特色农业桃花、菊花栽培闻名珠三角地区。全村面积2平方千米，耕地面积2500亩。有村民小组7个，农业户558户、2561人，劳动力1745人。2015年，村级经济收入84万元。

丰盛村　毗邻向东村，拥有江海八景之一的礼东主灌河，全村面积0.7平方千米，其中耕地面积785亩。全村户数235户、930人，劳动力人数561人。下设村民小组4个。建有中小型排灌站15座。现有无公害蔬菜生产基地525亩，水产养殖面积260亩。村内有篮球场1个、图书阅览室1间。2013年吸引外资完成工业园区50亩厂房建设。农业重点以“菜篮子工程”为主。村民人均收入12340元。引导村民合理调整种植结构，大力生产无公害蔬菜。400平方米丰盛村幸福院建设竣工于2014年。2015年，村级经济收入75万元。

墟镇社区　东靠东仁村，南靠东红村，西靠雄光村，北靠威西村，面积0.5平方千米，有楼宇56栋，住宅小区3个，平房60多间，常住人口2148户、4624人。居民大部分居住在解放路、长兴街、新街、园林新村、乐祥路、礼乐三路等街道，还有少数居民分散在23个村，社区人口分布较散。社区有乐中公园、颐晚园、康乐园、会堂广场，并设有健身器材。

文苑社区　成立于1997年，东邻文昌沙社区、南邻新民村、西面与新会区一河之隔、北邻中福社区，面积0.25平方千米，在册4052户，户籍人口4217人，流动人口7804人。现有居民小组15个。社区有文昌幼儿园、蓝天幼儿园、七彩幼管所、文昌卫生门诊部、文苑社区卫生站，建成休闲公园、篮球场、游泳池、残疾康复室、大型购物及饮食商铺。文苑社区办公楼面积450平方米，设有办公服务厅、会议室、党员活动室、电教室、民兵营、计生服务室、图书阅览室、综合减灾办公室等多功能服务室，现有工作人员6名。

文昌沙社区　区东邻江睦河道，西接文苑社区、新民村；南接新华村、新兴村；北至江礼桥，连接蓬江区。礼乐一路、礼乐二路、礼义二路贯穿社区，面积1平方千米。在册2380户，常住人口数7154人，流动人口6431人。有工商企业52家，农贸市场1家，小型的工商个体488家。社区现有工作人员6名，下设15个居民小组。社区办公楼面积约600平方米，设有办公服务厅、义工服务站、多功能会议室、计生服务室、调解室、民兵营、党员活动室、图书室、防灾减灾办公室、康园中心。社区公园设有健身器材、健身舞台。江门造纸厂新村家属区设有文昌沙长者服务中心、篮球场和健身器材等。

中福社区　成立于2015年，东邻文昌沙社区、南邻文苑社区、西面与新会区一河之隔，面积0.7平方千米，在册771户、1909人，流动人口3732人。社区现有居民小组4个。设有文昌幼儿园，建成休闲公园、残疾康复室、大型购物及饮食商铺。社区办公楼面积350平方米，设有办公服务厅、会议室、党员活动室、电教室、民兵营、计生服务室、图书阅览室、综合减灾办公室等多功能服务室，居委会现有工作人员6名。

江南

【简述】 2015年8月10日，原江南、滘头、滘北3个街道合并为江南街道,完成“三街合并”工作。行政区划调整后的江南街道位于江门市区蓬江河南岸，西北与白沙街道隔河相望，东南与外海街道接壤，西南与礼乐街道相邻。行政区域面积13.62平方千米，常住人口7.97万人，其中户籍人口4.6万人。下辖社区居委会13个、经济联社2个和经济合作社14个。

【社会经济】 全年完成地区生产总值44.24亿元，增长9.33%；完成规模以上工业增加值23.52亿元，增长9.2%；完成社会消费品零售总额10.73亿元，增长5.61%；完成固定资产投资20.43亿元，增长24.05%；进出口总额完成年计划100%。实现区域地方库税收收入29548万元。

【重点项目建设】 是年春燕、兰花、银星3个“三旧”改造项目相继开售，其中春燕“三旧”改造项目（江门东汇城）将改造成全区首个城市综合体；江门演艺中心进入室内装修和设备安装调试阶段；凯旋堡房地产项目、东华房地产云景华庭项目、格林春天豪庭项目继续销售；汇嘉.南湾项目动工建设；南岸印迹项目启动并完成首期灯光工程；胜利南路的五邑路至金瓯路段工程建成通车，南山路、江门河南岸路（半岛华庭段）和胜利南路延长线（金瓯路至南环路段）工程按计划施工；推进新中大道工程（中沙路—胜利南路）。街道牵头的15个区重点项目，累计完成投资14.24亿元，完成年度投资计划的110.63%，超时间进度10.63%，在区重点项目完成情况排名第2位。

【公园建设】 滘头渔山公园位于胜利南路北段以西、滘头中心路以北，面积25平方千米，项目投资500万元。以现有地形和原有植物为基础，通过适当的场地平整、疏林间伐、划分功能区域等方式进行建设，园内规划建设有观景平台、榕荫广场、环山散步小径、健身广场等休闲健身设施，建成集休憩、娱乐、健身、运动等功能为一体的综合性公园。建星公园升级改造面积3000平方米，投资50万元，公园内建有休闲广场并划分健身活动区，年内完成升级改造并投入使用。

【道路维修工程】 滘头中心路（胜利大桥-胜利南路）工程投资450万元，道路全长1143米、宽7—12米，工程施工内容包括完善道路排水系统、道路两侧新建人行道、铺设沥青混凝土路面，年内动工建设并通过验收。滘兴南路道路工程投资160万元，道路总长445米、宽6米，工程施工内容包括新建道路排水系统、按市政道路标准铺筑混凝土路面，年内完成并通过验收。滘兴中路道路工程投资70万元，道路总长105米，宽12米，工程施工内容包括完善道路排水系统、按照市政道路标准铺筑混凝土路面，年内动工建设。

【社会公益事业】 投入150万元建设江南街道公共服务中心，中心建设面积500平方米，12月31日竣工并为群众提供优质快捷的“一门式”服务。滘头小学教学楼改造工程项目投资1100万元，被列入2015年市重点建设项目，拆除旧教学楼2栋，在原址上动工建设6层教学楼

2栋，建筑面积4795平方米，设置课室24个、功能室6个和阶梯室1个。投入200万元，改造运动场地跑道长120米、面积942平方米；篮球场改造面积441平方米，周边铺设人行道砖的改造面积1009平方米，运动场内重新建设排水设施。

【慈善公益】 成立滘头慈善会以来，认捐慈善金额突破630万元，通过开展奖学助学活动，为65名受助人员颁发助困金和助学金。

【社会治安】 投入700多万元，开展平安创建、综治信访维稳工作，改善软硬件设施。完成滘头片区2015年度市挂牌整治社会治安重点地区专项整治。以正南社区为试点，安装视频监控系统，采用技防加人防，强化治安防控力量；在有条件的村、社区开展封闭式小区和视频监控管理模式，聘请保安人员，加强小区值班巡逻，率先在新中小区、翠鸣苑小区实施。滘头片区增加1支20人的群防群治队伍，由属地公安派出所统一管理。加强治保员队伍机动性，购置巡逻单车20台并喷上统一标识，改变步巡模式。加大对监控系统的投入，按照街道区域布局和治安防控实际需求，年内增加监控头20个。

【村社区简介】 桥南社区 2001年在原江南街道上沙居委会和桥东居委会合并组建而成，与蓬苑社区与蓬江桥南段引桥为界，面积0.4平方千米，范围包括桥南新村、桥东新村、江海一路双号至120号、江海一路单号至375号、活力路、江南二路、松庆里、华庆里、龙上里、凤鸣苑。常住居民2105户、6211人，其中户籍居民1425户、3635人；非户籍680户、2576人。社区有托幼园1间，企事业单位6家，市场1家。社区公共服务站设置服务受理前台和群众办事等候点、会议室，有老人活动室、党员活动室、电教室、警务室、电子图书阅览室、居家养老服务中心等多功能的活动中心1个和文化小广场2个。社区先后荣获全国敬老模范社区、广东省六好平安和谐社区、广东省人口和计划生育基层群众自治示范村、江门市精神文明单位、江门市儿童友好社区、江门市五好示范社区和江门市巾帼文明社区等称号。

蓬苑社区 成立于2002年1月，社区位于蓬江河南岸飞鼠山南部，与蓬江桥南段引桥为界，面积0.43平方千米，管辖蓬苑、南苑里、南苑商城、江海玉圭园、江翠路（部分）、江南路（部分）、桥南大道（部分）、江海一路（部分）。社区有小学1间、幼儿园1间、企业235家；居民小组35个，居民3174户、8478人，其中户籍人数1695户、4694人，非户籍人数1479户、3784人。社区服务中心占地90平方米，有棋牌室、图书阅览室，多功能活动室等场所；组建老年棋艺协会和社区曲艺社社会团体。社区公共服务站设置服务大厅、受理前台、自助服务区和群众办事等候区、会议室、档案室和多功能室，配备有侨都之窗自助终端机。设有党员远程网络教育站，社区义工服务站，社区警务室，社区志愿（义工）服务站，公共法律服务点，妇女维权服务站，心理咨询室，新家庭文化屋，星光老人之家等。建立社区特色的便民利民“一站式”服务平台，由江海区晨光社工服务中心承接，为辖“三无”（无生活来源、无劳动能力、无法定抚养义务人）人员、高龄独居老人、低保、失独家庭、单亲困难家庭等特殊人群提供综合性社工服务。社区先后荣获广东省六好平安和谐社区、广东省巾帼文明岗和江门市先进村（居）委会等称号。

江翠社区 成立于2002年，位于烟墩山附近，面积0.45平方千米，管辖翠园里、翠鸣苑、江海一路、江南路、中沙路、江南新村、江翠路和东海路8个片区，住户2557户、常住人口7568人。社区有学校1所、幼儿园1所、文体小广场2个，企业220家。社区“一站式”公共服务点设有党员远程网络学习站、社区志愿（义工）服务站、公共法律服务点、妇女维权服务站、社区警务室、综治信访维稳工作站、心理咨询室、图书阅览室、电子阅览室、多功能活动室、基层立法联系室、志愿管家工作室和应急物资仓库等。社区先后荣获全国巾帼文明岗、广东省文明社区、广东省六好平安和谐社区、广东省最美志愿服务社区、广东省绿色社区、广东省民主法治示范社区、广东省科普益民示范社区、广东省巾帼文明社区、广东省城市体育先进社区、江门市十佳文明和谐社区、江门市文明社区、江门市巾帼文明岗、江门市先进人民调解委员会、江门市除四害先进单位、江门市绿色社区、江门市宜居社区和江门市精神文明先进单位等称号。

新中社区　成立1996年8月，位于江南街道桥南大道西南面，总面积0.46平方千米，绿化率40%。社区管辖新南里、新中里、太宁里、长隆里、大井里、丰宁里，新中大道1号之1、2，新中大道3号之1至4，新中大道5号之1至7、江翠路158、162号，现有住户2680户、户籍人口3418人，流动人口3454人。社区“一站式”公共服务点设有党员远程网络学习站、社区志愿（义工）服务站、公共法律服务点、妇女维权服务站、社区警务室、邑家园家庭综合服务中心综治信访维稳工作站、心理咨询室、应急物资库、党员服务中心、老人活动中心、青少年活动中心、妇女儿童之家等。区委宣传部、江南街道共同投入150万元，升级改造新南公园，设有法治长廊、开心英语角，休闲健身设施、篮球场、羽毛球场、乒乓球场、舞台等。先后荣获全国综合减灾示范社区、广东省儿童友好示范社区、广东省妇女之家、广东省六好平安和谐社区、广东省宜居社区和江门市健康社区等称号。

竹苑社区　位于竹苑里范围、竹山左前方，面积0.31平方千米。管辖竹苑里、红门楼、江南新村、中沙、挪角里和瑞龙里6个片区，有厂企1间、个体私营店铺52家、幼儿园1所。社区居民1491户、4592人，常住人口2737人，流动人口1855人。社区设有服务委员会、计划生育委员会、社会文化委员会、卫生委员会、人民调解治安保卫委员会等工作机构。社区内设置居民自助服务终端机、党员活动室，图书阅读室等，增设康复健身器材、建立阅报宣传栏；完善居委会服务站、社区服务网点和社区服务队伍三级服务网络和驻村（居）律师顾问制度；建立志愿者服务队伍2支，社区志愿管家队伍1支。社区先后荣获2014年全国综合减灾示范社区和广东省文明社区等称号。

中沙社区　位于胜利大桥南岸左侧，管辖面积0.35平方千米。社区由中沙1号-51号、红门楼部分、江南路部分、浪琴湾小区组成，住户1209户、户籍人口2679人，流动人口1641人。社区“一站式”公共服务点设有党员远程网络学习站、社区志愿（义工）服务站、公共法律服务点、妇女维权服务站、社区警务室、综治信访维稳工作站、心理咨询室、应急物资库等。社区先后荣获广东省六好平安和谐社区、广东省巾帼文明岗、市文明社区、江门市五十佳老人协会、江门市民主法治村（居）和江门市人口和计划生育工作优质服务先进村等称号。

仁美社区　原为下沙居委会，2002年6月划分原滘头街道管辖。社区与胜利大桥接壤，毗邻江门河。2008年5月，红星、仁美合并为仁美社区，管辖有红星经济合作社，惠泽园（保障房）、仁美里、裕安花园、新围新村、下沙、浮法玻璃厂宿舍（1至5巷），虎东（仁美里1号之8、9、10）、下沙门诊（仁美里1号之一1、2、3栋）、红门楼71、72号。社区内有厂企45家、商铺136家；幼儿园1所、星光老年人之家、青少年活动室、党员活动室、婚育分校、图书室、警务室、计生文化小广场等。社区面积0.8平方千米，居住人口3523户、9759人。社区先后荣获全国综合减灾示范社区、全国基层妇联组织、广东省妇女之家、广东省六好平安和谐社区和广东省地震安全示范社区等称号。

建联社区　成立于2008年5月，面积1.3平方千米。社区位居江南中心地段，背靠渔山公园，连接五邑路、胜利南路，由新星、建星、联星3条自然村（经济社）组成，人口居住较为集中，现有住户3370户、户籍人口3842人，流动人口4292人。社区公共服务站设置服务大厅、受理前台、群众办事等候区、会议室、业务洽谈室、档案室，为辖区群众提供“一站式”公共服务。社区设立综合治理网格化管理制度，划分8个网格片区，由社区工作人员分管。社区还设有党员远程网络学习站、社区志愿（义工）服务站、公共法律服务点、妇女维权服务站、社区警务室和综治信访维稳工作站、心理咨询室等。社区先后荣获江门市卫生村、江门市民主法治村、江门市卫生先进单位和江门市巾帼文明岗等称号。

银城社区　成立于2008年5月，位于胜利南路边，拥有渔山公园、银星公园等多个休闲公园，面积1.2平方千米，人口居住较为集中，有居民小组10个，住户2511户、常住人口7532人，外来流动人口443人；60岁以上有658人。社区公共服务站设置服务大厅、受理前台、群众办事等候区、会议室、业务洽谈室和多功能室，为辖区群众提供“一站式”公共服务。社区逐步设立综合治理网格化管理制度，划分为8个网格片区，由社区工作人员分管。社区还设有党员远程网络学习站、社区志愿（义工）服务站、公共法律服务点、妇女维权服务站、社区警务室、综治信访维稳工作站、心理咨询室和应急物资仓库等。2013年，在市社工委、区政府和原滘头街道的支持下，筹集资金20万元对社区公共服务站进行规范建设，建成集社区治理、党员教育、文化娱乐、公共服务于一体的社区综合性活动场所，内设社区办公、邑家园家庭综合服务中心、警务室、120平方米的多功能室、综合会议室、图书室及电子阅览室和计生服务室等。社区“邑家园”项目通过政府购买专业社工服务的方式，依托社区“邑家园”家庭综合服务中心为老人、儿童、残疾人、妇女、特殊家庭开展医疗服务、情绪疏导、义教上门、居家就业、心理咨询和节日慰问等服务。社区先后荣获广东省六好平安和谐社区、广东省人口和计划生育基层群众自治示范村居、江门市文明社区和江门市儿童友好示范社区等称号。

正南社区　成立于2008年5月，位于东海路以西，面积1.2平方千米。管辖正安村、南雄村、兴南小区、君逸居、君悦居、雅南居等，现有住户2363户、户籍人口4041人，常住非户籍人口4394人，流动人口550人。社区公共服务站设置服务大厅、受理前台、自助服务区、群众办事等候区、会议室、心理咨询室、档案室和多功能室，为辖区群众提供“一站式”公共服务。2013年，投入22.3万元资金，对社区公共服务站进行升级改造。社区邑家园服务依托公益创投项目开展9+X服务项目，为三无、高龄独居老人、低保、失独家庭、单亲困难家庭、复转退伍军人、孤儿、问题青少年、重残、智力和精神残疾人、职工困难家庭、外来务工困难家庭、困境儿童等13类人群提生活照料与保健服务、心理情绪疏导服务、文化娱乐服务、便民利民服务、残疾人康复、再教和社工义工培训等综合性社工服务。社区先后荣获全国综合减灾示范社区、广东省巾帼文明岗、广东省六好平安和谐社区、广东省宜居社区、江门市巾帼文明岗和江门市文明社区等称号。

永明社区　成立于2008年5月，面积2平方千米，绿化率50%。社区位居江海区中心地段、观音山旁，多条主要道路贯穿其中，由永南里、东海花园、江海花园、南泉花园、天鹅湾、永康里（永星经济合作社）、四村里（明星经济合作社）组成，现有4823户、户籍人口4511人，流动人口6814人，社区人口居住较为集中。社区公共服务站设置服务大厅、受理前台、群众办事等候区，为辖区群众提供“一站式”公共服务。社区设立了社区综合治理网格化管理制度，划分为7个网格片区，由社区工作人员分管。社区还设有党员远程网络学习站、党员活动室、社区志愿（义工）服务站、公共法律服务点、妇女维权服务站、社区设有图书阅览室、老年活动室、婚育分校、家长学校、青少年之家、心理咨询室、民兵营，社区警务站、社区卫生服务站、综治信访维稳工作站和体育文化广场等。2013年，在市社工委、区政府和街道的支持下，对社区公共服务站进行规范建设。与街道共同投入50万元建设的邑家园项目，设有老人之家、430学堂、居家养老、体育文化广场等，通过政府购买服务的形式，由社工不定期开展形式多样的活动。社区先后荣获广东省六好和谐平安社区、广东省卫生社区、广东省宜居社区、江门市统筹党工青妇建设五好示范点、江门市文明社区、江门市卫生社区和江门市儿童友好示范社区等称号。

北湾社区　成立于2004年12月，位于白水带山脉北面，江海路贯穿社区全境，管辖面积2.5平方千米，社区总户数2292户、6816人，户籍人口3005人，流动人口3811人。社区内有机关事业单位4个、学校1所、厂企85家、个体工商户180户。社区服务中心坚持开展“携手成长”青少年服务、“心灵港湾”心理健康服务、“耆乐融融”长者服务、“关爱残障”康复服务和“爱心传递”社会公益志愿服务，按照群众实际服务需求，因地制宜挖掘各种资源，设置社区特色服务项目。社区先后荣获广东省宜居社区、广东省居务公开民主管理示范创建达标社区、创建全国文明城市工作表扬单位和广东省卫生村等称号。

富横社区　成立于2004年12月，位于白水带山脉北面，江海路贯穿社区全境，社区人口居住较为分散，面积1.2平方千米，绿化率45%。社区座拥江海演艺中心、釜山公园、白水带体育公园和白水带旅游风景区。管辖江门市福利院、田良里、田心里、富华里、横坑里等自源村落、富华花园、天骄半岛、华茵堡3个商住小区，滘北工业二区、锦华花园、富华路113、115号、江海二路52、54、56号、江海路18、20、22、24号、江海一路136、138、140、144、146号、江海路65、67号，住户1737户、户籍人口2548人，流动人口3455人。社区公共服务站设置服务大厅、受理前台、群众办事等候区、会议室、业务洽谈室、档案室和多功能室。社区设立综合治理网格化管理制度，划分5个网格片区，由社区工作人员分管。社区设有党员远程网络学习站、社区志愿（义工）服务站、公共法律服务点、妇女维权服务站、社区警务室、综治信访维稳工作站、心理咨询室和应急物资仓库等。2013年，在市社工委、区政府和原滘北街道、富田村委会的支持下，筹集资金100万元对富横社区公共服务站进行规范建设，建成集社区治理、党员教育、文化娱乐、公共服务于一体的社区综合性活动场所。其中建有法制文体广场1000平方米具有多功能活动场所，内设社区办公、康园中心、绿色氧气阅览室、晨光社工综合服务中心办公室、多功能室、心理咨询室、党员活动室和图书阅览室。社区先后荣获全国综合减灾示范社区、广东省儿童友好示范社区、广东省妇女之家、广东省六好平安和谐社区、广东省和江门市卫生社区、广东省民族团结进步示范社区、广东省民主法治社区，广东省和江门市宜居社区和江门市健康社区等称号。

附录

FU LU

2015年高新区（江海区）国民经济和社会发展统计公报

2015年，在市委市政府和高新区党工委、管委会、江海区委、政府的正确领导下，我区经济步入平稳健康发展的新常态，经济总量稳步增长，产业结构不断优化升级，经济运行质量不断提高，社会持续稳步发展，人民生活水平逐步提高。

一、综合

初步核算，2015年全区生产总值146.12亿元，比上年增长9.0%。其中，第一产业增加值4.52亿元，增长4.2%；第二产业增加值89.80亿元，增长8.8%；第三产业增加值51.80亿元，增长9.9%。在第三产业中，交通运输、仓储和邮政业增长4.9%，批发和零售业增长5.1%，住宿和餐饮业下降11.1%，金融业增长5.4%，房地产业增长5.8%。三次产业结构为3.09：61.46：35.45。人均GDP为56104元，增长8.52%。

图1 2010-2015年地区生产总值及其增长速度

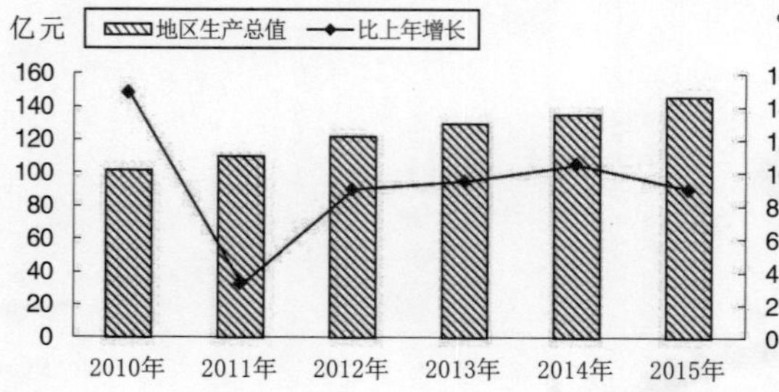

年末全区私营企业5327户，注册资金83.82亿元，分别增长14.78%和22.69%；个体工商户12459户，注册资金2.43亿元，分别增长15.37%和22.04%。

全年城镇新增就业5872人，比上年增加421人。年末城镇失业人员再就业4063人，就业困难人员实现就业378人，年末城镇登记失业率2.36%。全年开展劳动力技能培训1182人,新增转移就业劳动力957人。

全年地方公共财政预算收入10.32亿元，增长11.60%，其中税收收入8.36亿元，增长8.21%；地方公共财政预算支出14.24亿元，增长21.61%。

二、农业

全年粮食作物播种面积3706亩，比上年增长3.37%。果蔗种植面积8450亩，与上年持平。蔬菜种植面积34927亩，增长8.35%。

全年粮食产量1866吨。果蔗产量48545吨，下降20.21%。蔬菜产量44545吨，增长29.02%。

图2 2010-2015年粮食产量及其增长速度

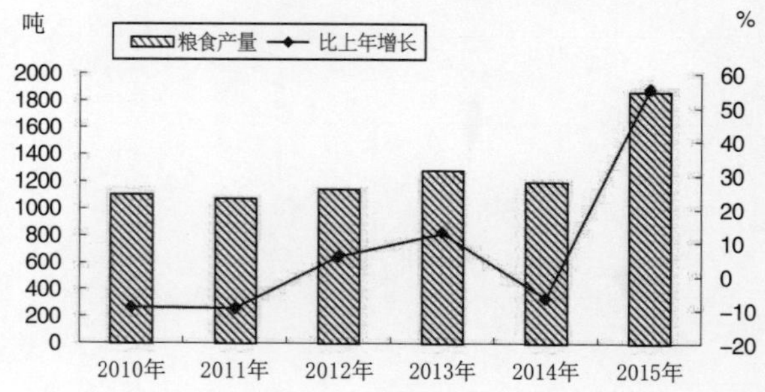

三、工业和建筑业

全年规模以上工业增加值比上年增长9.0%；其中，轻工业增长8.9%；重工业增长9.1%。分经济类型看，国有及国有控股企业增长4.4%，集体企业增长7.1%，股份制企业增长12.5%，外商及港澳台投资企业增长7.4%，民营企业增长12.9%。

图3 2010-2015年规模以上工业增加值增长速度

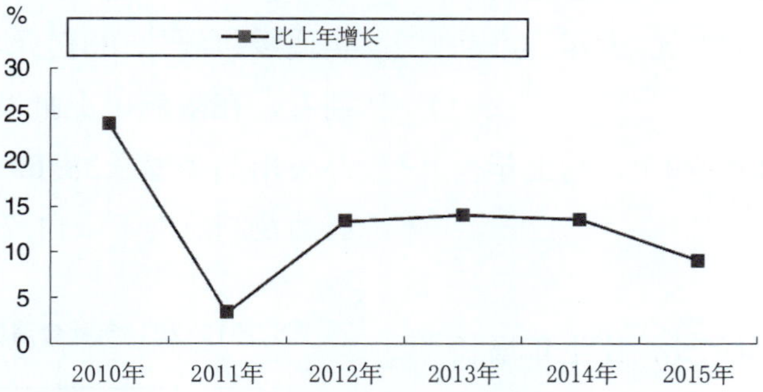

分行业看，计算机、通信及其他电子设备制造业、电气机械及器材制造业、化学原料及化学产品制造业、非金属矿物制品业、铁路船舶航空航天和其他运输设备制造业等增加值排列前五位的行业分别增长7.6%、7.8%、13.2%、-0.4%、-3.0%。

高技术制造业增加值增长9.2%，其中医药制造业下降0.2%，电子及通信设备制造业增长10.4%，电子计算机及办公设备制造业增长3.6%。

先进制造业增加值增长8.0%，其中装备制造业增长5.6%，石油及化学行业增长13.1%。装备制造业中，汽车制造业增长38.7%；石油及化学行业中，橡胶制品业下降9.6%，化学原料及化学制品制造业13.2%。

2015年主要工业产品产量及其增长速度

表1

产品名称	计量单位	产量	比上年增长（%）
纱	万吨	1.09	-2.1
房间空调器	万台	26.00	-28.8
家用洗衣机	万台	117.86	11.4
家用电风扇	万台	158.19	2.7
摩托车整车	万辆	54.15	-0.9
烧碱	万吨	7.45	-7.5
平板玻璃	万重量箱	2050.16	9.6
光电子器件	万只	4248.53	27.3

规模以上工业实现利润总额16.54亿元，增长21.5%。亏损企业亏损总额1.93亿元，增长23.72%。资产贡献率9.71%，资产负债率46.65%，流动资产周转次数1.87次，成本费用利润率5.38%，全员劳动生产率14.52万元/人年，产品销售率92.79%。

全年资质等级以上建筑企业9个，与上年少1个。

四、固定资产投资

全年固定资产投资91.94亿元，比上年增长23.28%。分经济类型看，国有经济投资11.65亿元，增长40.19%；港澳台、外商经济投资18.48亿元，下降6.53 %；民营经济投资58.87亿元，增长43.27%。分产业看，第二产业投资35.19亿元，增长23.73%；第三产业投资56.75亿元，增长22.99%。分类别看，工业项目投资35.19亿元，增长23.73%，占全区固定资产投资的38.27%；房地产开发投资32.16亿元，增长22.63%，占全区固定资产投资的34.98%；基础设施投资18.44亿元，增长48.35%，占全区固定资产投资的20.06%。

全年商品房施工面积236.65万平方米，下降2.51%；商品房竣工面积41.09万平方米，增长31.03%；商品房销售面积39.67万平方米，增长12.76%；商品房销售额23.93亿元，增长17.13%。

图4 2010-2015年固定资产投资及其增长速度

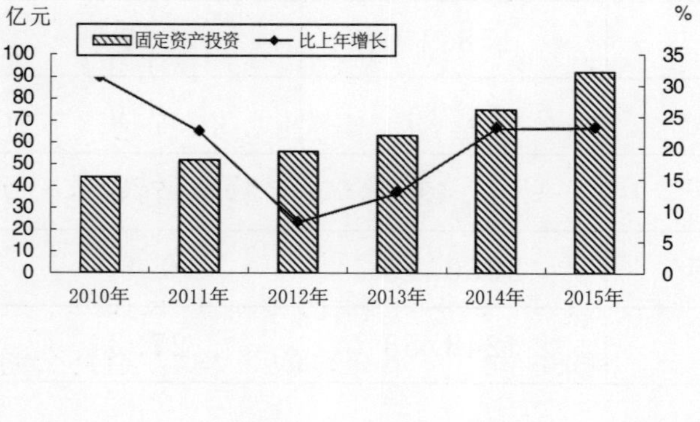

五、国内贸易

全年实现社会消费品零售总额38.02亿元，比上年增长12.20%。分行业看，批发零售业实现零售额34.19亿元，增长14.90%；住宿餐饮业实现零售额 3.83亿元，增长7.25%。分商品类别看，在限额以上批发零售业零售额中，文化办公用品类增长38.69%，汽车类增长32.45%，石油及制品类下降14.77%。

图5 2010-2015年社会消费品零售总额及其增长速度

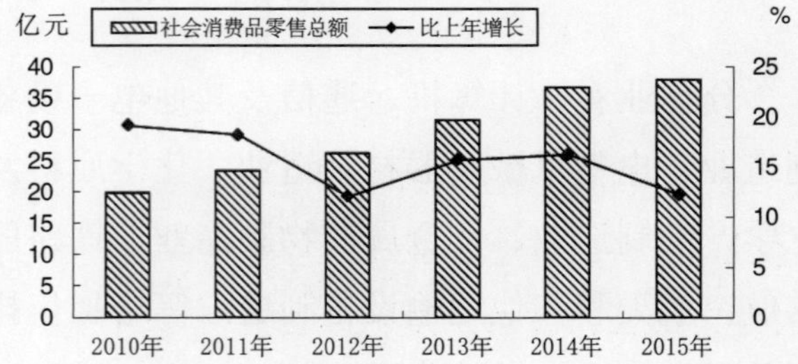

六、对外经济

全年进出口总额 186.89亿元，比上年增长16.68%。其中，进口总额47.76亿元，增长3.8%；出口总额139.13亿元，增长21.87%。

全年外商直接投资1.05亿美元，增长77.30%；合同利用外资额1.63亿美元，下降25.94%。

图6 2010-2015年出口总额及其增长速度

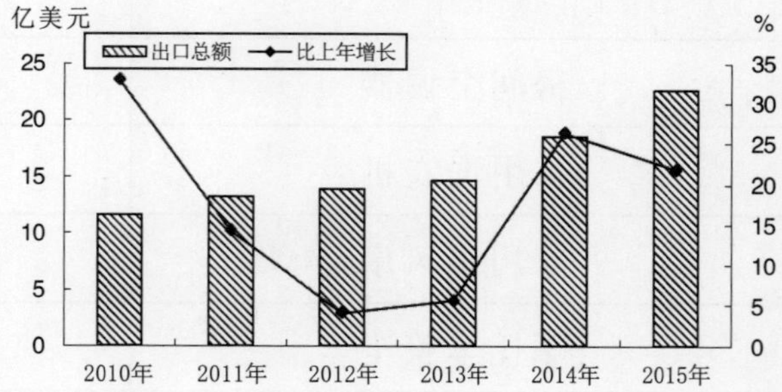

七、教育和科学技术

全年地方公共财政预算教育支出2.47亿元，比上年增长9.88%。全区拥有普通中学12

所，小学15所，幼儿园39所。普通高中招生2366人，在校生6976人，毕业生2278人。初中招生2448人，在校生7309人，毕业生2455人。小学招生4376人，在校生21457人，毕业生2709人。幼儿园入园儿童2985人，在园幼儿8960人。教育普及程度进一步提高，小学学龄儿童入学率达100%，小学升学率100%，初中适龄少年入学率100%，初中升学率100%，普通高中升学率97.1%。

全年地方公共财政预算科学技术支出0.73亿元，增长86.93%。年末国家级高新技术企业49家；全年新增国家级高新技术企业15家。全年申请专利1439件，增长26.45%；专利授权量836件，增长8.29%。全年申请发明专利491件，增长14.72%；发明专利授权量94件，与上年持平。全区有效发明专利380件，增长21.41%。全年组织申报省级科技项目266个，获得省级立项145个；申报市级科技项目221个，获得市级立项204个；申报区级科技项目31个，获得区级立项16个。

八、文化、体育和卫生

年末全区共有文体服务中心3个，文化馆1个，建有高新区（江海区）图书馆、礼乐街道图书馆和市五邑图书馆外海、滘头分馆，图书总藏量21万册。广播人口综合覆盖率和电视人口综合覆盖率均达100%。目前全区有1个体育公园，62个文体广场，其中全民健身广场9个，文体小广场53个。公共体育场所总面积为39.7万平方米，人均公共体育场所面积为1.52平方米。

年末全区共有各类卫生机构77个，其中医院2个。各类卫生技术人员433人，其中执业（含助理）医师165人，执业护士189人，床位293张。医院卫生技术人员347人，其中执业（含助理）医师140人，床位数293张。

在2015年江门市青少年体育锦标赛中，我区选手获得6面金牌、8面银牌、10面铜牌；外海中心小学代表队参加2015年江门市“中国体育彩票杯”小学生足球锦标赛获得季军；我区农民运动员代表全市参加广东省农民体育乡镇田径特色项目比赛，获得道德风尚奖。我区粤曲表演唱《老年乐》和话剧小品《抉择》在广东省第八届戏剧曲艺花会总决赛中分别获得银奖和铜奖。

九、人民生活、社会保障与安全生产

全年常住居民人均可支配收入30868元，增长9.5%。居民家庭恩格尔系数为36.7%，生活消费支出中教育文化娱乐服务所占比重为10.4%，现有住房总建筑面积人均34.6平方米。

年末全区参加城镇职工基本养老保险（含离退休）149943人，比上年末增长5.72%。参加城镇职工基本医疗保险120550人，增长2.99%。参加城乡居民基本医疗保险83972人，下降8.52%。参加工伤保险84412人，增长0.96%。参加生育保险84365人，增长3.90%。参加失业保险82676人，增长0.46%。参加城乡居民社会养老保险49829人，下降4.43%。

年末城镇最低生活保障人数575人，农村最低生活保障人数1335人；全年共发放低保救济金823.4万元，增长20.38%。年末社会福利院1家，床位1000张，收寄养人数646人；敬老院2家，床位255张，收寄养人数8人。社区服务设施592个。

全年共发生各类事故65宗，比上年下降19.75%；死亡29人，增长7.41%；受伤41人，下降2.38%；直接经济损失94.85万元，下降91.37%。其中，工矿企业职工伤亡事故0宗，与上年持平。火灾事故22宗，下降46.34%；造成死亡2人，增长100%；受伤1人，增长100%；直接经济损失50.3万元，下降95.13%。道路交通事故43宗，增长7.50%；造成死亡27人，增长3.85%;受伤40人，下降4.76%；直接经济损失44.55万元，下降31.80%。亿元地区生产总值生产安全事故死亡率为0.20。

十、人口、资源与环境

年末常住人口26.07万人。年末公安户籍人口16.22万人，全年人口出生率15.31‰，死亡率6.09‰，自然增长率9.22‰。年末户籍人口的主要构成：男性占49.62%，女性占50.38%；18岁以下人口占17.01%，18-35岁人口占26.20%，35-60岁人口占39.75%，60岁以上人口占17.03%。

年末污水处理厂3座,污水管网49公里,污水处理能力28吨/日,生活污水处理率92%。镇级生活垃圾转运站2座,城镇生活垃圾无害化处理率100%。

全年规模以上工业综合能源消费量83.26万吨标准煤，比上年上升0.45%。单位工业增加值能耗下降11.38%。全年全社会用电量22.75亿度，增长4.67%。其中第一产业用电0.43亿千瓦时，下降1.15%；第二产业用电18.47亿千瓦时，增长4.04%，其中工业用电18.20亿千瓦时，增长3.96%；第三产业用电1.72亿千瓦时，增长10.52%。城乡居民用电2.14亿千瓦时，增长6.98%。

全区大气环境质量良好，空气质量达标率为88.2%。饮用水源得到有效保护，饮用水源水质达标率为100%。城市区域环境噪声平均值为56.2分贝，交通干线两侧噪声平均值为69.9分贝，优于国家城市区域环境噪声相应标准。

注：

1、本公报中2015年数据为初步统计数，统计图中2008-2014年数据为年报数。

2、地区生产总值、各产业增加值、总产值绝对数按现行价计算，增长速度按可比价计算。

3、从2011年起,规模以上工业统计范围为主营业务收入2000万元及以上；固定资产投资项目统计范围为计划总投资500万元及以上；增长速度均为可比口径。

4、2012年起，“地方财政一般预算收入”更名为“地方公共财政预算收入”。2014年四季度,国家统计局实施了城乡一体化住户调查改革,2014年开始按照新的调查口径对外发布城乡一体的居民人均可支配收入,由于新老调查方案在调查范围、调查对象、城乡划分标准、样本抽选、计算和汇总方式、指标口径等方面变化较大，改革后新口径数据和旧口径数据存在不可比的差异。

5、基本医疗保险包括新农合参保人。